# 我的新汉学之路

教育部中外语言交流合作中心
中国人民大学  编

中国人民大学出版社
·北京·

# 目录

问道中国

我的新汉学之路

# 魏离雅

# 双面共生

**访谈人：** 陈思翰，中国人民大学历史学院世界史专业 2018 级本科生

**访谈时间：** 2021 年 1 月 10 日

**访谈方式：** 视频连线

## 被访人简介

魏离雅（Lia Wei），比利时人，现任法国国立东方语言与文明学院（Institut National des Langues et Civilisations Orientales）副教授，研究领域涉及中国历史、考古、书法艺术等。2018—2021 年，任中国人民大学历史学院考古文博系讲师。2012 年于布鲁塞尔自由大学（Vrije Universiteit Brussel）艺术史与考古系获学士学位，2012—2017 年于伦敦大学亚非学院（School of Oriental and African Studies）艺术史与考古系攻读硕士、博士学位，其中 2014—2016 年在中国人民大学参加"新汉学计划"中外合作培养博士项目。魏离雅著有《大空王佛：僧安道壹刻经与北朝视觉文化》（合著）等学术专著及二十余篇中英文论文，主持策划多项公众考古普及项目和艺术展览，曾获中国人民大学杰出人文学者（青年学者）等荣誉称号。

## 引言

中西对映，古今互鉴，从学术研究到艺术创作，从边疆墓葬的静默遗迹，到水墨金石的创意空间，魏离雅博士始终在感知、倾听和理解不同主体之间发生的对话，也在此意义上与"新汉学计划"对青年学者助力文明交流的期许彼此契合。传统的西方汉学研究以古代中国文化为对象，而何为"新汉学"，如何既传承经典汉学的道统与文脉，又在当今世界求索中国文化的新精神与新表达，或许正是新一代国际学人与学术需要回应的时代命题。本次访谈在勾勒魏离雅求学经历和成长轨迹的基础上，聚焦她在学术和艺术领域对传统与现代、中国与欧洲互动关系的思考和探索，并尝试呈现"新汉学计划"对青年学者成长的意义。

# 一、访学：欧洲与中国之间

"我的姓来自我爷爷，名是自己起的。刚到中国时，我给自己的名字'Lia'选了汉语译名'离雅'。很多人以为它和《离骚》《尔雅》有关，但其实是因为我喜欢篆刻，在印章上，'離'和'雅'有对称的偏旁，像是两只鸟在飞。"

谈及汉语姓名由来，魏离雅博士回忆起自己同中国文化最初相遇的时光。她的爷爷在20世纪40年代自中国远赴欧洲，在比利时与一位父母分别为中国人和英国人的女性相识成婚。此后，她的父亲生于比利时，学习俄语和西班牙语并到中国留学，在北京遇见一位意大利留学生，两人结婚并生下魏离雅，直至她五岁才前往越南定居。魏离雅早年的家庭氛围和在北京的生活环境养成了她对中国文化的朦胧感知[①]。

魏离雅治印"周易六十四卦"（2013 年）

---

① UNESCO. Young scholars on the Silk Roads: an interview series-Lia Wei. [2021-05-20]. https://en.unesco.org/silkroad/content/young-scholars-silk-roads-interview-series-lia-wei.

魏离雅十二岁那年，她的父母辞任外交官工作，返回比利时创办画廊，她自己也开始在布鲁塞尔跟随一位来自中国台湾的老师学习书法。每天下课，魏离雅都到这位老师家中临摹颜真卿的书帖，并注上拼音识读自己临写的汉字。在日复一日的浸润下，她对中国书法的兴趣渐趋浓厚，并希望在大学继续探索这一领域，但当时的欧洲高校无此学科，魏离雅便选择了建筑学。在她看来，书法是中国艺术的一种核心表现方式，建筑则是书法在欧洲文化中的对应形式：欧洲教堂的建筑师需要综合驾驭绘画、玻璃、木工等各色艺术，而书法也整体塑造了中国传统艺术对物质文化的态度，中国的艺术家往往由书入画，兼及其他，欧洲传统中的建筑与中国传统中的书法遥相照应。尽管如此，在布鲁塞尔学习建筑和人类学两年之后，魏离雅还是"无法抵挡书法的吸引力"，她决定中止本科学业并于2007年前往中国游学，无意取得任何学位，而只是为了探索中国艺术的更多门类。

抵达中国的第一站，魏离雅毫不犹豫地选择了杭州，用她自己的语言表述，"杭州是书法的圣城，是文人生活和文人艺术的都市"。走进杭州的书店，她发现历朝历代的书帖，颜柳欧苏，千家百态，视野忽然从布鲁塞尔学习时的天涯一隅延伸开来，眼前仿佛铺展出一个新的宇宙；而在中国美术学院，魏离雅在修习书法的同时还接触到篆刻、拓印、绘画等艺术形式。她的父母曾担心她泛泛涉猎，浅尝辄止，但在魏离雅看来，从欧洲建筑到中国书法，从书法再到石刻、拓印，这是一系列彼此关联的领域，在文本与材料、工艺和艺术之间有着内在逻辑，自己的治学要务便是把基础做好做宽，在充分探索的基础上再向前深入。文化底蕴深厚的杭州，正好为她这项自我规划提供了理想的环境，魏离雅时常和一位年龄稍长的日本留学生一起练书法、逛书店、选购篆刻石料，还到杭州附近的山上做石刻古迹拓片。对她而言，这段学习经历如同"17世纪欧洲的考证学时代"，彼时纷呈涌现的古物和古文书开启了欧洲文明自我回溯和自我发现的文化觉醒时代，而杭州的丰富资源也令她看见了中国传统艺术的更多可能性。不过，在魏离雅眼中，杭州过度细致的古典美对于艺术学习而言仍然是有所限制的，她希望在学习过程中能有更多的创新与实验机会，并因此选择了另一座与杭州风格截然不同的城市作为下一阶段的游学地点。

2008年初，结束在浙江大学的短期汉语学习后，魏离雅启程前往位于重庆的四川美术学院。作为深藏中国内陆的城市，重庆在魏离雅看来是一方颇具野性的水土，四川美术学院老校区所在的黄桷坪坐落于长江边，附近的铁路和电厂构成了极具工业感的后现代氛围，同杭州的旅游城市气息形成了鲜明反差。而与此同时，重庆在山水胜迹中的文化蕴藏也并不逊色于江南，三峡等地的崖墓和石刻更在日后成为她潜心研究的对象。在这里，魏离雅首先选择学习版画，她认为这是重庆当地艺术的灵魂所在，既有工业属性，也有红色年代的艺术印记，刻刀与木板交互过程中的物质材料感也与篆刻等艺术形式彼此贯通。随后，魏离雅结识了同样在追寻创新氛围、寻求艺术突破的山东艺术家张强，双方开始合作，同步探索现当代中国艺术创作并开展古代艺术研究。两人共同创作水墨画，启动"双面书法"项目；走访了四川地区的石窟寺、崖墓、汉阙等遗迹；

魏离雅在四川地区进行田野考察（2009年）

合作申请教育部资助立项，研究北朝僧安道壹书法视觉艺术，最终出版了研究成果《大空王佛：僧安道壹刻经与北朝视觉文化》。

2009年，魏离雅回到欧洲，在布鲁塞尔自由大学重新开始本科学业，专业为史前、原史与非欧洲艺术（Prehistory，Protohistory and Non-European Art）。这是因为魏离雅发现，布鲁塞尔仍然缺少东方艺术的课程，无独有偶，中国学生对中国本土与欧美发达地区之外的广阔区域同样所知较少，相关的艺术学研究也颇为有限，因此她希望未来能将这些知识与视野带给更多中国学生。魏离雅选择了与中国和欧洲均无直接关联的课程，广泛涉猎非洲艺术、南美考古学、中世纪拜占庭艺术和遗产保护方法论。2012年本科毕业后，她前往更具东方学传统的伦敦大学亚非学院攻读亚洲艺术与考古的硕博项目。

从童年的中国成长经历，到学习欧洲建筑学，进而抵达中国开始游学，再回到比利时泛览世界艺术，直至将博士研究方向确定为汉末崖墓，魏离雅的目光与足迹始终往返流转于中国与欧洲两片土地、两种传统之间。或许正是这样的访学经历，赋予了她独特的观察视野和思考路径，也为她成为一名真正研究中国的学者铺就了底色。

# 二、寻汉：边缘与中心之间

2014 年，魏离雅正式加入中外语言交流合作中心"新汉学计划"，获得奖学金资助并成为伦敦大学亚非学院和中国人民大学联合培养的博士生，中方合作导师为中国人民大学北方民族考古研究所所长、考古文博系主任魏坚教授。谈起这段经历，她表示："从那个时候起我开始更加自由，之前在重庆的那些私人友谊与合作项目还在继续，但有了人大和亚非学院的背景，层次就完全不一样了。"

的确，对魏离雅而言，"新汉学计划"的影响是多方面的。魏离雅认为，这个项目为她提供了不可或缺的经济支持，帮助她找到中国考古学领域的前沿优秀学者做导师，还使她有了更多机会与共同参加"新汉学计划"的同辈博士生交流。魏坚教授对考古和学术充满热情，鼓励学生自主探索研究兴趣和领域，给了魏离雅很多的发展空间和展示机会。与此同时，"新汉学计划"赋予魏离雅的正式身份也为她打开了更广阔的平台，令她更广泛地接触中国学术界。尽管还在博士攻读阶段，但四川美术学院和中国人民大学都邀请她开设课程。2014 年，她在重庆讲授"汉学史与西方的东亚艺术研究"，次年她到中国人民大学授课"遗产保护与对话的比较价值"，此后又将伦敦大学倪克鲁教授（Prof. Lukas Nickel）的课程"丝绸之路：艺术与考古"引介到中国人民大学历史学院的课堂中。在魏离雅看来，教学相长并非虚言：一方面，讲课是一个让自己暂时停顿的机会，与中国学生互动的过程也是系统地进入中国考古学的语境，让自己重新编织思想的过程；另一方面，无论是横贯欧亚的丝路研究，还是兼涉中西的汉学史，对拓展中国学生的国际视野都有所助益。更为重要的是，"新汉学计划"对她而言不仅是一种专业领域的支持，同时也是她真正进入中国学术环境的通道，这个平台为魏离雅提供了不可或缺的帮助与关怀，引介了国内不同学科的会议论坛资源，等等。

作为博士培养项目，"新汉学计划"最为关键的影响在于学术支持。游学重庆时魏离雅便注意到汉代崖墓。在那时，她主要以艺术家的眼光欣赏这些开凿在山崖

魏离雅——双面共生

峭壁上的墓葬，通过联络县级文管所获取地方性的相关资料和导引；而得到"新汉学计划"的支持后，她一方面能够借助中国人民大学和魏坚教授的学术平台与合作关系，联络地方考古单位，走访并获取相关的一手资料，另一方面也能以考古学者的专业立场，从首都的中心视角重新审视这些西南地区的崖墓。在魏坚教授的引介之下，魏离雅广泛开展田野走访工作，接触了贵州习水县黄金湾等西南地区新近发现的考古遗址，"没有人大考古文博系和'新汉学计划'，很难想象一个外国学者能够如此近距离地进入考古工作现场"。与此同时她也发现，即使对于同样的遗迹，北京的学者、省级考古所的研究者与各县文管所的工作人员也可能有着不同的认知：一些不甚知名的崖墓并未进入学者和省级考古所的常规视野中，但基层工作者有时却掌握着地方性的相关知识，这就形成了次第分明的学术视角差异。这种忽视与关切、显现与隐匿的现实对比，在一定程度上为魏离雅的研究提供了启示，使得她从边境与地方社会的角度重新思考中国的传统。

七洞沟东汉崖墓遗址（2012 年，四川）

对于多数汉学研究者而言，开展史前或边疆族群研究意味着扬长避短，避免深陷浩瀚的中国传统文献之中。但魏离雅选择这一研究对象却并非为了回避，而是为了直面乃至挑战既有的研究范式。具体言之，中国考古学有着"证经补史"（historiography-oriented）的传统，即将考古研究纳入有文字记录的主流叙事框架之中，利用物证对文献支撑的王朝正史进行证明、修校和弥补；在方法论层面，中国考古学者则倚重类型学，擅长将器物、墓葬乃至文化、民族进行定性与分类。而对于地处汉帝国边境的族群而言，不仅传世文献记载简略，墓葬类型划分也具有模糊性，其身份属性实际上是动态的，后世的阐释也常受到研究者时代氛围的影响。20世纪中期，有日本学者和中国本土学者将这批公元2—3世纪的西南边疆墓葬界定为"汉墓"，但对于这些在空间上位于帝国边缘、时间上处于王朝末期、文化上居于某种程度的异质"他者"地位的族群而言，"汉"究竟意味着什么，在此之上又应如何理解"汉帝国"、"汉王朝"、"汉文化"、"汉民族"乃至"汉学"中所蕴含的复杂性、多样性与变动性，都是需要重新审视的问题。事实上，对于中国读者，汉末三国的风云历史可谓家喻户晓，从中原逐鹿到兴复汉室，英雄演义已然深入人心，正史书写也遵循此种分合治乱的王朝叙事，但在这种中心化视角下，三分鼎足之外的诸多边疆族群仿佛沉默失声，他们的生业模式、社会组织、文化观念以及族际交流都被长期忽视。对此议题，一种来自传统之外的"旁观者视角"（outsider view）无疑具有重要意义。正如魏离雅所言："我站在长江南岸，实际上是在一个庞大体系的边缘上，在跨时代、跨区域的风俗之间，看见了超越历史时代考古的一个更大的可能。"[①]

诚然，这种由边缘反观中心的视角在当代国际学界颇为流行，魏离雅也受到美国学者詹姆斯·斯科特（James Scott）以区域视角研究东南亚高地部落的启发，但她选择墓葬作为切入点，则又有着鲜明的个人特色。在魏离雅看来，自己在欧洲研习的建筑与在中国研究的墓葬之间存在一种相反又相似的关联性：一方面，汉代盛行"事死如生"的丧葬观，这意味着亡者在地下的藏形安魂之所，事实上是生者日常居所的颠覆式再现（inverted dwelling），对墓葬空间的考古研究可以被视为一种

---

① Lia Wei. A comparative study of burial caves south of the Yangzi River: highland routes and frontier communities at the fall of the Han Empire (2nd to 3rd century CE). London: SOAS University of London, 2018: 33–34.

"反向"的建筑学（reverse architecture）；另一方面，无论东西方，建筑都是风格、功能与技术的综合产物，而关联生死两界的墓葬则是弱化功能性的特殊建筑，理解墓葬的风格形成，也是在理解建筑风格的影响要素。魏离雅关注的边疆崖墓并无繁复结构或精美的陪葬品，但因而也更加凸显建造者对空间的认知与利用方式，并映现出这些族群的遥远身影。

在"新汉学计划"的支持下，魏离雅开展了三轮实地调研，并得到地方文物管理部门的支持，将原有的国家文物普查数据与新采集的信息进行整合，围绕崖墓开展了翔实的分类统计与比较研究。在此基础上魏离雅发现，云贵高原的广阔范围内，各族群的生活并非想象中的蛮荒与闭塞。相反，墓葬特征反映出，这些生存于高原峡谷之间的族群通过部族联盟、商路互通、文化交流等方式共同形成了独有的区域特色与地方认同，其历史节律并不全然依循中原王朝的兴衰起落，而是在东南亚高地与中原腹地之间建立起"道路链条"（a chain of paths），展现出一幅文化交汇互通、富有生机的边疆图景。以此反观，看似理所当然、日用而不觉的"汉"这一概念无疑也需要在文明交流、多元共生的对话语境下重新审视，而非指向某种僵化固定的对象。正如魏离雅在博士论文结语中所言："通过这种旁观者立场，我们才得以理解中心如何在同边缘的对照中得以凸显。"[①]

魏离雅的博士论文在 2018 年 4 月提交并通过，核心内容于 2021 年 6 月在《亚洲考古研究》（*Archaeological Research in Asia*）发表。在"新汉学计划"支持下，魏离雅以足迹和文字反复地丈量长江上游这片高山与峡谷、中心与边缘之间的土地，从沉默的历史遗迹中寻觅与释读"汉"的含义。在她看来，"这是一段非常珍贵的经历"，从现实审视历史，从田野反省文献，从西方追问东方，从物质重构生命，从逝者想象生者……这一切都让她有"见到一面镜子的感觉"，"镜子"意味着在对象中发现自我，在历史中照鉴当下，用魏离雅的话说，"见面的时候，双方都在改变，非常有意思"。

---

① Lia Wei.A comparative study of burial caves south of the Yangzi River: highland routes and frontier communities at the fall of the Han Empire(2nd to 3rd century CE). London:SOAS University of London, 2018: 360.

# 三、问道：学术与艺术之间

对魏离雅而言，镜面的比喻并非随意为之。早在游学重庆期间，她便和张强一同开展了"双面书法"的艺术实验。与创作者面对静态纸张进行书写的常规书法不同，双面书法将书写材料改为竖立，两位书写者站立在其两面并同时创作。这种双面互生的创作模式具有独特效果，"几乎在你能意识到之前，你已经在受到对方的影响而改变你的行为"。

双面书法实验（2010 年，重庆）

在魏离雅心目中，好的艺术项目具有一种积累性的知识经验。从 2009 年到 2013 年的双面书法实验过程中，作品的材料变了，从纸到绢；大小也变了，从一张到一圈。随着材料和尺寸的变化，整个作品也从工作室迁移到不同的建筑里，甚至是野外山水中。魏离雅认为，在变动的环境里，"这个作品是可以生长的，而且它是真的生长了"，相比之下，在中国的当代艺术中，艺术家的身份经常被放在最核心的位置，每当找到一种成功的模式，就会有无数次的机械复制，双面书法却一直是一个有生命力的、持续生长的项目。有趣的是，在魏离雅看来，自己学术角色中与双面书法艺术最为相似的部分是翻译。对于掌握多门语言的魏离雅而言，这是日常学术工作中常见的环节，除了书面译文，常见的一种形式便是口头翻译，即在听一种语言的同时将其转述为另一种语言，此时头脑中的对应思维过程其实"很难用语言去描述"。事实上，魏离雅认为，"你在翻译语言，你同时也在翻译概念，你在改造你所听到的内容，为了让来自另外一种文化的对象能够接受"。口头翻译不仅是学术会议上的简单翻译，也包括一些事务性工作，例如在中国人民大学同瑞士日内瓦大学或者比利时根特大学，以及英国的学校洽谈合作过程中的翻译任务。这些翻译的过程其实也是一种再阐释的过程，其中的译者似乎是一个很透明、不被关注的角色，但其实在表意和达成共识的过程中却发挥着非常关键的作用，这种彼此交互阐释的关系与双面书法不无相似之处。

魏离雅在国际学术交流中的实践并不仅限于文字意义上的翻译，更是在牵引和推动两种学术传统的对话。2019年7月，在中国人民大学国际交流处、汉语国际推广研究所的协调支持下，魏离雅与同为"新汉学计划"博士生的龙迈康（Michael Long）作为中国人民大学考古文博系和剑桥大学（University of Cambridge）社会人类学系的博士生代表，共同发起、推动和筹备了中国人民大学"物质与非物质文化遗产对话与融合"国际研讨会，来自英国、瑞士、法国、比利时等国家及国内多所高校、文博部门的30余位学者围绕"物质"与"非物质"进行了跨学科与跨文化的研讨。对于魏离雅而言，筹办一场高规格、国际化的学术会议，既是对她个人研究视野的拓展，同时也推动了两所高校的交流合作。在魏坚教授推动下，中国人民大学考古文博系和比利时根特大学（Universiteit Gent）考古系签订合作协议，建立了"3+1+1"本硕联合培养项目，这成为中国人民大学历史学院国际交流工作的突出亮点，熟悉双方高校情况的魏离雅在这一过程中发挥了非常重要的作用。受惠于"新汉学计划"的支持，她也希望将更多的国际交流机遇带给双方学生，让中国和世界更好地认知和理解彼此。

在艺术领域，双面书法的实验令魏离雅在中国结识了许多现代书法家，并因此受邀参加各地各类艺术展览。在此过程中，魏离雅开始思考如何回应这些邀请和机遇，并将作为艺术形式的书法直观生动地呈现给欧洲的观众。2018年，她开始在欧洲设计水墨展览，并在意大利威尼斯举办了第一次水墨周活动。次年，魏离雅回到布鲁塞尔，在比利时皇家艺术与历史博物馆和当地大学、画廊、博物馆以及中国孔子学院等机构的支持下，联合发起了一次更大规模的水墨周展览，名为"驭墨：布鲁塞尔水墨周2019"。用魏离雅的话说，这在当地"几乎变成了一个艺术节，整个城市中都能感知到有这么一个活动。参与水墨艺术展的有30位来自中国的艺术家，20多位本地的艺术家，以及60多位提交作品的学生"，大家共同创造了非常丰富精彩的一场公众活动。

这场展览和研讨在比利时布鲁塞尔自由大学建筑学院举行，主要包括三方面内

布鲁塞尔水墨周宣传海报（2019 年）

容，除了典型体现水墨艺术的"世界实验书法"和"水墨山水与风景比较"之外，还有魏离雅与张强合作设计的"新金石学计划"①。"新金石学计划"最初的创意也来自魏离雅在中国游学考察时的印象。在研究汉代墓葬艺术和北朝摩崖石刻的过程中，魏离雅和张强制作了大量拓片，在记录历史遗迹信息的同时也是对中国传统工艺的激活与运用。然而，对魏离雅而言，如何将拓片向欧洲公众引介，却是一个颇为困难的问题。因为欧洲观众对中国古代的拓片工艺所知甚少，对于他们而言，作为拓印对象的崖墓和摩崖石刻则更是相当陌生的事物，这种相遇和沟通所需要逾越的障碍可想而知。

有鉴于此，在设计活动的过程中，魏离雅与合作者借用了各种方法，例如和长春工业大学设计学院的师生共同开展"城市记忆"项目，制作以工业城市为主题的

---

① 梁欣彤."新金石学计划"：拓片的跨时空对话.（2020-04-10）. https://www.thepaper.cn/newsDetail_forward_6875876；秦怡.魏离雅 | 拓印：作为当代艺术学视域中的方法论.（2018-11-05）. https://www.sohu.com/a/273270559_726308.

现代拓片。具体言之，在长春、哈尔滨等城市，随着 20 世纪 90 年代以来的社会转型，曾经的工业景观在快速变动的城市中逐渐消失，拓片则成为保存记忆的一种方式。在魏离雅等人的设计中，这些现代拓片与东汉崖墓、北朝摩崖石刻的并置陈列本身便具有解说作用：通过以现代拓片保存记忆的功能重现，欧洲的观众得以理解拓片复制过程中蕴藏的物质文化与非物质文化。在此思路下，布鲁塞尔水墨周的水墨展与拓片展其实也是彼此阐明的关系，一方面是强调自由书写的书法如何被现代化，另一方面是注重忠实复刻的拓片如何被现代化，通过比较文人艺术的不同领域在共同面临现代文化之际如何演变，"新金石学"的含义也得以彰显。

在魏离雅看来，从生产的角度，这种策展方式将学术研究和艺术创造彼此连接，是她个人成长过程中探索多维角色的一种尝试；而从接受的角度，当代兴起的公众考古意味着一种对艺术的敏感态度，即从文化的角度、从人类学的角度、从技术材料的角度对艺术的敏感。这种敏感正是水墨周展览意图推广的，也是公众考古的意义所在，即寻找考古研究所发现的那些学术资料的不同价值，包括审美价值。此外，魏离雅也认为，在接受现代艺术的时候，不应将其纯粹地视为一种形式，更应探寻材料背后所蕴含的内容，及其所言说、所传达和传承的传统。拓片在中国，事实上也不是一种被特别了解的艺术形式，将其带到欧洲，本身就是一种具有突破性的，同时也非常有意义的尝试，在古今中西的对话中，学术与艺术都需要在场。

# 四、共生：过去与未来之间

在 2021 年初接受采访时，魏离雅在布鲁塞尔家中谈及这场已经持续一年的新冠肺炎疫情。在读博士期间和毕业后，她的生活状态都是在中国和欧洲之间往返旅行，直到这场突然到来的疫情迫使所有的工作节奏暂时放缓。由于比利时的公众聚集活动早已停摆，新一年的水墨周和新金石学计划自然也无法依循惯例正常开展。因受疫情影响而不能回到中国，魏离雅正致力于一项由中国人民大学和瑞士日内瓦大学合作举办的线上展览。这场展览由 2019 年在中国人民大学举办的"物质与非物质文化遗产对话与融合"国际研讨会发展而来，围绕复制方式这一核心主题展开，即通过对中西方传统的复制方式进行比较，如对比拓片和石膏像，展示不同的复制方式、不同的传承方式，如何影响到不同的文化并形塑其独有的价值观。

　　毫无疑问，无论拓印还是石膏塑像，复制都指向文化的传递、传播与传承，因而成为魏离雅思考物质文化与非物质文化的一个核心概念。这种思考不仅是艺术学或人类学视角下的学理探讨，同时与她对中国传统文化的当代观察也有着密切联系。在魏离雅眼中，相比于简单复刻一种表面上的美、形式上的美，我们更需要的是去传达传统文化艺术的"内在生命"，更加需要让人了解传统背后的概念是什么样的。在当下中国传统文化保护和复兴的热潮中，存在着将传统的元素抽离其语境而随意使用，将之符号化、刻板化、口号化的现象。诚然，这种形式主义在一定程度上也反映出对保护和恢复传统文化的热情，但这种简单复刻的"重建思维"实际仅能构建出一种浅表的、形式意义上的古今相似性，传统的内在精神却已然失落。举例而言，当代中国的许多历史文化名城都在进行重建，但着眼点往往仍然是建筑风格的表面拟古。这种潮流和困惑在欧洲工业革命的时代也曾出现，彼时的欧洲人开始关注和思考建筑的内在价值，追问"今天我们在失去什么有价值的东西？我们要去保护什么？"当代中国城市建筑的境遇与之颇为相似，因而中国人也需要分辨：什么是主流的传承，什么是本土的传承；物质文化和非物质文化，物质性的重建和非物质性的技巧传递、深层的知识传承是什么样的关系。魏离雅认为，今天我们必须关注传统文化的内在与深层意义问题。只有能够回应这样的问题，我们才可以去交流如何传承和弘扬中国的传统。如果我们能够把这些问题贯通融会，至少从她所在的美术工艺和考古的角度而言，传统无疑将得到进一步激活。如果能让当代中国从事文化遗产保护和重建的建筑师和工匠对这些视角有更深的理解和领悟，那么一些口号化、形式化的问题也能得到解决。在此意义上，新汉学也不仅仅是对典籍和遗迹的保护，更离不开如何对传统进行现代诠释的问题。

　　从考古到策展，从墓葬到建筑，行走在传统与现代之间的魏离雅始终认为，"在今天的中国，不管是物质还是非物质文化的保护，最重要的问题就是传承"，什么是传承，什么是准确的传承，如何传承真正的优秀传统文化，在复制过程中有多少自由、变革与创新的空间，又有多少限制以期保持这种传统文化的真实性，都是真正关键的问题。这些问题背后的根源是：在漫长的时间之流中，究竟什么是真实的传统，什么是传统的真实？是采用一种固定的形式概念，抑或是采取一种流动追溯的视角，将文化传统视为一个活着的、具有持续性的生生不息的对象？基于其个人经历，魏离雅在物质与非物质文化遗产传承方面的着眼点主要在书法与建筑领域。对于书法而言，从汉到唐，及至明清，究竟由谁定义什么是标准的书法？哪些书法消逝在历史记忆中，哪些得以作为典范世代传承？事实上，由此可以界定出一种主流的书法传承方式和一种民间的或曰非主流的传承方式。而建筑的境况与之正好相反，与欧洲相比，中国传统社会中长期缺少对建筑的关注，直到 20 世纪初人们突然发现需要寻找一种古典建筑。什么是古典建筑？许多人可能会不假思索地指向唐代建筑，将其视为需要推广和重建的风格。不过，这种传承仍然需要回答什么是唐代建筑，其精神意义从过去到现在，从现在到未来，经历了并将继续经历怎样的流变。

对于因疫情而暂时无法回到中国的魏离雅而言，艺术复制不仅有传承的意义，也使得人们在其他的地方用同样的方式，能够共同享有一种文化，并在淡化其中心色彩的过程中进行不同维度的解说。在普遍性意义上，审美具有的抚慰作用意味着艺术时间是人们真正的休憩时间，能够让人们安静下来，因而也就能够在现今发挥重要作用。在她看来，中国、欧洲乃至全世界都共同面对的这场疫情，既是一种暂时的停滞，同时也是一次机遇。既然眼下无法开展宏大计划和特别外向的活动，"那么正好我们有机会集中精力，把内向的东西发展一下。我觉得疫情既是对我们日常节奏的一种干扰，但也给了我们这样一个机会：内向反思，从过往和现在当中思考未来"。

### 后记

第一眼看去，魏离雅博士的学术简历令人既羡慕又感慨：一方面，她有着极其丰富的游学、教学、会议和写作经历，掌握数量众多的语言技能和艺术门类，作为人文学科的学生和晚辈，虽不能至，心向往之；另一方面，魏离雅对学术有着沉潜的态度和优游的气度，并不汲汲于追逐热点和功利，而是以雕琢求思的姿态进入中国的传统，同时保有审视、批判和独创的意识。这种状态无疑与天赋、家境以及人生志趣乃至相对丰裕的社会环境都有关联，而这对我个人的学习状态乃至职业规划也是一种指引和启示。作为此次访谈项目志愿者中唯一的本科生，我在接受任务时不无惶恐，所幸在完成任务的过程中得到项目组各位老师和采访对象的很多帮助，让这次经历成为我难得的学习机会。当然，若后之览者有所感于此文，那将是莫大的幸事。

# 新汉学的践行者

◎魏 坚

魏离雅是比利时人，2014年秋季，她参加了"新汉学计划"中外合作培养博士项目，从而来到中国人民大学完成她博士后期的培养计划。

初到人大就发生了一个小小的误会，因为魏离雅在伦敦大学就读的专业是艺术与考古系，所以来人大安排联合培养导师时就将她安排到了艺术学院，直到报到时导师要她先看导师的画展才知道搞错了专业，随后经介绍与我进行了一通谈话后转到了考古文博系。

也许因为魏离雅的祖辈和她"魏"的姓氏来自中国，自小生活在中国和东方文化氛围中的魏离雅对中国书画和篆刻有着特殊的爱好，加之她流利的汉语，自然也就提升了她在当代汉学研究中不懈追求的勇气。

魏离雅在欧洲大学本科以来的学习，经历了从艺术史、建筑学、文化遗产保护到考古学的转变过程，这些不同学科知识的滋养和熏染，为她在新汉学道路上的探索奠定了坚实的基础。所以在她两年专修博士课程和撰写博士论文期间，我请她为文物与博物馆专业硕士开设了欧洲文化遗产保护和丝绸之路艺术方面的课程，既使研究生们开拓了眼界，也使她的研究得到了精进和升华。

魏离雅的博士论文是《高原交通与边疆人群——公元2—3世纪长江南岸崖墓的比较研究》，为了完成论文中的相关内容，她曾几次单独深入云贵高原的长江上游地区，调查汉魏时期的崖墓及其葬俗，为了解崖墓的制作过程和工期，她甚至雇用了当地的石匠，按照当年的工艺技术，开凿了一个崖墓。而且她的研究还涉及了边疆和人群，以及交通和贸易等诸多方面。

在中国人民大学国际交流处和汉语国际推广研究所的积极支持下，2019年7月，魏离雅在中国人民大学筹办了由中国人民大学考古文博系和剑桥大学社会人类

魏离雅　双面共生

学系主办的"物质与非物质文化遗产对话与融合"国际研讨会，实现了一次多国学者参加的跨学科、跨文化的学术研讨，为国内外物质与非物质文化领域的交融研究在理论层面提供了重要的启示。

作为一个精通多国语言的年轻学者，魏离雅在为中国人民大学考古学科与欧洲的瑞士日内瓦大学、比利时根特大学和英国伦敦大学、牛津大学建立学科联系，制定合作项目，安排交流考察方面做了大量的沟通、联络和促进工作。

在当今合作才能共赢的世界大格局下，不同国家、不同民族、不同文化之间的交往、交流和交融是历史发展的总趋势，"新汉学计划"也必将在其中发挥重要的作用。期望魏离雅作为新汉学的践行者，从传统文化到现代艺术，从考古学研究到博物馆策展，在今后的新汉学研究中走向更广阔的未来。

**导师简介**

魏坚，中国人民大学历史学院教授、博士生导师、考古文博系主任，中国人民大学北方民族考古研究所所长。曾任国务院学位委员会第七届学科评议组成员，现为中国历史研究院学术咨询委员会委员。研究领域：北方民族考古、蒙元考古。主要著作：《内蒙古中南部汉代墓葬》《庙子沟与大坝沟——新石器时代遗址发掘报告》《元上都》《长河沃野——魏坚北方考古文选·史前卷》《大漠朔风——魏坚北方考古文选·历史卷》等。

## 冯海城

# 古典与现代的再遇见

**访谈人：**胡敏，中国人民大学文学院文艺学专业 2018 级博士研究生

**访谈时间：**2020 年 10—12 月

**访谈方式：**邮件采访

## 被访人简介

冯海城（Igor Radev），北马其顿共和国知名青年汉学家、译者。2003 年于圣基里尔·麦托迪大学（Saints Cyril and Methodiu University of Skopje）获古典语言文字学学士学位。2010 年于华中师范大学获语言学硕士学位。经"新汉学计划"资助来华攻读博士学位，2018 年于北京师范大学获汉语语言文字学博士学位。目前已出版二十余部中文外译作品并发表多篇汉学研究论文，译作包括现代中文诗歌、古代典籍、汉学论文集等。第一部重要译著《老子道德经》荣获 2012 年"Grigor Prlicev"文学翻译最佳奖。2013 年起，加入北马其顿共和国文化部资助的翻译项目"马其顿文学的世界各重要语言译介"，将七类共八部马其顿文现代文学作品译成中文（合译），首次将马其顿文文学作品引入中国。2019 年，首次将《诗经》译为塞尔维亚文，在东南欧地区产生重要影响。2021 年获得第十五届中华图书特殊贡献奖。

## 引 言

　　作为北马其顿国内少有的深入研究汉学的青年学者，冯海城丰硕的成果让人赞叹。从 1998 年起，冯海城坚持将优秀的汉语作品译成马其顿语，并持续进行汉学研究，积极开展中国文化交流工作。冯海城的译著涵盖诸子百家、古典诗词和现代诗歌，其中不乏艰深的文本，比如《老子》《尚书》等。翻译并不是一件轻松的事情。理解原著是基础，而理解经典原著则意味着译者不仅要熟练掌握一门新的语言，还要回到经典所处的历史和人文语境，真正进入与这一文本贯通交融的文化场域。经典之所以为经典，不仅在于它对于那个时代的深刻性和重要价值，更在于它在时代更迭和社会发展中历久弥新，它们会触发我们对当下社会种种境况的审视和反思，从而开启更丰富多元的阐释空间。

　　令笔者好奇的是，这位青年汉学家是如何进入这个跨语言、跨时间和跨文化的领域，又是如何克服翻译和研究的困难的，而他自己在这些工作中又有怎样的见解和收获呢？带着这些疑问，笔者开始筹备访谈的相关工作。因疫情影响，我们只能采用线上邮件形式进行访谈。此项访谈分两次进行，都是采用书面邮件形式。冯海城回复的文字翔实周密，尤其在谈到他的研究事业中的具体内容时，他的文字沉稳浑厚，透露出一种扎根于文化历史的沉静和严谨。尤其让笔者印象深刻的是，在谈到研究工作中遇到的难以精准转译的问题时，他列举了很多生动的例子，并阐述了自己如何在浩如烟海的古典文献中找到恰切的注释，如何将古汉语翻译成另一种截然不同的语言。此次访谈我们将走进这位青年汉学家，以期重新追寻这位跨文化交流使者的译介之旅，感受他文字的温度和思想的厚度。

# 一、与中国结缘：译介事业的起航

　　"我没想到从最开始学习中文到现在已经过了二十多年了。记得从小我就对广大世界的不同的文化和语言很感兴趣。那时我就意识到世界文化是多元的，一种文化、一种文明、一种语言，无法代表全人类。对我来说，每一种语言、每一种文化，都可以当作眼睛。人类用两只眼睛才能有三维视觉，一只眼睛是无法做到的。人文界也是如此。如果只了解自己的文化，你看到的只是局部的。去研究更多文化，去学更多语言，就仿佛多了一双眼睛，这样才看得到既复杂又美丽的多维世界。"冯海城谈到自身对文化交流的理解时如是说。

冯海城还表示，遗憾的是，欧美世界普遍认为只有西方文化才是全世界规范的文化，只有西方文明才是全世界规范的文明，英文才是全世界规范的语言。俄罗斯语言学家尼古拉·谢尔盖耶维奇·特鲁别茨科伊（Nicolai Sergeevich Trubetskoi，1890—1938）就曾批判过这种观点，他在1920年的论文《欧洲与人类》中提到，在"普遍化文化"和"现代化"的伪装下，提倡的是特定文化模式的转变，非西方文化自愿将历史主体的地位归于西欧文明核心，而其自我价值的历史感取决于成功获取西方文化模式[1]。对冯海城个人而言，自己学习中文的动力很大程度上源于这种现实与理想的冲突。一方面，他不赞同西方社会对待多元文化的立场，另一方面，不同的璀璨文明也吸引着他开拓更宽广的文化天地，中华文明就具备这样独特的魅力。在他看来，中华文明可能是唯一一个有着几千年不间断悠久历史的文明，其中汉语正是承载这一文明的重要容器，为了探索这个遥远东方的神秘国度，冯海城毅然决定选择学习汉语。

但是在东欧，找到中文老师并不是一件容易的事情。从中学开始，冯海城借助中国文学的英译本或者塞尔维亚 - 克罗地亚语译本正式接触中国文化，其中包括《老子》《论语》《庄子》，古典诗歌，鲁迅的小说，老舍的戏剧，等等。幸运的是，不久后冯海城在本国结识了秦锡英老师，秦老师原是上海外国语大学的俄文教师，20世纪80年代来到北马其顿做斯拉夫语系的研究。出于对中国文化的热爱，冯海城开始跟着秦老师学习中文。冯海城回忆起学习中文的经历，表示这并不像想象中的那么轻松。最需要克服的困难就是发音问题。因为印欧语系下的语言没有"音调"这个概念，如果要学中文，那么首先就要学会"听到"和"辨别"音调。其次就是中文语法。在某种意义上，中文语法缺乏像印欧语系语言那么严格的语法规则，中文很多时候需要依靠句法结构或词义组合来表达意义，这对于印欧语系习得者来说需要很长一段时间来适应。冯海城笑称，相比于这两个困难，汉字反而容易

---

① Н.С.Трубецкой. Европа и человечество. История. Культура. Язык. Москва: Издательскаягруппа "Прогресс", 1995: 55-104.

不少，因为对他而言，如果能理解每个字的结构和用法，掌握了发音和组合规律，学习汉字的困难自会迎刃而解。

如果说文学是进入一种文明的钥匙，那么在某种意义上语言就是构成这把钥匙的原材料。对冯海城而言，对中国文化的兴趣很大程度上来自他对语言的兴趣。他回忆自己在圣基里尔·麦托迪大学读本科时的经历时说道，那个时候他就对古典语言文字学专业表现出了浓烈的兴趣。这个专业的学习内容包括：古典语言——古希腊语和拉丁语，以及它们的历史发展和用法；古典历史——古希腊和古罗马的历史，地中海文化圈的国家社会和政治制度发展和变化等；古典文学——从荷马史诗开始，研究古希腊语抒情诗歌、希腊的古典戏剧、希腊罗马史学文选和文学理论等；古典哲学——从前苏格拉底哲学开始，一直到新柏拉图主义的哲学。

在冯海城看来，古典语言文字学就是像庄子所说的一棵"无用之木"。它所有的"用"在于它的看似"无用性"。在某种意义上我们可以说，知识最大的价值不仅仅在于其外在功用性，还在于更深层的思想指导。例如西汉的扬雄在《法言》中就曾指出："大人之学也为道，小人之学也为利。"全人类的历史一直与人类同在，人类基于历史经验凝缩而成的文化对于当下的人类社会也会有其指导价值。哥伦比亚作家尼古拉斯·戈麦斯·达维拉（Nicolás Gómez Dávila，1913—1994）关于历史的价值有这样的说法："当然，任何来自历史的事不一定是对的，但是真理不得不自历史而来。"[1]相应地，20世纪的英国作家C. S. 路易斯（Clive Staples Lewis，1898—1963）在其论文《读古书的价值》（On the Reading of Old Books）中也有类似的观点，他认为每一个时代有自己的盲点和偏见，生活在这个时代的人往往很难意识到这一点。但是通过开拓自己的知识视野，我们能够跨越时空的局限努力去克服这些盲点和偏见，为当下的生活做出积极的引导。

为了实现这一点，冯海城毅然决定来中国求学。2006年，他来到武汉的华中师范大学攻读语言学硕士学位。提到这次经历，冯海城感慨万千，即便他早在十几年前就在书本和网络上广泛地了解过中国，但是当自己真正踏上这片神秘的土地时，心中的感慨和激动依然难以言表。初到中国，他明显感受到当代中国人蓬勃昂扬的精神面貌，人们有着积极乐观的生活态度和对新事物的渴望，世界上其他地方

---

[1]  Nicolás Gómez Dávila. Escolios a un texto implícito. Bogotá: Villegas Editores, 2001: 43.

似乎很少能看到这种风貌，冯海城表示中国人身上的这种特质给他留下了深刻的印象。不仅如此，这个国度的深厚历史文明也渗透到人们日常生活的方方面面，比如饮食的多样和地域特质，娱乐生活的丰富，等等。冯海城特别提到了武汉菜，他说自己刚来武汉就爱上了这里的热干面和红烧武昌鱼，但是武汉的气候也确实过于潮湿，这个需要花时间去适应。

2018 年 6 月，北京师范大学博士毕业照片

在武汉的这些年里，他的足迹遍布城市的大小街道，从武昌的小书店、宝通寺和长春观，到湖北省博物馆、东湖森林公园，从武汉长江大桥一直到汉口的江汉路和中山公园，他都留下了自己的足迹。他在武汉也认识了很多朋友，既有当地人也有外地来的，他们都把武汉当作自己的家。直到现在，冯海城心里依然满是跟武汉各处有关的回忆。

2018 年 6 月，北京师范大学，与导师王宁教授合影

为了进一步深入探索中国语言和文化，冯海城申请了"新汉学计划"博士项目，并于 2014 年至 2018 年在北京师范大学文学院攻读博士学位。他的研究方向是文字学，主要目标是从研究汉字的构型和历史的比较角度建立一个普遍文字分类理论。谈到这个话题，冯海城表示自己很幸运能够依托这个项目在学术领域内不断拓展深入，其中尤其让他感念的是博士导师王宁教授对他的培养和指导。王宁教授对中国古典小学尤其是训诂学有精深的研究，在她那里冯海城看到了一个学者与中国古典传统的紧密联结。对冯海城而言，这种传统方法论和研究成果为他提供了新的知识源泉，也让他接受更多样的科学方法的训练，从而有助于克服自身的文化局限性。对西方语言学研究而言，中国的小学和训诂学传统有很多值得借鉴的地方。冯海城举了这样一个例子：中国传统文字学领域中的学科设置会促使来自不同语言背景的人去思考，为什么有些人文学科（比如文字学和词

汇学）在早期中国蓬勃发展，但这些在欧洲语言文化中却几乎不存在，另外一些学科（如语法学和语言学）在印度和欧洲发达，在中国则没有真正发展起来，等等。对于研究者来说，如果去深入思考这些问题，会挖掘到很多有意思的东西。

回顾冯海城的出版作品，我们可以看到这位译者十几年如一日的辛勤耕作，以及对翻译事业始终如一的热爱。他出版的第一部中国经典作品译本是 2012 年面世的马其顿语版《老子道德经》，随后又出版了马其顿语版《论语·大学·中庸》，2014 年出版马其顿语版《古代中国诗歌选》，2016 年出版《尚书》的马其顿语译本，2017 年又出版了自己的汉学学术论文集《中国之锁》。2019 年有三本书出版，分别是《李清照词全集》马其顿语译本、《诗经》塞尔维亚语译本和《孟子》马其顿语译本。冯海城翻译的《三字经》马其顿语译本于 2020 年面世，2021 年又出版了《苏轼诗词选》马其顿语译本，双语本《老子》（汉语、马其顿语双语）由北京五洲传播出版社纳入"大中华文库"系列，并于 2022 年初出版。可以看到，他的翻译作品主要是中国古代文选，此外他还提到自己翻译的一些当代中国诗人作品。文学作品翻译的主要功能就是提倡文化交流。这种交流不是单向的。"2014 年至 2016 年间，我曾参与把六本马其顿文文学作品翻译成中文，让中国读者也有机会读到马其顿文有代表性的文学作品。"冯海城表示，目前自己正在写作三本书。第一本是用英文写的《文化中的文字价值》，另外就是塞尔维亚文的《汉字：其构型与历史》和马其顿文的《中国古典诗意：其理论与实践》。他还想要翻译《文心雕龙》，以及钱锺书和沈从文的作品。他坦言，这些工作并不容易，但是如果有时间，自己会把这些设想一一付诸实践。

2013 年 11 月马其顿语版《论语·大学·中庸》发布会合影

2019 年 11 月《李清照词全集》马其顿语译本推荐会

在文化交流方面，冯海城还补充了一个问题，就是语言学习的条件。他回忆，自己当时非常想要学习中文，但是在当地很难找到中文老师，幸运的是他遇到了秦老师，那个时候他要学习中文只能去秦老师家中。2000 年后，在圣基里尔·麦托迪大学，开始有从中国大学来的中文教师给本地大学生提供中文培训课程。在冯海城看来，当地的中文教育及汉学研究面对的最大问题是缺乏相关机构来组织具有学术性的学科。目前，全国高校、学会等在学术层面都没有跟汉语言文字学、中国古今文学、中国历史、中国哲学、当代中国社会有关的课程。换句话说，在这里，汉学、中国学的学术领域不存在。怎么解决这一问题？他认为，一是中国和当地高校可以合作办学，发展汉学课程，二是目前有基础中文课程的大学，可以尝试提供汉学领域的学术性课程。

另外，冯海城对当下较为普遍的阅读现象表示了自己的担忧。他提到，现在的人，特别是年轻人似乎不再那么愿意看长篇书籍。网络上到处都是短小的、零碎的信息。有些心理学家开始谈关于现代人的零碎思维方式。零碎思维方式的人已经不会读严肃文学的作品，他们没有能力追踪故事的逻辑链。著名哲学家和心理学家弗拉基米尔·德沃尔尼科维奇（Vladimir Dvornikovich，1888—1956）曾写道："诗歌是人类的母语。"[1] 而在当今社会，对不少年轻人来说，可能网络语言是他们的母语。冯海城表示，技术的发展对人类的阅读习惯带来的影响是潜移默化的，而这样的现象需要我们反思和警醒。

冯海城坦言，自己之所以走上翻译家的道路最开始是因为对哲学作品感兴趣，但后来慢慢发现了诗歌和其他文学艺术的独特魅力。在不断的拓展阅读和研究过程中，他发觉诗歌是艺术和文化的源头。关于这个问题，冯海城表示很愿意分享自己对中国诗歌的切身体会和探索历程。对冯海城而言，每种艺术中我们都能够识别出两个元素——艺术家的心和艺术的材料。那什么是诗歌的材料？冯海城说就是语言。语言是人的构成元素。其他艺术的材料都在人以外，只有诗歌的材料在人之内。当我创作一首诗，不一定要发声念出来也不一定要写出来，诗还会存于我心中。诗歌是一种初始艺术，古罗马学者斯特拉波（Strabo，前 64 或前 63—约 23）就曾说过，"诗歌是源哲学"。

---

①     Владимир Дворникович. Карактерологија Југословена. Београд: Просвета, 2000: 520.

# 二、文化碰撞：诗歌的魅力

谈到中西文化的交流碰撞问题，冯海城引用了尼古拉斯·戈麦斯·达维拉的观点，"艺术历史是其材料、技巧、主题、社会条件、心理动机、思维问题的历史，而从不是美丽的历史。价值没有历史"。在冯海城看来，美丽的文学是一个超越时间的现象，在某种程度上，我们无法完全区分古今文学，甚至无法判定它们的价值孰高孰低。当今社会可能存在这样一种观点，即文学发展到现在已经具备相当成熟的形态，它们超越了过去的文学，所以对这个时代而言，过去的文学或许不再具备指导意义。冯海城并不赞成这一观点，在他看来，艺术及其精神的创造性和思想性无法被赶超，我们不能说现代思想家超越了柏拉图、现代作家超越了陀思妥耶夫斯基等。柏拉图认为精神没有年龄，人类的精神财富也不会因为时间流逝而被超越。相反，真正有价值的思想遗产会随着时间的磨砺而历久弥新，它能够从人类的生活事件中参透现象，总结出真正符合人类生存现实的经验，而这些经验不只是在那个时代发挥作用，它能够穿越时空以其思想的渗透性继续指导人们的意志和生活。

2018 年 10 月，中国四川泸州，国际诗酒文化大会，与诗人吉狄马加合影留念

为了解释这个观点，冯海城进一步补充道，我们或许也可以换一种思路，按照社会学方法，人文研究属于定性研究，而科技研究属于定量研究。定量的有进步概念，新的可以超过旧的，但是定性的已经超越了进步、新旧之类的概念。如果区分开来这两个概念，古今人文作品的不同就失去了价值差异。在这一点上，冯海城还援引

了达维拉的说法："对于那些懂得阅读的读者来说，所有文学都可以是当代的。"①

　　基于这些对古今文化的讨论，冯海城表示，他专注于翻译诗歌在某种程度上就是在进行一种跨文化的复兴尝试。如果对中国文学史有所了解的话，人们应该会注意到诗歌在中国文化中举足轻重的地位，甚至可以说很长时间以来，诗歌几乎就等同于中国艺术性文学。冯海城还对"艺术性文学"这一概念做了补充说明。在他看来，商代甲骨文卜辞并不能算作艺术性文学，《论语》《孟子》《墨子》这类作品是否可以被归于这类也值得商榷，而《诗经》《楚辞》就是典型的艺术性文学。艺术性文学和非艺术性文学两者之间并没有清晰的边界，那么我们该如何理解两者的差别呢？冯海城指出，或许可以采用这样一个通用标准——非艺术性文学作品主要目的是表达信息、知识、智慧，而美是次要的；反过来说，艺术性文学作品中除了表达信息、知识、智慧等，还至少有一个重要目标，就是表达美。使用这个标准来看中国文学史，很容易能注意到艺术性文学主流就是诗歌。他还补充道，即便是在很多非艺术性文学作品中，我们仍然能够看到这种艺术性倾向，比如《庄子》里的故事。从时间角度来看，《诗经》早在中国文明兴起之初就已出现，而散文小说一直要到元明时期才真正发展起来。另外还要补充的是，中国古典散文小说还有一个显著特点，那就是包含大量的诗歌实践，比如《红楼梦》中所包含的诗歌创作。

　　冯海城表示，如果让他总结中国文化和诗歌的关系，他希望将其表述为：诗歌就是中国文化的母语。在他看来，如果人们想进入中国文化，首先就要读诗歌。由于汉语词法的孤立性、音调及文字的表意功能，中国诗歌能够给读者提供极大的审美乐趣。在世界诸多文明之间，不同的文化或多或少地会存在交叠的现象。中国文化跟其他东亚文化交叠最多，其次是东南亚文化等。即便离中国最遥远的文化，也会与中国文化有共同点。就像语言学领域有语言普遍现象，文化界也有一定的文化通则。冯海城表示，中国诗歌中主要的表达方式就是其突出的视觉效果。但化繁为简地说，欧洲或者西方诗歌中，诗作的美学核心大部分是通过人们听见的语言和文字的魔法而抵达的。而中国诗歌中，词语更多是绘画工具，几乎像画笔一样，首先用它来画一幅画，然后读者或听者才意识到作者想要传达的内容。两种不同的方法可以如此表示：（1）词语→感受；（2）词语→像→感受。20世纪美国诗人埃兹

　　① 　Nicolás Gómez Dávila. Escolios a un texto implícito. Bogotá: Villegas Editores, 2001: 17.

拉·庞德（Ezra Pound，1885—1972）对中国诗歌也有类似的感觉。对于中国古代诗歌的深入了解影响了庞德自己的诗意风格，他后来成为英美意象派诗人中最重要成员之一。回到中国文化，我们还可以从王弼（226—249）对《周易》的释读中看到对这种意象方法的理论说明："夫象者，出意者也。言者，明象者也。尽意莫若象，尽象莫若言。言生于象，故可寻言以观象；象生于意，故可寻象以观意。意以象尽，象以言著。"（《周易略例·明象》）

冯海城将欧洲的第一部优秀文学作品——荷马的《伊利亚特》与《诗经》做了对比。我们先来看看《伊利亚特》是如何开头的：

> 歌唱吧，女神！
> 歌唱裴琉斯之子
> 阿喀琉斯的愤怒——

这里传递的是一种直接的命令话语，它包含一种愤怒的感情。如果我们再来看看《诗经》的开头，就能明显感受到两者的差异：

> 关关雎鸠，
> 在河之洲。

对读者来说，一幅宁静的景象在眼前铺展开来，想象河中沙渚，一对雎鸠在鸣叫。这首诗歌随后写道：

> 窈窕淑女，
> 君子好逑。

可以看到，这首诗传达的是关于爱情或者婚姻的主题，而全诗的美学和语义基调恰恰是开头两句诗中的意象奠定的。

对冯海城而言，中国和西方诗歌还有一个差别值得考虑，就是文化构架下诗人的社会角色。欧洲历史最早的已知名字的诗人，就是相传写作《荷马史诗》的荷马，他是一个盲人，他在史诗中演绎的事件有关王国大事、战争、主臣的关系等，但是诗人自身并未参与这些事件，由于他的身体缺陷和身份，他甚至是置身于社会之外的。对冯海城来说，荷马眼盲的这一传说或许就是为了确证创作者的一种客观立场，这是荷马公正地记录事件的一个身份符号。相较而言，中国历史上的著名诗人屈原拥有着完全不同的身份地位。他常与楚怀王商议国家大事、主张外交政策等，他是完全参与政治生活的一个人，他的诗歌包含的是亲历历史的主体立场而非历史观察者的立场。上面说的是中国诗歌传统的一个显著特征。自上古以来，大多中国诗人会进入仕途、做政治家，同时中国政治历史中最重要的人物大都写过诗歌，从项羽的《垓下歌》、刘邦的《大风歌》、汉武帝的《秋风辞》、曹操的《步出夏门行》、唐玄宗的《经邹鲁祭孔子而叹之》一直到毛泽东的《沁园春·雪》等，类似的例子不胜枚举。但是这类现象在西方诗歌史上并不真正存在，西方诗歌理想中诗人的角色在政治界以外，他会以诗启发社会行为，但是自己不参与政治生活。冯海城笑称，这个典型的中西文化差别或许就是一个很值得研究的话题。

# 三、对话经典，倾听历史的回声

如果诗歌算是中华文明的母语，《诗经》就是这种母语的"语法"——《诗经》中已经有了后世诗歌的主题、类型、审美手段等。因此，翻译《诗经》似乎成了冯海城开启自己的译介之路的重要任务之一。冯海城回忆，自己翻译《诗经》历经 8 年（当然，中间偶尔间断）。2020 年，得益于"新汉学计划"的支持，冯海城出版了《诗经》全文塞尔维亚语译本。塞尔维亚语国家的读者首次有机会阅读这部世界文学名著的完整版。冯海城补充，在他翻译《诗经》塞尔维亚语版时，有一家出版社主动联系到他，邀请他翻译马其顿语版《诗经》中的 1 500 句诗句。这个任务并不容易，冯海城在 305 首诗中精选了 60 首，最后以《诗经选》为题于 2015 年出版，并且受到当地社会的一定关注。

谈及外国读者如何阅读《诗经》的问题，冯海城分享了自己的一些看法。对读者而言，人们首先可以把《诗经》当作一部审美作品，阅读诗歌其实就是"享受"

它。另外一方面,《诗经》也是中国历史的见证,它在很大程度上反映了中国周代的社会风貌和政治建制,其中涉及上古中国的文化及伦理纲要,阅读它也就意味着去了解那个时代的文化和社会生活。就像孔子在《论语》中提到《诗经》时表示:"小子!何莫学夫诗?诗,可以兴,可以观,可以群,可以怨。迩之事父,远之事君。多识于鸟兽草木之名。"(《论语·阳货》)孔子在这里表达的就是《诗经》所能发挥的在审美层面之外的一种道德教化作用。

冯海城提到,当时为了翻译《诗经》,他读过不少《诗经》的注释典籍,同时还要研究先秦相关的历史文学作品,此外他还比较过已经面世的《诗经》英文和俄文译本。冯海城明确表示,他的目标就是要把《诗经》呈现给现代读者,让他们感受《诗经》世界的美、欢乐、忧虑等:"我希望读者在《诗经》里看到一些对他目前有意义的事,把这本经典文学作品变成一个当代的诗意的故事。美丽没有历史,是不是?"他还提到《诗经》的《君子偕老》中的一个例子:"玼兮玼兮,其之翟也。鬒发如云,不屑髢也。玉之瑱也,象之揥也,扬且之皙也。胡然而天也!胡然而帝也!"(《诗经·鄘风·君子偕老》)即便在 21 世纪,这种对女子之美的描述和赞美同样不过时,美人面孔令人一目倾心的印象同样可以借助这首诗的描述来表达。这不仅仅是中国上古时期的人类经验,它也真切地适用于当代人对美的表达和感知。

冯海城在这里还是以《荷马史诗》和《诗经》的例子来对比分析。我们可以说,《荷马史诗》是古希腊罗马文明的母语语法,这是它与《诗经》的共同点。《诗经》被认为是能融入整个文明血脉的文学作品,正如《荷马史诗》之于希腊文明一样。但是冯海城认为,《诗经》对中国文化的影响比《荷马史诗》对希腊罗马文化的影响更深刻。《诗经》的内容范围及诗歌类型比荷马的史诗还广阔。从这个角度看,可以说《诗经》是整个后来中国诗歌的源头。当然美丽不受时间或历史限制。如果我们在博物馆看到北宋时代范宽的《溪山行旅图》,我们会有何感受?那肯定是敬畏和喜悦。过一段时间我们又会在另外一个博物馆看到梵高的《星夜》,那时也会感到敬畏和喜悦。不管范宽与梵高相距多少世纪,无论不同文明之间存在怎样的差异,面对他们的作品,它们带给欣赏者的感受和思想冲击是类似的,这就是超越时间和空间的美。文学作品亦如此,陶渊明的古典诗和艾略特的现代诗也在不同维度上传达永恒美的理型。

冯海城表示，翻译汉语（特别是古汉语）诗歌是一个劳动密集型工作。他提到，诗歌的美大致包含两个层面，一个是诗歌内容中的形象和意义，另外一个是诗歌语言的用典、修辞和韵律。相比于前者，语言层面的翻译更像是一种技术工作，它对译者从事这项工作的经验和专业水平要求更高。从语言类别角度来说汉语跟印欧语系的语言很不一样。汉语是一种孤立语，而印欧语系的语言都是屈折语。汉语的词和词素大部分都是单音节的，而印欧语系语言的词和词素一般都是多音节的。汉语有音调，印欧语系语言没有音调。冯海城特别指出，我们本能地忽略了欧洲诗意和古典中国诗意中的韵律手段。古希腊、古罗马诗歌的韵律靠音节的长短和重音。中世纪和近代欧洲诗歌的韵律靠诗句中音节的数量、重音和尾韵。古典中国诗歌的韵律靠诗句中音节的数量、音调和尾韵，而欧洲的语言没有音调，所以翻译无法直接体现中国诗歌原来的平仄节奏。此外，欧洲语言是多音节的，这就导致翻译过来的音节无法完全对应汉语原文音节。为了解决这个问题，冯海城做了很多尝试。他表示，自己曾经仔细计算过汉语词的音节数量和马其顿语语词中音节数量的比例，经过对照，他得出数量比大概为 1∶2.5。根据这个比例，冯海城将汉语古典诗歌中的四言诗（像《诗经》那样的）变成马其顿语的十个音节左右的诗句，五言的相应转变为十二个音节的，七言的则变成十五个音节的，以此类推。关于尾韵的问题，冯海城也做了具体调整，他把《诗经》翻译成塞尔维亚语的时候保留了汉语原文的尾韵模式，而在将其翻译成马其顿语时，为了适配这门语言的发音和节奏，他几乎不再采用尾韵模式。因为塞尔维亚－克罗地亚语的词法更有可塑性，所以比较容易编尾韵，而马其顿语的词法相对硬性，翻译的时候更难编尾韵。

在谈到这个问题时，冯海城立刻表现出了极大的兴趣和激情，他表示可以提供一些具体例证来解释这个问题。首先他提到，马其顿语与塞尔维亚－克罗地亚语的词法有很大的差异。塞尔维亚－克罗地亚语中词之间的关系基本上是通过词内的变化表达的。"这种语言有格。"而马其顿语作为比较有分析性的语言，词之间的关系往往靠单独的介词来表达。此外，马其顿语还有后缀定冠词。因为上述的特点，把汉语诗歌韵律翻译成马其顿语比较难。例如：把"母亲告诉儿子"翻译成塞尔维亚语和马其顿语。塞尔维亚语的翻译是："Мајка рече сину."这里有三个单词和六个音节。马其顿语的翻译是："Мајката му рече на синот."这里有五个单词和九个音节。由此可见，如果将汉语翻译成塞尔维亚语，译者将会有更多的空间来调整原文的押韵。回到《诗经》的押韵结构，其实不难发现，里面的诗有几个二步律押韵模式，最常见的是 ABAB、AABB、AAOA① 等。比如《诗经》中一首包括 ABAB 押韵结构的诗《黍离》(《诗经·王风·黍离》)：

彼黍离**离**，
彼稷之**苗**。
行迈靡**靡**，
中心摇**摇**。

翻译成塞尔维亚语并同时保留原文的押韵结构如下：

Натежа просо од изоб**иља**,
Док је сирак још у изданц**има**;
Ходам ја туда као без ц**иља**,
А срце ми смутне мисли **има**.

可以看到，翻译版中为了保持与原文结构的对应，每个诗行也都保留了十个音节。

冯海城表示，自己在实际翻译工作中遇到不少问题，这些只是其中一方面，但是这丝毫没有削弱他从事这项工作的热情。他表示，自己愿意不断探索，以期更好地转译出中文诗歌的独特魅力。

除了《诗经》，冯海城还谈到自己对《老子道德经》的翻译工作。这本书是他翻译生涯中出版的第一部中国文学作品，也是马其顿文化史中第一次直接从古汉语翻译成马其顿语的作品。谈到选择这部作品进行翻译的缘由，冯海城笑称，老子大概是他最喜欢的中国哲学家和思想家，自己在接触中国文化之初就读过这本《道德经》。冯海城回忆起自己阅读这部著作的感受时表示，自己不仅赞叹于老子思想的

---

① 张民权.顾炎武对《诗经》韵例的研究.南昌大学学报（社会科学版）.1999（4）：91-95.

深度，其中形象的语言也给他留下了深刻的印象。在冯海城看来，老子的形而上学很有独创性，在中国哲学史上占据了重要地位。

这种良好的阅读体验在某种程度上也驱使冯海城着手进行对《道德经》的翻译。他表示，与《诗经》相比，将《道德经》从古汉语翻译成马其顿语是一项更加艰巨的任务。其中的困难不仅源自古汉语表达的精练艰深，还在于老子自身思想的深刻晦涩。即便是同样一句话，在不同的文本中可能会延伸出不同的理解。为此冯海城进行了大量的文献整理和阅读工作，以期更好地理解和呈现老子思想的原貌。《道德经》的语言非常简明，短短几个字就可能包含某个典故，这就要求译者不仅要翻译文本的表面含义，而且还要向外国读者解释所提及的典故和参考，因为对于没有背景知识的外国读者来说，如果译者不做出相应的介绍，他们将很难理解这些话语传达出来的意义。冯海城以儒家经典《论语》作为参照，他指出，我们很容易在这种对话体语录中分辨出人名或者地名，但是在老子的五千言中，我们很难找到任何一个人名，也没有任何地理位置，因此读者很难辨认出里面的典故或者隐含背景，也就容易忽视掉这些文化信息，而一旦缺失了文化信息，读者就会发现自己很难理解这些语句的意义。但是对于译者来说，帮助读者有效地理解原文是有必要的，这是一个译者的工作职责，同时也是冯海城自身的坚守。

当然，冯海城特别指出，翻译工作中还有个需要注意的问题就是文本的"本义"、"源义"和其"历史中的意义"这三者的区别问题。特定文化中极具重要性的文本通常通过注解来彰显其意思。实际上，也正是这一点在历史进程中产生了最大影响。需要人们注意的是，被呈现出来的老子和《道德经》究竟是何种意义上的？是第一次成文时作者本来的意思，还是几千年以来影响到中国文人学士的意思？就后者而言，主要是指老子借由河上公和王弼的传承。就前者而言，重要的考古发现如马王堆帛书和郭店楚简与主流通行文本有很大区别。冯海城谈到这样一个例子，《道德经》第19章中的一句，通行版中是"绝仁弃义"，而郭店楚简版本中是"绝伪弃虑"。这促使人们去思考《道德经》对儒家思想的原初态度。

针对这个问题，冯海城表示，自己在实际翻译中做了折中处理。他首先采用了王弼的注释文本，以此作为主要参考，同时以其他四个注释文本作为辅助参考，分别是郭店楚简、马王堆帛书、傅奕和河上公版本。如果出现明显不同的解释，冯海城就会在译本的注解中标明。他还特别提到自己使用的一些研究文献，包括刘笑敢教授的《老子古今：五种对勘与析评引论》和《老子：年代新考与思想新诠》。对外国读者而言，由于他们缺乏相应的文化背景，因此他们不太容易理解古典书籍中包含典故的语句。简单地说，有两种典故，即文化典故和历史典故。《论语》里的两个例子就很好地说明了这一点。《论语·雍也》中有这样一句话："子曰：雍也可使南面。"如果一个外国读者看这句话，他可能只能看出"朝南"的意思，但实际上它背后的意义更加丰富。为了呈现更加丰富的意义，译者需要在脚注里解释"南面"的文化意义，即在中国传统文化中，统治者在仪式空间里是需要朝南的，这是一种对统治者身份地位的确证和象征。在这个语境中，如果孔子对其弟子雍说他"可使南面"，这是一种高度赞扬，意味着雍是一个合格的统治者。现在再来看一个历史典故的例子。《论语·微子》第1章说的是"微子去之，箕子为之奴，比干谏而死。孔子曰：'殷有三仁焉。'"如果译者不提供任何解释，直接对这句话进行翻译，那么外国读者在阅读时肯定会感到困惑，因为他们可能连商朝都没听过，更不知道纣王其人、微子和箕子是谁、比干其人其事等。冯海城强调，译者是有责任将这些历史背景呈现在译本中的，这样读者才能理解孔子所说的"殷有三仁焉"。冯海城最后总结道，查找这类文化及历史典故必须要自己努力读书，读历史书、考古书，还要读《说文解字》和一些现代的字源字典，因为经常需要给读者解释一些字和概念的来源。这些工作烦琐且枯燥，即便如此，冯海城深知这些是做好译介工作的重要基础，也只有这样，才能为广大读者呈现出更好的翻译作品，才能让异域文明的魅力真正释放出来。

冯海城继续补充道，除了这些语言方面的内容，《道德经》的思想价值也是很值得讨论的，这也是他义无反顾地选择翻译这部作品的主要原因。那么从形而上角度来看《道德经》，其最突出的特点是什么呢？冯海城的答案是"无"这个概念。在老子那里，"道"即"无名"，"无"与"有"是相互对立的。但是需要注意的是，不要混淆老子的"无"和现代哲学中的"非存在"概念。老子明确表示，"无"有提供意义的功效。实际上，将"道"理解成"无"，是一种用来指称"道"之于世界的极端他者性的方式。在这一意义上，《道德经》的"道"是不存在于一切的无。每一种"有"的本体根源必须定义为"有"的极端他者，才能避免无限回归，因此必须是"无"。从某种意义上说，如果存在的一切是由别的原因引起的，那么一切有和存在的原因本身就必须是有和存在之外的，否则，这个原因应该是其他无限的"有"。这一观点后来通过王弼的解释得到了进一步发展。

冯海城并不局限于《道德经》这一文本内部的价值，在他看来，老子的形而上学实际上还发挥着跨文化交流的重要作用。《道德经》中的"无"之哲学讨论并不是中国独有的，放眼世界，类似的讨论还出现在印度哲学的《奥义书》及由此产生的吠檀多派和西方的新柏拉图主义及跟它有密切关系的基督教的否定神学。前者用形而上方法来解释超越本体和终极实在的"梵"（梵文：bráhman）的概念，是用"既不是这个也不是那个"（梵文：neti neti）的说法。这很类似于老子的"无"和"无名"。新柏拉图主义哲学家普罗提诺（Plotinus，205—270）在《九章集》（*Enneas*）中写，超越本体宇宙的来源"一"最合适命名为"无"。王弼在其《老子道德经注》（第 42 章注）中所说的"一可谓无"跟普罗提诺的观点几乎相同。随后，早期基督教的作者（伪）狄奥尼修斯（Pseudo-Dionysus）在其《神秘神学》（*Mystica Theologia*）中阐述了很多跟老子思路一致的想法。他所说的"我的论证从在下者向超越者上升，它攀登得越高，语言便越力不从心；当它登顶之后，将会完全沉默，因为它将最终与那不可描状者合为一体"[1]，难道跟《道德经》第 1 章"道可道，非常道。名可名，非常名"的思路不一致吗？对他而言，万物的来源即上帝"既不可被'不存在'，也不可被'存在'所描述……因为祂作为万物完全的和独特的原因，超出所有的肯定"[2]。"超出所有的肯定"就是老子的"无"。顺带一提，《神秘神学》的中文版 2012 年就由商务印书馆出版了。基督教神学史上想法类似的还有 7 世纪神学家宣信者马克西姆（Maximus the Confessor，580—662），他在其《神秘学》（*Occultism*）中直接论述上帝更适合被称为"无"（希腊文：μὴεἶναι）。

实际上，翻译《道德经》的工作早在唐朝就开始了。唐太宗曾下令将《道德经》翻译成梵语。647 年，曾游历印度的著名佛教法师玄奘成立了翻译小组。翻译《道德经》的目的是将译本作为礼物赠送给迦摩缕波国（在今印度阿萨姆邦西部高哈蒂及其附近）。在冯海城看来，唐代人之所以选择翻译《道德经》而不是其他典籍，或许是因为他们意识到了《道德经》与其他文明潜在的交流可能性。

---

① （伪）狄奥尼修斯.神秘神学.包利民，译.北京：商务印书馆，2012：67.
② 同①69.

最后冯海城表示，他很荣幸自己能够进入这样一个专业的领域，发挥自己的语言和专业所长，为人类的文明共享和交流贡献自己的力量。这条路并不轻松，甚至可以说道阻且长，但是他愿意坚持自己最初的热爱和激情，脚踏实地地走好每一步。

## 后记

　　冯海城将大量中国古典和现代著作翻译成马其顿语，曾前后三次接受北马其顿国家电视台专访，并多次在首都国立大学举办汉学讲座。除了将中国典籍引介至北马其顿，冯海城也致力于将北马其顿的文化介绍到中国，开展双边文化的友好交流。

　　在漫长的人类文明历史中，各国各民族的文化共同构成了宏伟瑰丽的文化图景，典籍可以说是构成这些图景的重要基石之一。每当翻开它们，我们就能够回到那个历史时空，展开一段别样的思想之旅。幸运的是，语言的隔阂并没有让我们局限在自己的母语这一个文化世界里，因为一代代的翻译家和学者用他们辛勤的汗水和经年累月的文化积淀为我们构筑了一条条通向异域文化世界的桥梁。冯海城就是这样一位沟通北马其顿和中国文化时空的译介使者。通过这次访谈，我们认识了这个有着强大文化使命感和思想穿透力的青年学者，很感谢他愿意和我们讲述自己的故事，也希望这些闪着智慧的话语能够启发更多的人找到自己热爱的事业，开启各自独特奇妙的人生。

# 祝贺"新汉学计划"博士冯海城荣获第十五届中华图书特殊贡献奖

◎王　宁

2014 年，我选择了冯海城作为"新汉学计划"的博士生，跟从我学习中国文化和中国文字。所以选择他来攻读博士学位，很大一部分原因是他除了掌握自己的母语马其顿语外，还熟悉希腊语和俄语。俄语是我最熟悉的外语，而希腊语我十分向往，这和我一直很想深入了解希腊克里特岛的两种线性古文字有关。在指导他学习汉语汉字的同时，我们（他和我及我的中国博士生）有着越来越深入的交流。2016年，他应用了我的"汉字构形学"理论，采用了亚里士多德的古老哲学"四因说"，选择了以《依语言的形态而建立的文字分类理论》为题来讨论汉字问题。我同意了他的选题是因为，这个题目符合我对跨文化交流的理念——要站在自己的文化立场上来理解中国文化。论文写作时我们一直在磨合。作为一位西方的留学生，冯海城和我有着完全不同的文化背景，更有着距离较大的学术根底，我需要深入了解他，才能沿着他的思路，让他更深地理解汉语汉字。在这个过程中，我发现他不但表达自己的想法较准确，更有很强的阅读理解能力。直到他把翻译出版的《论语》赠送给我，我才明白他因为有很强的文言文阅读能力，所以才对现代汉语和汉字把握较好。这一点，有些中国学生也不一定能很轻松地达到。2018 年 5 月，他的博士论文通过答辩，我为他申请了翻译中国典籍的资助，延长了他留在北京的时间。这些年，他已经将《诗经》翻译成塞尔维亚语，将《论语》《尚书》等中国经典翻译成马其顿语。这些典籍中，有些是难度很大的。冯海城的论文成绩和他的翻译成果使我十分欣慰。因为，他不是抄袭和重复中国的文化和文字，而是用古老的、西方的理论来正确阐释了曾经西方还不熟悉甚至误解的中国的表意文字。作为一位来华留学生，他出色地完成了学习任务，成为优秀的文化交流使者。我衷心地希望，冯海

冯海城——古典与现代的再遇见

城能够继续为介绍和传播中国文化不懈努力，同时也将中国学者们的友谊带给周围的人群。让我们为人类共同的幸福，努力工作，相互了解，共同进步！

**导师简介**

　　王宁，北京师范大学资深教授，著名语言文字学家，当代著名的文字训诂学专家，中国传统语言学的重要继承人之一。研究领域：传统语言文字学和训诂学。主要专著：《训诂方法论》《古汉语词义答问》《训诂与训诂学》（以上与其师陆宗达教授合著）以及《〈说文解字〉与汉字学》《训诂学原理》《汉字构形学讲座》等。

## 杜迪

# 走好喀麦隆汉语教学推广之路

**访谈人：**赵筱珂，中国人民大学文学院汉语国际教育专业 2020 级硕士研究生

**访谈时间：**2021 年 2 月 23 日、2021 年 3 月 3 日、2021 年 4 月 24 日

**访谈方式：**文字采访、语音通话

## 被访人简介

杜迪（Nama Didier Dieudonne），来自喀麦隆，现为喀麦隆中等教育部汉语总督学。曾在喀麦隆的雅温得第二大学（Université de Yaoundé Ⅱ）、马鲁阿大学（University of Maroua）和中国的浙江师范大学、北京语言大学进行学习，在华学习期间，主攻汉语与汉语教学方向。杜迪在本科和硕士学习期间非常努力，也正是因为努力，他在短短几年间拿到了历史、汉语两个学士学位，法律、汉语国际教育、汉英笔译三个硕士学位。2015 年 9 月，杜迪参与了"新汉学计划"项目，继续在中国攻读语言学及应用语言学博士学位。杜迪曾组织编写《你好喀麦隆》系列教材，成为第一位主编汉语教材的喀麦隆教师，并组织翻译了《中国文化遗产三十年》《中国基础教育三十年》《中国式反贫困三十年》等二十余本书籍。

**引言**

　　"新汉学计划"项目中，有一位来自喀麦隆的汉语总督学——杜迪。说到杜迪，他的"来头"可真不小，他有着非常多的头衔，如非洲第一届师范类汉语专业的大学毕业生之一、第一批被喀麦隆中等教育部分配到中学教授汉语的本土教师之一、第一位被中外语言交流合作中心录取成为海外志愿者的非洲籍汉语教师、第一位被喀麦隆高等教育部录取为马鲁阿大学正式汉语教师的非洲籍汉语教师、第一位获得"新汉学计划"博士生奖学金的喀麦隆学生、第一位主编汉语教材的喀麦隆教师等，可以说，杜迪自从踏上汉语学习这条道路开始，便不断自我突破与成长，同时也取得了非常不错的成绩。杜迪为什么选择了汉语这条道路？又是怎样坚持下去的呢？在汉语学习过程中他又遇到了什么样的机遇与挑战？"新汉学计划"项目给杜迪博士提供了什么样的平台和资源，让杜迪的学术生涯更加顺畅呢？

　　本篇文章将带你一同走近杜迪，了解杜迪博士的汉语学习经历，探索杜迪从汉语"小白"成长为语言学及应用语言学博士背后的原因。

# 一、与汉语结缘

　　杜迪出生于书香门第，父亲是雅温得第二大学（简称雅二大）法律系的教师，继承了父亲优良的基因，杜迪也对法律表现出了浓厚的兴趣。2004年，高中毕业的杜迪考上了雅二大的法律系；本科毕业后，杜迪又攻读了法律硕士并顺利取得了硕士学位。2008年，从雅二大本科毕业后，杜迪慢慢萌生出了考公务员的想法。在喀麦隆的极北大区，有一所马鲁阿大学，如果能从这所学校的高等师范学院毕业，便可直接获得公务员的身份。因为想获得公务员身份，杜迪便开始计划去马鲁阿大学继续求学，巧的是，该学校当时正在筹备开设中文系，于是，杜迪选择了去马鲁阿大学中文系学习汉语。2009年，杜迪正式来到了马鲁阿大学，也正是当年的这个选择，让杜迪成了非洲第一届师范类汉语专业的大学毕业生之一。

　　按照杜迪的计划，若能顺利从马鲁阿大学毕业，他便可以成为当地的一名公务员。但往往生活中的很多计划都赶不上变化，自从接触汉语后，杜迪的想法在一点一点发生变化。

学了一个多月的汉语后，杜迪渐渐发现自己已经喜欢上了汉语，而后，随着学习的深入，杜迪学习的动力已经不是当初那样——成为一名公务员，而是发自内心深处的热爱。杜迪说："就是那时候，我发现，我是真的喜欢上汉语了，我热爱汉语，也想成为一名非常优秀的汉语老师。"带着对汉语极大的热情，杜迪积极地参与马鲁阿大学组织的各种活动，他认识了很多志同道合的朋友，包括教他们汉语的中国老师。但同时，杜迪也知道，自己身在喀麦隆，没有太多说汉语的机会，接触汉语的渠道也相对匮乏，自己的汉语学习受到了很多限制，于是他尽自己最大的努力，利用一切可获得的汉语资源，参加各种比赛和活动，希望能在比赛和活动中不断提升自己的汉语水平和汉语能力。确实，他也做到了。

功夫不负有心人，2011年，喀麦隆首届本土汉语教师毕业典礼在马鲁阿大学隆重举行，杜迪以优异的成绩毕业。那时他就想，若是能到中国学习汉语，那么也就拥有了得天独厚的学习条件——沉浸式的语言学习环境，这对于汉语学习有非常大的帮助。于是，杜迪来到浙江师范大学继续攻读汉语国际教育硕士学位，开启了新阶段的汉语学习历程。

# 二、在浙师大的学习与工作经历

硕士在读期间，杜迪一边认认真真学习汉语，一边利用课外时间研究喀麦隆汉语教材本土化问题、汉语课程大纲修改以及汉语推广等事宜，在朋友和老师的帮助下，杜迪顺利地完成了这些工作。在编订教材和修改大纲的过程中，杜迪的汉语能力突飞猛进，这也为杜迪后来成为喀麦隆汉语推广的使者打下了坚实的基础。

## 1. 推进汉语教材本土化

早在最初接触汉语的时候，细心的杜迪就发现了一个问题——喀麦隆所使用的教材不符合喀麦隆当地的实际情况。在喀麦隆学习汉语的时候，杜迪就认为自己使用的汉语教材更符合欧美学生的学习特点。一个地区所使用的教材不仅仅要考虑到本土学生的特点，还要考虑到当地人的生活习惯、饮食习惯、交通住宿等各种表层文化现象以及涉及价值观的深层文化内容，笼统地说，学生们需要的是"适用于本地大环境"的教材。喀麦隆所使用的汉语教材缺乏这些符合本土特点的特征，不适合喀麦隆当地的学生学习，究其原因，主要是这些教材是针对欧美国家的学生编写的，内容更符合欧美的文化背景。喀麦隆汉语教学有一个很大的问题就是没有自己的汉语教材体系。来到浙江师范大学以后，杜迪暗自下定决心："我要在这里好好学习汉语，编写一本符合喀麦隆实际情况的教材。"很快，杜迪就将自己的想法付诸实践。杜迪认识了一位名叫徐斯兰的同学，两个人一拍即合，相约一起编写针对喀麦隆本土学习者的汉语教材。杜迪说："我读研的开始，也是我编写教材的开始。"

编写教材这件重要的事情贯穿了杜迪研究生学习生涯的始终。从进校门那一刻起，杜迪便着手编写教材，在研究生学习期间他成功地编写了系列教材《你好喀麦隆》，他的硕士毕业论文《喀麦隆中学汉语教材编写设想》更是围绕着汉语教材编写这个主题展开的。

编写教材并不是一件容易的事情。杜迪说："编写本土化的教材，最关键的一点就是要准备好一套配套的汉语课程大纲。"从本国的汉语课程大纲入手，完善汉语课程大纲，才可编写与之相对应的教材，也只有这样，才能实现真正意义上的教材本土化。喀麦隆原本所用的教材都是按照《国际汉语通用课程大纲》编写的，而这套大纲不符合喀麦隆当地的实际情况，于是杜迪开始了漫长的大纲修改和教材编写之路。

### 2. 参与喀麦隆中学汉语课程大纲的修改工作

汉语课程大纲明确了汉语教学的任务和目的，对于课程的实施和开展具有重要的指导作用。在编写教材之前，杜迪仔细研读了喀麦隆正在使用的汉语课程大纲，发现现用大纲存在不少问题，如词汇和语法点的分级归类不明确、语言教学的目标不合理、文化教学内容没有结合喀麦隆实际情况等。杜迪决定从找出的问题着手，各个突破。杜迪首先将"喀麦隆初中外语教学大纲"与"喀麦隆初中汉语课程大纲"翻译成中文版，然后在北京语言大学和雅温得第二大学孔子学院的支持和鼓励下，杜迪组织了一个包括浙江师范大学汉语国际推广办公室主任徐丽华老师、喀麦隆中学汉语督导佳妮老师及喀麦隆中学本土汉语教师在内的专家队伍，并带领着专业队伍一起修订课程大纲。

### 3.《你好喀麦隆》教材略谈

《你好喀麦隆》是针对初级汉语学习者而编订的一套教材，教材的语言是汉语和法语，系列教材共四册，分别对应公立中学的初三到高三年级。

杜迪及其同伴将教材划分成了六个单元，每一个单元都有一个相应的话题，六个话题分别关于家庭、公民、经济、媒体、健康和保护环境，话题涉及了日常生活的方方面面，具备一定的实用性和趣味性。根据话题内容，再将学生需要学习的知识点进行详细的划分，最后将这些知识点分散整合到每一个单元。学生需要学习的语音、词汇、语法以及汉字都可以通过这六个话题展开。比如，"家庭生活"这一单元涉及了如何介绍家庭，包括亲属称呼、人口描述等，"健康"这个单元涉及了看病的流程。总体看来，教材内容不仅是汉语要素的学习，学生掌握了这些知识点后还能运用到实际生活中去。这就是《你好喀麦隆》系列教材的最大特点。

初级阶段正是学习者初次接触汉语和中国文化的关键时期，这一阶段的学习成果将为学习者长期的汉语学习奠定基础。在初级阶段，学习者对中国的文化背景、交往习俗、语用规则等比较生疏，文化敏感度较低，"教什么"的内容不可避免地涉及文化因素，文化差异不仅是学生必须了解和学习的，更是喀麦隆汉语课程大纲的要求。《你好喀麦隆》系列教材采用了对比法进行文化导入，杜迪整理了适合学生了解和学习的中国文化内容，并将其与学生所熟知的喀麦隆本土文化内容相对比，如饮食习惯、节日庆祝、民族习俗、穿着打扮等。杜迪说："如果是中国特有而喀麦隆没有的习俗节日，或者说喀麦隆找不出相对应的习俗节日的话，我们就会在教材中说明这是中国特有的，反之，我们则会在教材中强调这是我们喀麦隆特有的。"将两个国家的文化放在一起进行比较，能够更加鲜明地解释中国文化的特点，能够让学生从不同的角度看待

喀麦隆中等教育部，杜迪和《你好喀麦隆》系列教材

中国文化，了解中国文化，在这个过程中，也能够帮助学生培养跨文化交际意识和思维，从而提高学生的跨文化交际能力。2016 年，《你好喀麦隆》全面进入喀麦隆国民教育体系；2020 年，雅二大孔子学院启动录制《你好喀麦隆》第一册的微课，后将其发布于中文联盟免费提供给学员使用。

总体来说，《你好喀麦隆》是基于喀麦隆本土情况编写的系列教材，该系列教材出版后很快受到喀麦隆中等教育部的青睐，也成了首套非洲本土教材，极大程度上解决了非洲缺乏本土化教材的问题，同时也为非洲其他国家和地区的汉语教学起到了示范和参考的作用，其出版对非洲汉语教学事业开展的作用不言而喻。

# 三、参与汉语教师本土化培养计划

汉语教育的本土化最重要的是如何解决"三教（教师、教材、教法）"本土化的问题，其中教师本土化尤为关键，因为世界各国汉语教学普遍存在需求不断增长与师资供给相对有限的突出矛盾[①]。在杜迪的眼里，教材编写是推动喀麦隆汉语事业发展的重要渠道，此外还有一件同样非常重要的事情要做——本土教师的培养。中国汉语教师固然好，但只依靠教育部中外语言交流合作中心或一些其他机构派遣中国教师来喀麦隆教书，这对喀麦隆汉语事业的发展来说无异于杯水车薪，这时候培养本土的汉语教师便显得更为重要了。

硕士期间，杜迪利用假期时间回喀麦隆任教。2012 年，喀麦隆将中学汉语教学引入教育系统，杜迪被分配到 Ngaoundere 中学教汉语；2014 年，杜迪成为雅二大孔子学院第一名本土汉语教师；2015 年，杜迪申请到马鲁阿大学高等师范学院工作并被马鲁阿大学高等师范学院汉语系录取为唯一的喀麦隆籍汉语教师。这几年的摸索让杜迪了解了培养本土汉语教师的重要性。杜迪长期跟着中国老师学习汉语，中国老师母语为汉语，身为中国人，这些老师是在地道的中国文化熏陶下成长的，因而更了解中国文化，也会习惯性利用汉语进行思维。杜迪认为，若是让中国老师给喀麦隆的学生进行汉语教学，可以让喀麦隆学生学习到更地道的汉语，同时能提升

---

① 吴强.喀麦隆中文教育向师资本土化发展.中国投资（中英文），2021（Z1）：114–115.

马鲁阿大学高等师范学院，杜迪给学生上教材设计课程

他们的跨文化交际意识。"很多喀麦隆学生在上课的时候会习惯性地使用英语和法语，这两门语言是我们当地的官方语言，其实这样不利于他们学习汉语。中国老师上课的时候很少使用学生的母语和中介语，他们会大量使用汉语，这样对学生汉语能力的提升有很大的帮助。"杜迪又补充说道："其实喀麦隆本土汉语教师也具有很大的优势，其中最大的优势就是他们非常清楚喀麦隆学生的学习特点，此外，他们也很清楚当地的状况，比如我们喀麦隆中等教育部对教学的要求。不仅如此，喀麦隆本土汉语教师还具备一定的语言优势，有的时候，学生真的需要你用一点外语比如法语来讲解知识点，一些直译就能讲清楚的汉字或词汇，用法语讲解会更好，所以这类知识，我认为喀麦隆汉语老师讲会更好一点。"其实不管是中国的老师还是喀麦隆的老师，在教学方面都各有益处，但中国能来到喀麦隆进行教学的老师相对来说较匮乏，这也促使喀麦隆加大本土教师培养的力度。

据杜迪所说，喀麦隆目前有 3 万多个学习汉语的学生和 200 多个本土汉语老师，且已经有 200 所学校开设了汉语课堂。随着中非合作和南南合作的不断深化，中喀在外交、经贸及教育文化领域的交流和合作越来越多，当地社会各界越来越深刻地体会到学习汉语和了解中国的重要性[1]。据官方统计，截至 2020 年 3 月，雅二大孔子学院拥有喀中教职工共 35 人，其中中方教

2020 年，杜迪参与学生硕士论文答辩

---

① 徐永亮 . 汉语教育受欢迎 . 中国投资，2017（20）：49–51.

师 26 人，喀方本土教师 6 人，喀方职工 3 人；下设孔子课堂 1 个、其他教学点 16 个，累计培养学员超过 13 万人；中方累计选派院长 5 人、教师 45 人、志愿者 113 人；喀方累计选派院长 4 人、专职职工 5 人。这些教学点分布在雅温得、杜阿拉及马鲁阿三座城市，形成了一院多点的办学模式。中国和喀麦隆在经济、文化、政治等各方面交往都十分频繁，这为喀麦隆当地的发展带来了机遇。中国在喀麦隆创设了各种各样的项目，也因此喀麦隆需要很多相关的人才，但实际上这些人才都是紧缺的，大量公司都需要会说汉语的人才，因此，汉语教学在喀麦隆发展的前景非常光明。

谈到本土汉语发展现状，杜迪说："我身上所肩负的不仅仅是喀麦隆中学汉语教学的未来，同时也是整个非洲地区中学汉语教学事业的未来。"

2022 年马鲁阿大学高等师范学院汉语专业论文答辩

杜迪认为在喀麦隆推广汉语最重要的渠道就是"打小培养孩子学习汉语的兴趣"。作为现任喀麦隆中等教育部汉语总督学，杜迪希望中国的教育部中外语言交流合作中心能够更加重视喀麦隆学生青少年时期的汉语学习，他希望喀麦隆能和中国合作，共同打造针对喀麦隆学生小学阶段的汉语课程体系，以此推进汉语教学事业在非洲的发展。

## 四、参与"新汉学计划"，攻读博士学位

硕士学习为杜迪在汉语教学事业上的发展打下了坚实的基础。2015 年 6 月，杜迪结束了在浙江师范大学四年的学习生活，同时拿到了汉语国际教育和汉英笔译两个专业硕士文凭。同年 9 月，杜迪参与了"新汉学计划"，跟随北京语言大学李宇明教授攻读语言学及应用语言学专业博士学位。博士的学习经历让杜迪对汉语以及汉语教学有了更深层次的了解。

### 1. 攻读语言学及应用语言学博士学位

从最初接触汉语开始，直到在浙师大获得硕士学位，杜迪的学习方向一直是偏向于汉语教学的，汉语的本体知识、跨文化知识以及汉语教学知识是汉语教学的侧重点，杜迪接触这方面的知识更多，然而关于语言本体的知识，他认为自己只是略知一二，还有待加强。为了深入探讨语言的秘密，杜迪选择了语言学与应用语言学作为博士阶段的专业，该学科以语言学理论为基础，综合教育心理学、文化人类学、对外汉语教学理论、现代汉语研究、应用语言学、词汇学、文化语言学、社会语言学等学科理论知识，杜迪认为这门学科能够帮助自己从宏观的语言学视角理解汉语，培养自己语言研究的跨学科视野并提升自己的科研能力。

读博的时候，杜迪选择了李宇明教授作为自己的导师。谈到李宇明老师，杜迪赞不绝口："李宇明教授真的是一个非常好的导师，我跟着他学到了很多。"杜迪笑谈道："其实刚开始的时候，我本想研究汉语国际教育相关的方向，也打算攻读跟汉语国际教育关联更密切的专业，但是机缘巧合下，我认识了李宇明教授，他在语言学及应用语言学专业方面做了非常多的贡献。我有幸拜读了李宇明教授的论文，深受启发，感觉自己需要学习的地方真的太多了，如果能跟着李宇明教授，我肯定能学到很多知识，于是我就选择了语言学及应用语言学。"

攻读语言学及应用语言学博士学位并不意味着杜迪放弃了对汉语教育的研究。"我对汉语国际教育依然充满了兴趣，以至于我当时的博士论文还是研究汉语国际教育相关的课题呢。"杜迪的博士论文《喀麦隆中学汉语教育现状研究》涉及了喀麦隆中学汉语教材、中学汉语教师培养以及中学汉语课程大纲等方面内容，将所学的知识转为实际的技能，将设想的内容付诸实践——"学以致用"一直是杜迪学习的原则。

2019 年，杜迪参与学术会议

2019 年，中国，杜迪正在教授汉语课程

## 2. 在"新汉学计划"中迅速成长

在雅二大任教的时候，院长余老师在网上看到关于"新汉学计划"的介绍，想到杜迪对汉语学习的热情，余老师便将该项目介绍给了杜迪。这对原本就计划读博的杜迪来说是正中下怀，于是他便申请了该项目，也顺利通过了审核。

"新汉学计划"为杜迪在博士阶段的学习和研修提供了资金和学术上的支持，帮助杜迪深入了解了国际学术规则，培养了一定的国际学术视野。通过该项目，杜迪参与了大量的学术交流，习得了理论研究的方法及策略，实现多角度研究专业问题并针对课题发表多篇论文。

"我记得我曾经参加过的北京语言大学的汉语课程，我从中学到了很多关于对外汉语方面的知识，如外语和中文的教学法、汉语教学的理论性知识等，这对提高我的研究能力有非常大的帮助。"杜迪博士在读期间依然不忘密切关注喀麦隆的汉语发展状况，掌握了一定的知识和能力后，杜迪再次修改了喀麦隆汉语教学大纲，并对教材进行了修订。"这些都是我在读博的时候才意识到的，"说到博士期间学习的经历对自己的帮助，杜迪从实用性的角度给出了自己的答案，"汉语课程大纲和汉语教材的衔接有些地方还存在问题，而且教材中对词汇的等级划分还不合理，另外，文化内容的设置依旧需要修改。"汉语教材应该按照学生所处年级来安排词汇、语法、汉字等教学点，"我们汉语课程大纲将把字句放在了一年级，但是《国际汉语通用课程大纲》则将把字句放在了三四年级"。把一些非常难的词汇语法点教给一年级的学生，并没有遵循由易到难和循序渐进的原则，杜迪意识到，这是词汇和语法点设计的最大问题。关于中国文化内容的设置，杜迪也慢慢意识到了问题。原本的教材内容只重视了交际文化，即在人与人交际的时候体现出来的文化的性质特点，如节日、习俗、交通等浅层次的文化现象，更为深层次的、和语言关联更加密切的、隐藏在语言中且学习者必须习得的语言文化，教材中却没有详细地讲解。"语言文化是和语言本身相关的文化因素"，如语构文化、语义文化和语用文化（语构文化指涉及词、词组、句子和话语篇章的构造所体现的文化特点的文化，语义文化包含社会文化含义词汇，即反映了民族的心理模式和思维方式的那部分文化，而语用文化则是语言用于交际中的，包含语用规则和文化规约的文化），这些都是中华文化的重要组成部分。"新汉学计划"为杜迪提供了一个深入了解中国的机会，这样一来，杜迪对中国文化的了解也能够由浅入深，从浮在文化现象的表面到深入中国人的思维方式和价值观，这是需要长期在中国生活才能慢慢体会的。杜迪举了一个非常有趣的例子："就好比说'三'这个字吧，我们原本学习的'三'的意义就是表示数字'一二三'的'三'，但是在汉语中它还有别的意义。比如'一日不见如隔三秋'和'飞流直下三千尺'中，'三'表示的是'多'的意思，而不是真的表示数量'三'。"加入涉及语言要素的文化不仅能够提高学生的学习兴趣，激发学生的学习积极性，还能帮助学生更好地了解地地道道的中国文化，喀麦隆需要更多像杜迪一样了解地道汉语的本土教师。

在"新汉学计划"支持下，杜迪的博士学习生涯非常顺利。杜迪非常感谢这一段经历，他说："我在读博期间真的没有遇到很多困难，我很喜欢汉语，学习汉语对我来说是件非常开心的事情。在这里，我认识了很多很好的同学，我的师哥师姐师弟师妹都给了我很多的帮助，我的导师李宇明更是在学术上给了我很多指导。"

因为汉语，杜迪来到了中国，结识了中国朋友；因为汉语，杜迪成为喀麦隆汉语总督学，成为喀麦隆汉语推广的使者。谈到对未来的规划，杜迪说自己要尽最大的努力发展喀麦隆的汉语教学事业。他非常感谢"新汉学计划"能够提供这样一个宝贵的机会，同时还希望中国能够提供关于留学生从事博士后研究工作的支持。

杜迪生活照

后记

　　作为一个汉语国际教育专业的学习者，非常荣幸能够和杜迪这样的热忱的汉语学习者交流，在交流中感悟颇多。学习汉语国际教育专业的五年来，我一直在思考一个问题：我们如何能够真正提升汉语的国际地位？

　　我原本以为，认认真真学习专业知识再努力成为一名汉语教师就是我能做的全部的事情，但杜迪的经历让我知道了，我们能做的还有很多。汉语推广之路艰辛又漫长，需要每一个学习汉语国际教育专业的学生都发光发热，探索新的领域，挖掘更好的教学方式，为汉语发展贡献出自己的一份力量。

在和杜迪博士的交谈中，我还感受到了非常重要的一点，那就是为汉语事业努力的不仅仅是身为中国人的我们，还有很多很多来自其他国家的汉语学习者，如本篇文章中提到的杜迪博士。我们的国家——中国，也在我们的背后支持我们，为汉语的传播开辟新天地，中国欢迎每一位有"汉语梦"的学生来华求学，也会尽最大努力为其提供各方支持。我希望有这样一天，汉语能够传播到世界的各个角落，也许到了那个时候，"全世界都在说中国话"就再也不是梦想了。

# 一个有远大抱负的年轻人

◎李宇明

  2015 年 9 月，通过"新汉学计划"，我招收喀麦隆学生杜迪攻读博士学位，研究方向是语言规划学。杜迪高高的个子，衣着言谈得体，学习努力认真，为人真诚儒雅。他在浙江师范大学读硕期间，在老师帮助下编写《你好喀麦隆》系列中文教材，并修订与之配套的喀麦隆中学汉语课程大纲。中文教材本土化，既是教育语言规划的科学问题，更是汉语国际教育的重大课题，于是我们一起确定，把"喀麦隆中学汉语教育"作为他的博士研究课题。

  读博期间，杜迪在中国专家和他的师兄弟的帮助下，完成了《你好喀麦隆》中文教材的修订，以及喀麦隆中学汉语课程大纲的二次修订；并在此基础上进一步研究了喀麦隆语言教育状况、汉语教学大纲的制定原则、教材编写及其评价、师资队伍建设等问题，完成了博士论文《喀麦隆中学汉语教育现状研究》。博士论文有他的实践支撑，写得很扎实；而博士论文对教育问题的理论思考和系统研究，也为他的教材编写和大纲修订提供了理论指导，使其具有理论自觉。

  教学相长，我在指导杜迪进行博士研究期间，也对非洲和非洲中文教育有了更多了解。杜迪是我招收的第三个非洲研究生，我们常常在一起研究"中文教育"与"中文教学"有何不同。"教学"是知识的传授，"教育"是心智的培养，是人的培育。教材编写、大纲制定不仅仅是教学问题，更是教育问题。

  我们一起谈，喀麦隆的中文教育，不只是传授中文知识，更是希望喀麦隆的年轻人能够了解中国，了解中国的发展，从中有所借鉴。中国有灿烂的历史文化，但是 1840 年鸦片战争以后，沦为半殖民地半封建国家，逐渐地贫穷落后。1949 年之后，中国抓普通话推广，抓扫除文盲，抓普及义务教育，从而帮助国家逐渐强盛起来。喀麦隆约有 240 个部族，有 200 多种民族语言，但绝大多数没有文字。这些语言不能承担教学语言的功能，国家只能把法语和英语作为教学语言。喀麦隆是否需要进行"语言培育"，为本国的一些大语言制定文字，将其逐渐培育成可以用于扫盲、教育、广播的语言，甚至成为国家工作语言？

我们也曾经多次讨论，非洲是世界第二大洲，也是人类的起源之地，现代人类在东非进化成功，然后迁移到亚洲并扩散到世界各地，非洲也创造了光辉灿烂的古代文明。而今之后，非洲这块热土要发展起来，必须成为世界的积极贡献者，这贡献不能只是非洲鼓和爵士乐。非洲的兴旺发达，关键在教育，其中也包括非洲语言的培育。谈到这些，杜迪常常眼睛放光，几次告诉我，他归国后要办学，办小学，办中学，还要教中文，让喀麦隆人了解中国。杜迪组织翻译了《中国文化遗产三十年》《中国基础教育三十年》《中国式反贫困三十年》等书籍，我相信不是随性而为。

2019年4月，欧洲汉语教学协会在爱尔兰举办"汉语二语教学学科建设的区域性和国际性"国际研讨会，我应邀与会做主旨报告。协会会长白乐桑教授对我说，他们也邀请了杜迪参加会议，因为全球只有两个汉语总督学，一个是法国的白乐桑，一个是喀麦隆的杜迪。这次会议，因为签证问题杜迪没能参加，但白乐桑教授的话令我很激动，虽然我知道杜迪与白乐桑教授比还有很大差距，但其使命却同样重要。2020年12月18日，杜迪把他获得第十四届中华图书特殊贡献奖的消息告诉我，我即刻把好消息分享在同学群，并说这是对老师的最大回报，也是对培养他成长的中国和喀麦隆的回报！

2019年7月，网上对留学生的优惠政策、对非洲裔学生的在华表现议论纷纷，还有些故意抹黑的假视频流行。我十分激愤，在一个群中留言："最近网上有抹黑在中国学习的外国留学生的文章和视频！我，李宇明，一个大学的二级教授，对此表示严重不满！我有很多优秀的外国博士生，我为他们感到自豪！他们是佳和、世玉、黄清静、阿依卡、尹立和、杜迪、穆卡拉、傅玉金、陈氏芳莲、阮秋恒、苏琳琇、张倪珮、裴嘉俊、李欣悦、欧阳靓凌。其中也有具有人类高贵气质的非洲同学！我认识的还有很多优秀的留学生，他们学习努力，热爱中国，是人类未来很有希望的一群人！"

喀麦隆国歌《集合歌》这么唱道："喀麦隆，你是我们祖先的摇篮，你在野蛮时代度过童年。但现在你就像太阳在升起，一步一步脱离蛮荒永远向前。"是的，杜迪就是这样一个有远大抱负的年轻人，他在努力让他的祖国"脱离蛮荒永远向前"！我曾经跟杜迪开玩笑：如果你早些年遇到我，我会给你取个更有艺术味儿的中文名——"杜笛"。我相信，杜迪以后会演奏出充满中喀韵味的优美"笛曲"。

## 导师简介

李宇明，北京语言大学教授，北京语言大学原党委书记。曾任国家语言文字工作委员会副主任、教育部语言文字信息管理司司长、教育部语言文字应用研究所所长、北京语言大学语言资源高精尖创新中心主任等职务。研究领域：语法学、儿童语言发展和语言规划。主要著作：《汉族儿童问句系统习得探微》《语言的理解与发生——儿童问句系统的理解与发生的比较研究》（以上2种为合著）以及《儿童语言的发展》《汉语量范畴研究》等。

柯裴

# 从记者到学者，走进那个
# "中国星球"

**访谈人：** 李博洋，中国人民大学文学院比较文学与世界文学专业 2020 级硕士研究生

**访谈时间：** 2021 年 3 月 5 日、2021 年 3 月 29 日、2021 年 7 月 19 日

**访谈方式：** 视频连线、文字采访、线下访谈

## 被访人简介

　　柯裴（Patricia Marina Castro Obando），秘鲁人，记者、人类学家，现任秘鲁天主教大学（Pontificia Universidad Católica del Perú）政治和国际关系学院讲师，研究方向为秘鲁的中国客家移民。1994 年于秘鲁天主教大学获语言文学学士学位；1998 年为秘鲁天主教大学新闻与传播专业硕士优秀毕业生，2011 年于秘鲁天主教大学获新闻与传播硕士学位；2014—2019 年参加"新汉学计划"，为北京大学—秘鲁天主教大学联合培养博士生。柯裴著有《秘路情深：十八个中国故事，同一颗秘鲁真心》《文明的长河：中拉文明互鉴》（西班牙文版）以及《隐形的社群：秘鲁的客家人》等作品。

柯裴曾经当过许多年的记者，从利马到北京，从战场到社会，她习惯以手中之笔记录下自己见证的一切。不过自从柯裴跟随北京大学潘维教授学习以来，她开始探究起种种现象背后的动机。自柯裴踏上这片土地起，近二十年已经过去，她也顺利转型成为一名学者。本次访谈用英文进行，由访谈者翻译为中文。受访人柯裴讲述了自己对中国文化的兴趣，在北大求学的经历，参加"新汉学计划"博士项目的过程，以及自己在执教过程中的一些思考。笔者也从中见到了两条线索：一条是柯裴从记者到学者的身份转变；另一条则是她从秘鲁走进中国，再将中国文化带回秘鲁的文化交流之旅。

"我向你保证，这是一次充满奇迹的旅行。我们的最终目的地是一个遥远、神秘、未知的世界，它在浩渺的太空中闪耀，被称为'中国星球'。"

——柯裴，2011 年

# 一、遇见东方——中国并不遥远

北京和利马之间的直线距离是 16 671 千米，有 13 个小时的时差。但是柯裴始终认为"中国是很近的，中国的话题也是很近的"。

"Chifa"近似粤语"食饭"的发音，亦是秘鲁本地中餐厅的名称，中餐厅随 1849 年起移民秘鲁的华人扎根秘鲁，并且逐渐按照秘鲁人的偏好调整菜肴的口味。柯裴常会和家人一起到中餐厅品尝广东早茶。这类菜品也早已进入秘鲁人的日常生活当中。她记得自己家中也会做炒饭，并且很自然地把这些"中国菜"当作秘鲁文化的一部分。

但是在柯裴的父母看来，十几岁的她喜欢亚洲文化仍然是很奇怪的。"你为什么喜欢那类东西，那是另一个世界。"这句话让柯裴始终记忆犹新。那时父母不希望柯裴去中国，也不允许她到唐人街学习中文，不过他们做出了让步，同意她去市中心的日本－秘鲁友谊中心学习日语。在她的记忆中，那是当时"唯一开放的，可以学点亚洲有关东西的地方"。在 15 岁到 22 岁的七年时间里，柯裴在日本研究上投入了大量的时间，希望成为一名日本文化学者。

所以当同在秘鲁天主教大学①修读拉美文学的同学都准备去欧美读研时，她毫不犹豫地申请了日本的研究生奖学金项目。事与愿违的是，她落选了。这让她感到极其沮丧，但是柯裴随即意识到，她对韩国或者中国的话题同样感兴趣，自己的未来也许不止在日本。本科时，一名在秘鲁天主教大学访学的中国老师曾经给柯裴留下了深刻的印象。这位老师来自北京外国语大学，用西班牙语为学生们简要介绍了中国文学史。柯裴当时对中文一无所知，但是当老师用中文诵读唐诗宋词的时候，她觉得"听起来挺好的"。

此时柯裴却没有选择继续升学，转而入职秘鲁《商报》（*El Comercio*）②成了一名记者。几年后，一个前往中国的机会出现了，她于 2001 年成功申请了专为记者提供的台湾访学奖学金。那是柯裴第一次抵达中国，同时开始学习一些基础的中文字词。即使这段台湾之旅已经过去近二十年，她仍对台北"故宫博物院"的展品赞不绝口，以怀念的口吻谈到台北的寺庙，以及台南的花园和森林。只是这段美好的访学时光很快中断了——阿富汗战争爆发了。

2001 年，柯裴前往阿富汗担任战地记者

根据秘鲁《商报》编辑弗吉尼亚的说法，当时在台湾访学的柯裴是距离阿富汗

---

① 秘鲁天主教大学成立于 1917 年，是秘鲁最顶尖的高校之一。
② 秘鲁《商报》创刊于 1839 年，现为秘鲁最具影响力的媒体之一。

最近的人，所以弗吉尼亚提议由柯裴前往阿富汗进行战争报道。虽然柯裴认为自己并非相关领域的"专家"，但喜欢挑战的她稍加思索便答应了下来。不过由于边境封锁，柯裴曾于巴基斯坦滞留数周之久，仅简要报道一些出逃难民的情况。她在塔利班政权被推翻之后才真正进入了武装冲突的中心——阿富汗。考虑到其他媒体已发过不少时事新闻，编辑弗吉尼亚认为《商报》需要找出已有报道缺失的内容。

柯裴意识到，她并不想写所谓的"大新闻"，而是想讲述那些被遮蔽于宏大战争叙事，从未可见的"人"的故事。输赢的历史会被官方记录下来，随后会被人们逐渐遗忘，何况战场之上每个人都在失去，未有赢家。"但是真实的人的生活和经历使我感动，永远不会忘记。对我而言，最重要的就是讲述途中遇到的人的故事。"在这个过程中，柯裴突然明白那些穿着罩袍、来自另一种文化的女性和自己也没有什么不同。这里的母亲在担心孩子的安危，她的母亲也不敢想象自己的女儿竟在危险的阿富汗战场。不同思想背景的人们拥有着同样的情感和追求——无非是幸福的生活。

两年后伊拉克战争爆发，柯裴再次以战地记者的身份赶赴前线。但是从伊拉克回国之后，柯裴明显感到了疲惫。她决定请假一年，休息一下，用这段时间写下自己在战场上看到和所经历的一切。她将这个想法告诉了中国驻秘鲁大使馆的文化参赞王世申先生。王先生听到柯裴有休整一年的想法之后，向她介绍了中国的奖学金项目并鼓励她申请，以便去中国做一些研究。柯裴接受了王先生的建议，顺利来到北京大学开始学习和研究。这也为她日后与"新汉学计划"相遇创造了机会。

## 二、拜入潘门——在北京"走街串巷"

来到北京之后，柯裴适应得很快，没有太多不习惯的地方。随着北京的城市发展，这座千年古都已经变得越来越现代化。她有一种宾至如归的感觉。

柯裴在北大的导师是国际关系学院比较政治学系的潘维教授。她此时没有从事学术研究的计划，打算结束访学之后重返记者岗位。潘维教授主要希望她能够深入理解中国，并且学一些基础的中文，这不是为了让柯裴成为一名翻译，而是觉得她"至少需要自己交流"，便于她自己在中国生活。很显然，在近 40 岁的时候重新学习一门和母语全然不同的语言是不容易的，而且柯裴坦言自己远非语言天才，每学一门新的语言都会遇到不小的问题。"我不再年轻，记忆力也不好，所以我遇到了许多困难。"七年的日语学习经历曾经帮助她在刚到北京时辨认出汉字，但是与之相对地，柯裴必须克服日语汉字词和汉字的不同之处。她的中文老师告诉她，如果你不是在使用日语，就需要换一种方式写汉字，它们是不一样的。所幸教授中文的老师都很耐心，柯裴在他们的帮助下尽力克服了那些困难。"我真的喜欢中文，也真的喜欢中国文化。"

与此同时，柯裴还在潘维教授的建议下走进了北京的大街小巷，用自己的双眼观察中国人民的生活。虽然一开始很困难，但她对中国总算有了初步的印象。每次乘坐出租车坐在前排的时候，柯裴会主动询问司机的生活如何以及怎样看待中国。虽然有的人不想开口，但多数司机都喜欢聊天，还会问柯裴来自哪里，这让她感到非常有趣。在每周一次的见面会上，柯裴便将自己过去一周的经历以及相应的印象告诉潘维教授，后者则将她提到的内容和中国社会及政治联系起来加以分析，帮助她从中国而非秘鲁的角度，进一步了解中国。"他是一个聪明而睿智的人。只是我理解不多，速度也不快。"

2003 年，柯裴在北京大学留学生宿舍

记者出身的柯裴每周五都会写一篇很长的文章，记录下自己在中国经历的事情，以邮件的形式和远在秘鲁的亲友分享。就这样，在 2003 年秋天到 2004 年夏天之间，她一共发出了 36 封邮件，并且把它们统一命名为"丝绸邮件"，以此纪念马可·波罗在丝绸之路上曾经的无畏前行。她也鼓励所有与中国产生过关联的拉美人尝试写作。每个人都会折射出中国的不同面向，当把这些碎片设法综合起来的时候，可以通过它们来理解一个已经被编码了五千年的中国。按照柯裴原本的计划，她会在长达一年的学习生活结束后返回秘鲁，所以在来北京的时候她也没带什么东西。不过她的导师潘维教授认为"留在这里会更好"，如果她试着去寻找，能够在北京找到许多机会。柯裴一开始并不认同这一说法，只想说："不，我要回我自己的国家。"随后她便意识到潘维教授或许是对的。在完成北大的学业之后，柯裴突然收到了一条消息，她被中国驻秘鲁大使馆推荐参加 CCTV 西班牙语主持人的选拔。只是在顺利通过考核之后，她仍在犹豫是否应该接受这份工作。"去试试吧，如果你不喜欢，一年之后还可以回到自己的国家。"在潘维教授的鼓励下，柯裴来到了 CCTV 的西班牙语频道，体验了另一种生活。她负责将新闻从英语译为西班牙语、为纪录片配音以及翻译中国政府会议的内容等工作。"他们给了我一个和中国同事工作的机会，我在那时学到了非常多的东西。"

在来到北京的第三年，柯裴辞掉了 CCTV 的工作，在北京语言大学学习中文。潘维教授始终希望柯裴能够在秘鲁和中国之间架起沟通的桥梁，不切断和任何一方的联系，柯裴也一直在认真思考并践行这个建议。当潘维教授提出"何不在北京设一间办公室，很多人都能写中国故事，但是你的身份会天然得到秘鲁同胞的理解和信任"，柯裴决定在秘鲁《商报》编辑弗吉尼亚的支持下，向中国外交部新闻司提出申请，筹备起北京记者站。当第四年开始的时候，柯裴成了秘鲁《商报》的唯一驻京记者，每周日从中国发出新闻报道，同时和秘鲁保持非常密切的联系。当时中国官方为国际记者们提供了许多旅行的机会，她得以参观了许多地方，和形形色色的人交谈。走进中国，去学、去听、去写，柯裴把亲身经历的故事和对这片土地的

2005 年，在时任秘鲁总统亚历杭德罗·托莱多访华期间，柯裴作为秘鲁《商报》驻华记者，负责报道秘鲁当局国事访问一事

2009 年，柯裴以秘鲁《商报》驻华记者的身份前往云南旅行，进行了一系列报道。她在此参观了泸沽湖，并研究了摩梭人的生活习俗

感受用文字传达给她的同胞。

"走进中国"不仅是现实生活，也意味着进入网络世界。21世纪初便来到北京的柯裴见证了中文社交媒体的发展。由于记者工作的需要，她在一些重要事件发生的时候，总会在微博或者其他平台上翻看中国网友们的评论。如果遇到无法理解的内容，她就复制下来交给中国助理进行翻译。"了解中国人正在想什么、谈论什么、反映什么，是非常有意思的。"对于仍在学习中文的柯裴来说，这些社交媒体也是一个绝佳的学习中文的平台。

在频繁接触中文社交媒体的这段时间，柯裴十分明显地感觉到它们和自己惯用的脸书或者推特不一样。无论是微博还是QQ，她都发现自己接触到了一个不熟悉的新世界，迫切地想知道"这是个什么东西"，更想通过这些平台了解影响中国人观念和行为逻辑的因素。这些新兴的社交平台以强势的力量形塑着中国人的生活。柯裴在掌握了许多材料的基础上，开始撰写一篇比较中西社交媒体平台的论文。在论文当中，她从政治和社会的角度对中文社交媒体平台的发展过程进行分析和解读，最终完成了《中国的互联网：镜子的反射——中国社交媒体平台与国外同行的比较研究》（El Internet en China: ¿El Reflejo del Espejo? Una Aproximación Comparativa de Lasplataformas Digitales Chinas y Sus Pares Extranjeras）这篇论文。

那是在2011年，44岁的柯裴因为过去出色的报道成果，已然是一位在秘鲁家喻户晓的记者，她却想在此时对自己的生活做出改变，比如攻读一个博士学位。潘维教授作为柯裴一直以来的导师，希望她能慎重考虑这件事情。"你真的知道这是什么，想要在你这个年纪改变自己的生活吗？"他将这个问题直接抛给了柯裴。在得到她的肯定回答之后，潘维教授承认她的选择很酷，但是希望她"不要后悔"。

柯裴转向学术之路看似心血来潮，实际上并非无迹可寻。

# 三、深耕学术——入选"新汉学计划"

## 1. 在未来成为一名学者

时间再次回到2003年。"也许在将来，你会想要成为一个学者。"虽然当时的柯裴认为自己并不会那样选择，在北大为期一年的访学仍是她走上中国研究之路的学术起点。

潘维教授在一开始就对柯裴提出了一个问题——"你的兴趣是什么"。目睹过两次战争的柯裴始终记得自己在途中所经历过的一切：那些试图护住孩子的父母，还有那些和父母走散的孩子。"所有人在追寻的都是同一件事：一点点和平与繁荣，获得一份工作并且取得成功，就这样度过一生。"然而战争让一切事与愿违。所以柯裴表示自己的兴趣是研究"冲突"。

"那你来对了地方"，潘维教授的说法让柯裴感到非常不解。在两次战争之间，柯裴曾前往英国威尔士地区接受较为系统的军事训练，包括识别雷区、区分不同类型的武器弹药、穿戴防毒面具防范化学武器攻击等。正在和平发展的中国与柯裴对冲突的既有认知发生了矛盾。"是的，因为我们热爱并且致力于和平，学习和平与文化的对话会帮助你理解冲突。"听到潘维教授的解释后，柯裴感觉自己进入了一个全新的世界，从此开始跟随潘维教授学习中国政治。

在北大的短期访学结束后，柯裴回到了秘鲁。她在这段时期撰写了一些分析而非报道战争的文章。柯裴剖析了战争的起因，并且从学者的角度出发提出了一定的解决措施。她还在秘鲁的一些会议上，就自己所做的中国研究进行主题发言。

柯裴很快返回了北京，这与她最开始只待一年的预期不同，但是和所有外国记者一样的"中

2009 年，柯裴作为秘鲁《商报》记者，受邀参加国庆 60 周年阅兵式

国观察员"生活让她感到兴奋，只是她还有"不满足"的地方。并非每个记者都会走汉学的道路，也未必需要学中文，但是一直对政治感兴趣的她必须与中文为伍。而且她在北京为秘鲁《商报》工作时也发现了一些问题，那就是报纸只在乎新闻的时效性，有限的版面也不支持更深入的讨论。无论是对冲突研究的兴趣，还是对深度剖析的要求，柯裴从记者到学者的身份转换早已埋下伏笔。

实际上，仅从职业生涯考虑，柯裴作为一名"足够成功"的记者，并不需要攻读博士学位。但是柯裴对知识的渴求占据了上风。虽然此前，无论是柯裴还是潘维教授，在柯裴刚到北京的时候都未曾想过她会成为一名学者，但是柯裴始终如一的努力与自律让潘维教授觉得或许可以一试。他承诺柯裴，"你可以攻读博士学位，而我会成为你的导师"。随后，柯裴为了申请"新汉学计划"，结束了自己热爱的本职工作，放弃了专为国际记者提供的签证，决意开启一段新的旅程。

考虑到年龄以及难度，柯裴在潘维教授的建议下决定申请"新汉学计划"的中外合作培养博士项目。不过即使主动"降低了难度"，通过"新汉学计划"博士项目的考核依然是一件不容易的事情，候选人需要有很高的水平。柯裴花了一整年的时间准备。她一方面跟着一名私人教师进一步学习中文，另一方面自学起中国研究的专业课程，以便接受专家组的考核。

除此之外，柯裴必须确定自己的博士论文选题，着手准备研究计划书。她在过去的学习中只涉及了中国话题，鲜少有关于秘鲁的部分，所以潘维教授希望她能在博士论文中联结起中国和秘鲁两个国家。柯裴由此想到了秘鲁的中国移民，不过她必须在已有的研究基础上选出一个新的角度。"因为你会成为一名博士，所以你需要找到一个新的立足点，去发现一些不一样的东西。"潘维教授提醒道。

为了找到新的话题，柯裴读了很多研究著作，就一些问题请教了不同领域的教授。终于，她发现中国和秘鲁的联系虽然密切，但是秘鲁的中国客家移民从未被两国的学者关注过。秘鲁移民问题的关注重点多在欧洲和非洲裔上，甚至"大约由于前总统藤森的缘故，似乎秘鲁的日本移民认知度还更高一些"[1]。在中国的研究视角之下，抵达拉丁美洲的华人移民被笼统地归在"两广"的概念中，无须分辨客家人、广府人或者潮汕人。因此，移民秘鲁的客家人将是一个很好的切入点。虽然柯裴在一开始对客家人和他们的世界一无所知，但是未知的话题往往会带来意想不到的价值。研究计划书由此确定，在准备了一整年之后，她被"新汉学计划"博士项目录取。

## 2. 打开隐秘的客家之门

柯裴继续在北京大学跟随潘维教授学习，并且在"新汉学计划"奖学金的资助

---

① 于施洋，张宇辰，罗亦宗.秘鲁的客家人：隐形的社群.（2019-12-16）. https://www.thepaper.cn/newsDetail_forward_5247282.

下，多次前往广东、江西、福建等地进行实地调研。她认为这是一个非常好的机会。虽然潘维教授并非研究客家的专家，但是他为柯裴引荐了中山大学等大学的客家研究教授，让她可以从不同角度了解客家的知识，并且在广东查阅档案等重要文件。柯裴随后花费了三年的时间，将收集到的资料逐步翻译成西班牙语。在读博期间于北大西班牙语系授课时，柯裴无意间发现有一位女生就是来自广东的客家人，这位女生后来成了柯裴的研究助理，在前往广东调研以及资料翻译的过程中助力良多。当有优秀的外籍学者来到北大时，柯裴也会主动地同他们探讨论文，交换意见。由此，柯裴了解到客家人在抵达秘鲁前经历了什么，正是广东在19世纪时冲突激烈、饥馑不断、矛盾丛生的绝望处境导致了他们的移民。因此有一些人问她如何准备中国研究的博士论文时，柯裴回答道："你需要和中国的大学保持联系，否则那（准备论文）是不可能的。"

　　随后柯裴又回到了秘鲁，计划对客家移民融入秘鲁社会的过程展开研究。亚历杭德罗·迭兹（Alejandro Diez Hurtado）教授[①]作为柯裴在秘鲁天主教大学的导师，主要从秘鲁乡村的视角研究边缘群体，帮助她学会用人类学的方式理解问题。为了联系到采访对象，柯裴首先在脸书上介绍了自己的研究课题，希望有了解客家社群的华人联络她。最开始柯裴只和一个人取得了联系，因此在受邀举行中国客家社群的讲座时，她猜想"也许只有一个人出现在讲座上，没有人在意，它不是一个重要的话题"。结果参加讲座的人数远超预期，有些人不得不在五十人的会议室中站着听完了全程。其中很多参与者正是客家人，他们虽然知道柯裴正在进行客家研究，也想借此机会了解自身，但仍坚持先了解柯裴再同她联系。这正构成了柯裴理解客家的起点。

　　就在柯裴努力寻找受访者的时候，她的一位至交好友突然说起自己是客家人。柯裴非常不解："你为什么不告诉我，你知道我找客家人多长时间了吗？"她的好友解释道，自己必须经过姑姑的同意才能把她介绍给家人。柯裴如愿采访到好友70岁的姑姑，并通过她认识了更多年长的女性。在听到她们各自家族的故事之后，柯裴感到非常激动。然而她们只允许柯裴出版两到三个故事，其余内容仅作为她个人的知识储备，帮助柯裴理解她们为何如此。"客家人是一个封闭的群体，其特点是

---

① 亚历杭德罗·迭兹教授，著名人类学家，秘鲁天主教大学社会科学学院院长，社会和农村问题研究员，特别关注秘鲁沿海和安第斯山区人口的组织、政治以及经济关系。参考：秘鲁天主教大学官网（https://www.pucp.edu.pe/profesor/antonio-diez-hurtado/）。

2018 年，柯裴与年长的客家女性在秘鲁中餐厅见面。她们同柯裴讨论了秘鲁客家社群的研究，并分享了客家出身秘鲁华人的家族故事

面对一切陌生人，即不是自己家庭的亲戚和朋友的所有人均采取谨慎、保守和小心的态度。"①在经过漫长的调研后，柯裴最终在博士论文中如是写道。

柯裴也因此将客家人的身份认同比作福建的土楼，这些居所在江西是"客家围屋"，在广东则被称为"围龙屋"，代表着客家人封闭又团结的特点。"你无法从外围理解他们，从外面努力眺望，什么都没有。你需要走进去，但是要走进去，又需要穿过只有他们能打开的那道门。不过当你走进土楼的时候，就会感觉非常神奇。所以我称他们为隐形的社群，因为就像看不见一样。"在中国历史中，从北方迁往南方的客家人便依靠封闭的族内通婚的方式来延续自己的家族。即使在早年移民秘鲁的客家男性当中，他们依然选择遵循传统，克服远渡重洋回国的困难，在亲朋的介绍下和客家女性成婚，随后两人再返回秘鲁。即使不回国，他们也倾向于和在秘鲁出生的客家女性结婚。客家人通过婚姻的方式从内部凝聚在一起。

然而这些概览式的结论无法涵盖客家人的全部。柯裴在秘鲁做客家移民田野调

① 柯裴.隐形的社群：秘鲁的客家人.王世申，译.广东：广东人民出版社，2019：82.

查的时候，曾经遇到了一些语言上的难题。不少住在老旧建筑物中的客家老人并不会说普通话，他们的儿女为了谋生也已经到其他城市工作。所幸留下来的客家小孩因为在学校接受教育，能够说流利的普通话，担当起翻译的角色，帮助柯裴和他们的祖父母进行交流。她在这一过程中听到的客家故事有许多都超出其原有的想象，让她觉得很有意思。"我们中的许多人认为我们对自己的研究已经了如指掌，但是我们发现了越来越多的故事。而且每一个故事都是极为个人化的。"

华人移民研究常常将秘鲁移民群体视为整一无差的。柯裴却将目光聚焦到作为小群体的客家人上，将他们视为见证中国多面性的代表社群之一。"我们首先关注到了大的话题，总是在讨论中国移民。现在是时间关心小群体，开始讨论广府人、客家人或者潮汕人了。"客家人对于中国移民进程有所贡献，客家移民研究也有助于挽救移民文化。柯裴也希望在自己完成客家移民的研究之后，会有拉美的学者继续研究其他小群体。也许在未来某一天，大家能够把所有的研究拼在一起，对拉美的中国移民有更全面的认识。

现在的柯裴因忙于日常教学工作，暂时搁置了新的客家研究计划，但是她期待着下一年可以重新拾起。柯裴有时也会怀念自己当记者的时候，因为每天都会遇到新的故事，这让她的生活充满新鲜感。做学术的时候，她需要一直深耕一个领域。这两者没有什么相似之处，不过都是人生的一个阶段。柯裴既喜欢自己的记者生涯，也享受学术生活。"所以还好"，她说道。

# 四、重返母校——"消弭"分隔两国的海洋

### 1. 万里之遥分享中国话题

2019 年 11 月，柯裴顺利完成了"新汉学计划"博士培养项目，决意返回阔别已久的家乡秘鲁。虽然她已经在北京生活了将近十七年，很多朋友都在这里，但是她清楚地知道自己需要并且必须回到秘鲁。就像她的导师潘维教授所说的那样，"你需要联结起秘鲁和中国，需要回到自己的国家去"。为此，她试图找到一份在秘鲁的工作，也许在学校里，也许会是一名教师。即使在"五十而知天命"的年纪，柯裴面

对的仍然是不稳定、不明朗的未来，并且始终积极寻找出路。然而新冠肺炎疫情在全球暴发了，她所有的行动都被迫停止了。"是的，我需要回去，但是我不知道什么时候。"柯裴感到极其沮丧，回国的中断使她面临着失业的问题。她在中国没有工作，在秘鲁也将没有工作。

柯裴勉强打起精神，安慰自己至少是安全的，可以继续待在中国，也可以试着找到一份在这里的工作，虽然那时的确是极其艰难的。然后有一天，柯裴看到了自己堆满了半个公寓的藏书，想到自己具有一定的知识储备，曾经在秘鲁天主教大学主持过学术会议并且教过短期课程，她认为自己也许能找到一份教职。虽然此前天主教大学都必须是线下教学，柯裴还是同天主教大学的朋友提了自己的想法。意料之外的是，秘鲁天主教大学也因疫情开始了线上教学，这让柯裴感到很高兴。虽然她想回到秘鲁，也有许多人问她什么时候回去，但是她并不清楚具体时间，因为秘鲁的防疫情况并不理想。"所有的事情变化太快，我希望等一切都安全之后，大概就能回去了。"现在柯裴决定尽己所能待在中国，然后通过网络，在北京教授万里之外的秘鲁学生。

由于柯裴已经取得博士学位，并且正在中国生活，秘鲁天主教大学的工作人员便建议她试讲一门分享中国知识的课程。在此之前，柯裴并不相信有很多秘鲁人想了解中国的事情，但是上课收到的反馈不错。她也终于意识到，中国话题在秘鲁的重要性在增加，讨论度也在提高。如果说过去的秘鲁人只关心中国的商业经济，现在的他们则想了解中国的每一件事情。随后，柯裴与政治及国际关系学院签订了正式的合同，获得了一份她的母校——秘鲁天主教大学的教职。她面向从未了解过中国的学生，开设了三门与中国相关的课程，分别是介绍中国作家的"中国文学"、以京剧为例的"表演艺术"和探讨新中国成立后政治形态的"中国政治"。

## 2. 秘鲁学生爱上了梅兰芳

在中国文学课上，柯裴会从中国第一部诗歌总集——《诗经》讲起，之后的每个朝代则选取一位代表性诗人进行介绍。虽然中国诗词的英语译本很多，柯裴仍然选择不易找到的西班牙语版本。不是每一个秘鲁人都会英语，她希望用大家听得懂的方式讲解中国文学，显然学生们用自己的母语会更舒服。不过她也会让学生听中文诗朗诵，柯裴感觉自己的中文不够好，便在网上搜索别人诵读的视频在课堂上播放。就像二十多年前来秘鲁访学的北外老师一样，那位老师在课堂上用中文给学生读诗，虽然学生不会中文，但是她说"不用担心，听就可以了"。那给柯裴留下了一些初步的印象，她希望自己的学生也是如此。对于不同朝代的诗人，柯裴同样有一定的考量。她为唐朝选择了在秘鲁也尽人皆知的李白，宋朝则确定了女性词人李清照。过去人们总是听到男性的诗歌，现在却有机会读到很有影响力的女性作品。柯裴还对李清照的工作和生活兴趣盎然，除却作品之外，她希望能在下学期的课程中更多涉及李清照的生活。文学是复杂的，她想要带领学生解开其中的秘密。

柯裴在跟随潘维教授学习后不久，便在他的建议下开始通过京剧了解中国文化。在那段时间中，她曾经多次前往梅兰芳剧院看戏。那些演出给她带来了极佳的观戏体验，让她爱上了京剧，也促使她对中国文化有了更深的体悟。因此当天主教大学的表演艺术学院邀请柯裴介绍中国表演艺术，以拓宽本科生知识面的时候，她决定从传统舞蹈讲到当代剧场，并且将京剧作为重要专题加以讲解。等到她介绍完梅兰芳之后，学生们的反响使柯裴感到惊讶。他们在课下研究了梅兰芳于 1930 年去往美国的经历，并且展示了梅兰芳在欧美旅行的许多资料。柯裴不得不感慨，"他们已经爱上梅兰芳了"。而且学生们也被京剧本身所惊艳，一些人甚至为京剧专门开了一个 Instagram 的账号，还有两个学生告诉柯裴自己要去上中文课。她知道这些学生未来成为京剧演员的可能性很小，也并非什么中国专家，但是他们却自然而然地拥抱中国文化。在校园之外，不少 50 岁左右的秘鲁女性同样对京剧抱有极大的兴趣，希望正在教授京剧的柯裴可以为其解释一二，帮助她们在单纯的"听戏"之外有更多的了解。因此，柯裴也希望能开一场特殊的京剧研讨会，面向四五十岁的京剧爱好者们介绍一些基础知识，使他们以另一种方式更好地欣赏。

在柯裴任职的政治及国际关系学院，她被要求开设中国政治课程。她说自己可以教政治，但是必须从中国历史教起。"如果不理解历史，你就无法理解政治"，这句潘维教授曾反复强调的话，出现在了她和学院工作人员的对话当中。柯裴在北大学习的时候，为真正进入中国政治领域，曾按照潘维教授的要求先学习中国文化，以及更为基础的中国历史。有时历史中潜藏着当下政治问题的答案，正是过去影响着现在。比如中国人之所以很喜欢稳定的生活，与朝代更迭导致的混乱有密不可分的关系，稳定与混乱对立的想法根植于每一个中国人的思想当中。与之相反，秘鲁几乎每年都在换总统，但是当地人对此不甚在意，这也与秘鲁的历史息息相关。当然，柯裴非常清楚学习中国政治更是为了帮助自己的国家，希望找到一些对现在和未来的回答。最终，她决定先在学院开设一门综合社会、历史和政治的课程，以便学生们在未来学习政治的时候有更深入的理解。

### 3. 于经历中理解彼此的选择

相比于知识体系的建立，柯裴更期待自己的学生能够在大学中努力追随知识，拥有成为自己的热情。这是对学生们的忠告，也是她自己的经历。自 2003 年前往北京大学拜访潘维教授起，柯裴于这座同秘鲁远隔万里的城市生活了十八年，独自撑起秘鲁《商报》驻京记者站，转型成为客家移民研究学者，她在中国找到了真正属于自己的生活。许多人问柯裴"为什么要待在中国"，她没想出什么明确的原因，只是觉得好像在自己家一样。即使回到了秘鲁，柯裴在和别人交谈的过程中总会提到自己想回家，家中的姐姐为此问她"你的家在哪儿"。也许家是一个人生活的地方，对柯裴来说便是中国。"不要害怕某些事情对你来说太远或者太难，去选择你自己的生活。而无论你选择做什么，都带着热情投入其中。"

她更希望学生们能够意识到这个世界是广阔的，自己并非世界的中心。每个国家都有各自不同的道路和文化，文化上的理解虽然困难，但是自己的国家不像许多人说的那样奇怪，他国的选择也可以被体谅。常有人对拉美文化抱有偏见，认为拉美人因懒惰不喜欢工作，每天举办聚会，也不关心明天如何。也有人对中国文化抱有偏见，他们不理解中国人为何如此努力工作。实际上，拉美人非常珍惜和享受生活，中国人和拉美人拥有许多共同的价值观。家庭是非常重要的，大家关心自己的父母。即使在极端贫穷的家庭当中，因为对彼此的爱，人们也会找到幸福。大家对幸福的生活有着共同的价值观，从这种角度看，每个人都是一样的。

而且在自己的国家，在欧美之外，大家完全可以把目光投向更远处，比如选择亚洲，去闯荡然后成长。柯裴此前在北大西班牙语系任教的时候，也建议学生们有时间可以去拉美旅行。语言皆扎根于本国的文化，不同国家使用的西班牙语会有所区别，然而学生们基本上只去过西班牙，从未到过秘鲁以及其他拉美国家。他们"会在拉美发现一个不一样的世界"。有时候书本是不够用的，需要在经历中进行感受。有一些学生真的前往了拉美，在完成学业之后返回了中国。柯裴相信在拉美有所经历的学生，将会对拉美的文化和社会有更全面的理解。

"我们需要更多的'在中国的拉美人'和'在拉美的中国人'。"大家可以通过这种方式产生更紧密的联系，理解彼此的选择。柯裴所期待的未来，也许正如她在数年前的论文中写的那样："我将绘制一张地图，画出从每个拉丁美洲国家到中国的往返线，直到分隔我们的海洋消失。"[①]

## 后 记

　　拿到柯裴老师简历的时候，最吸引我眼球的就是她二十年前担任战地记者的那段经历。每次想到大家处于相近年纪之时，柯裴老师已经主动走向阿富汗战场进行报道，我却还在为校园新闻的选题和报道发愁，就会强烈地感受到自己的不足。柯裴老师出色的记者生涯也让写稿时的我深感羞愧。但是在采访真正开始的时候，我却感受到了一种平和的力量，以及柯裴老师对后辈无须多言的支持，即使只是重温访谈实录，也能反复体味到这种感觉。我在敬佩柯裴老师所做的人生选择的同时，明白她并不想做什么学生遵循的榜样，而是希望她的学生能够热情地拥抱自己的人生。我虽未上过柯裴老师的课，也已把柯裴老师当作自己的老师。畏缩又迷茫的我，总在怀疑自己、恐惧未来，现在却也想抓住成为自己的机会。

　　我的重度拖延导致这篇稿子一度成了自己的心魔。当所有同学都基本定稿的时候，我仍不知从何改起，想过彻底放弃，又不忍将柯裴老师的故事假手于人，因而最终以无甚文采的方式呈现了出来。也许就像柯裴老师未出版的客家故事一样，这篇文章也变成了我自己的一部分。最后，感谢愿意接受采访并不厌其烦解答问题的柯裴老师，在采访和写稿过程中提供建议且鼓励过我的张靖老师、林丹老师和王昕生老师，以及为我提供帮助的李响师姐、胡敏师姐、党晓霞师姐和陈思翰师弟等同学。

柯裴——从记者到学者，走进那个『中国星球』

---

① Patricia Marina Castro Obando. El Internet en China: ¿El reflejo del espejo? Una aproximación comparativa de Lasplataformas digitales chinas y sus pares extranjeras. Lima: Pontificia Universidad Católica del Perú, 2011: 10.

# 印象柯裴

◎ 潘　维

柯裴是我的学生，更是我的同事，她来自遥远的秘鲁。

转眼将近二十年了。记不起是 2003 年的哪一天，校方通知，有位秘鲁记者将来北大做访问学者，问我可否做其合作导师。那时我正值壮年，对遥远的拉丁美洲充满兴趣，还刚去过哥伦比亚——那时哥国驻华大使邀我在哥伦比亚全国商会发表关于中国事务的演讲。我当然非常愿意接受秘鲁来的同事。就这样，我与柯裴的缘分开始了。

柯裴的经历相当丰富。作为记者的她，曾驻阿富汗和日本，来北京前已是秘鲁影响力最大的报纸的著名记者。但柯裴不通汉语，这不便于她在北京生活。从头学习象形文字，她已经岁数偏大了。她十分刻苦地了解这个陌生的东方大国，很快爱上了中国，努力学中文，还邀中国学生同住，互学西班牙语和汉语。结束了一年访问学者工作，她成为报社常驻中国的记者，几乎每天都要发关于中国的报道。后来，她又从事了很多工作，包括为中央电视台的西班牙语频道工作，以及在北京大学的西班牙语系教书。但她有个梦想，要获得中国研究的博士学位。终于，她以研究中国客家人与秘鲁华人关联的历史获得了秘鲁天主教大学的博士学位，那是秘鲁最好的大学，与北京大学联合培养博士。这样我又成为她的导师之一。她的博士论文以西班牙文和中文同时出版了。事实上，基于长期的中国生活经历，她迄今已出版了四本书，获得了秘鲁官方颁发的秘中友谊奖。

柯裴与我的关系是典型的教学相长。在更大程度上，她是我的老师，是我了解拉美的老师。因为她，我与秘鲁的缘分不断积累，不仅接触秘鲁的政治与经济，还在秘鲁天主教大学做过高级访问教授，讲授中国的社会与政治。更因为对南美洲的兴趣，后来我变成了个准拉美事务专家。很难想象，缺乏关于南美洲的知识，我后夹如何能把比较政治专业的研究和教学做到今天的程度。

柯裴在中国的二十年，是工作和学习非常坎坷和艰苦的二十年。她能坚持下来，因为她一直乐观、一直保持年青人那样的活力、一直充满对中国的好奇和热爱。二十年过去，我已经老了，即将退休；但她还在憧憬未来，她还有一堆梦想正等待实现。

也许因为宗教缘故，南美洲与中国非常不一样，那里是艺术的天堂，那里的人们似乎为艺术生存。从安第斯大山里出来的柯裴，长期生活在注重物质生活水平的中国，本身就是个传奇。她经历了21世纪中国崛起的几乎全部过程。而今，她生活在北京，却在网上给秘鲁天主教大学的师生开设三门关于中国的课程。她已经是中国与秘鲁乃至与南美洲西语国家之间的一座桥梁，一座精致的文化桥梁。

对于中国人民，南美洲的旅程最为遥远，要飞两段10小时以上的航程。对于南美洲人民，中国不仅旅途遥远，而且是神秘和富庶的国度。我一直有个梦：终有一天，全世界的人民能自由往来，自由地在彼此的国度生活和工作，共享一个未来世界。柯裴的中国传奇，她与我的师生缘、朋友缘，是实现这梦想的一部分。当然，我要特别感谢"新汉学计划"给我带来了柯裴这样优秀的外籍学生。

## 导师简介

潘维，现任北京大学国际关系学院教授，北京大学中国与世界研究中心主任。研究领域：比较政治理论、比较政治、政治学方法论、中国社会与政府。主要著作：《法治与"民主迷信"——一个法治主义者眼中的中国现代化和世界秩序》《农民与市场：中国基层政权与乡镇企业》《信仰人民：中国共产党与中国政治传统》《比较政治学理论与方法》等。

阮国生

# 异国求学七载路，铅华洗尽
# 终见"金"

**访谈人**：党晓霞，中国人民大学文学院汉语国际教育专业 2018 级硕士研究生
**访谈时间**：2021 年 4 月 13 日、2021 年 5 月 12 日、2021 年 7 月 7 日
**访谈方式**：文字采访

## 被访人简介

    阮国生（Nguyen Quoc Sinh），越南人，目前为越南社会科学院（Vietnam Academy of Social Sciences）历史研究所副研究员。主要研究领域：中越关系史、东南亚问题。2004—2006 年就读于越南河内国家大学，获历史学学士学位；2011—2014 年，受越南政府出国留学奖学金资助，于中国人民大学攻读硕士学位，师从包伟民教授，在此期间因表现优秀，获 2011 年北京市政府优秀奖学金及 2012 年中国人民大学外国留学生优秀奖学金，并于 2014 年 6 月完成硕士毕业论文《宋与大瞿越关系史书记载比勘研究——以〈宋会要辑稿〉为中心》；2015—2019 年，获"新汉学计划"来华攻读博士学位项目全额奖学金，于中国人民大学继续攻读博士学位，并于 2019 年 6 月完成博士毕业论文《史书对比视野下的宋越关系》；2019—2021 年，于暨南大学任博士后。阮国生著述丰富，截至目前已出版《越南古代人物研究》《高平历史》《越南普通史》等著作，发表《从宋与越南的史书比较角度来理解越南丁朝的一些新问题》《中越史书有关丁宋关系的记载的对比研究》《皇权游戏：宋黎战争的另一个原因》等数十篇论文。

接到访谈任务后，笔者对访谈对象做了相关的背景调查，从简历中发现阮国生在本科毕业后就进入了越南社会科学院工作。他是从什么时候开始萌生了想要从事学术研究的想法呢？为了从事学术研究他在本科阶段又做出了哪些准备呢？通过知网，笔者还搜到了他用中文发表的论文，从论文中可以发现，他不仅突破了古汉语语言难关，并且还对古汉语相关典籍背后所承载的思想颇有见地。他是怎么学习中文特别是古汉语的呢？在中国求学的这些年里，又经历了哪些呢？这些都让笔者对这位异国校友充满了好奇，带着这些问题，笔者开始了访谈的筹备工作。

阮国生的科研任务非常繁重，但他还是挤出时间接受了采访。访谈是通过邮件的形式进行的，虽然他非常忙，但他对笔者所提的每个问题都做了详细的回答。一个母语非汉语的人，返回的"问答稿"文意通顺，名言警句信手拈来，他认真的态度让笔者深受感动。正文内容笔者只在被访人返回的"问答稿"基础上做了小幅度的修改，最大限度地保留了原文，并保留了第一人称叙事。

# 一、来中国求学前

## 1. 十三经助学汉语

我家在广东华人会馆佛寺的后面，我小时候经常和朋友们进入这座佛寺去玩。寺里还保存了很多汉字对联，我都看不懂，但这些对联在我心中留下了深刻的印象，还是小孩子的我由此对中国产生了好奇。高中时，有一次读书，当读到"中国是一头沉睡的狮子，一旦觉醒将会震惊世界"这句话时，我对中国更加好奇了。

本科的时候我主要研究越南古代史，这里要提一下，越南古代都是用汉字记载历史的。中国与越南山水相连，两国关系自古就非常密切，双方的经济、文化交流史源远流长，中国文化不断影响着越南。越南历史上自有记载以来都是使用汉字，汉字使用历史达两千年（自秦征南越至 1945 年），直到 1945 年才被越南国语字罗马拼音取代。但是在越南传统习俗方面，如结婚和春节对联的喜庆用字还是汉字。

由此，研究越南古代史者，必须要了解中国古代史，同时还需要精通汉字，这样才能出研究成果。

河内国家大学很注重培养大学生的外语。在英语、法语、俄语和汉语四门外语中，我们本科生可以随意选择一门自己喜欢的外语进行学习。为了服务研究目标，我决定在本科期间选择汉语。但我们只有第一和第二学年能学外语，所以当时我的汉语还比较差。

作为一个外国人，我想说学习汉语是不容易的。我们越南语也是声调语言，而且有六个声调，所以声调对我来说并不陌生。但是中国人的音高变化范围比较大，越南人的音高变化范围比较小。我汉语的声调偏误主要表现在第一声和第四声，特别是第四声，我常常发得不够高，降得也不够低。在学习汉语语音过程当中，声母、韵母、声调我都很重视，但常常会忽略语调偏误问题。如果让我一个一个音节地读，我会读得很好，但如果在语流当中就会出现很多语音问题，在读句子时，那些送气音、不送气音、四声字、一声字等，我经常会把它们混起来。在语法方面，中越两国语言也有些不同，比如定语的位置就有很大的差别，汉语定语通常放置在名词或代词前，而越南语中定语却放置在名词或代词的后面。此外，在词汇方面，汉语中有一大批外来词，如高尔夫球、摩托车和麦克风等。这些专用名词（尤其是地名和人名），被翻译成为汉字后我们其实很难认出来，地名如伦敦、巴黎、旧金山等，人名如亚历山大大帝、拿破仑、奥巴马、特朗普等。

直到进入社科院工作后，我才下决心认真学汉语。巧合的是，我同事著名学者阮明祥教授十分精通古代汉字。在他的帮助下，我通过十三经，即《易经》《书经》《诗经》《周礼》《仪礼》《礼记》《春秋左传》《春秋公羊传》《春秋穀梁传》《论语》《尔雅》《孝经》《孟子》等儒家经典著作学习古代汉字。因为我非常喜欢中国诗歌等中国的文学著作，如《全唐诗》、王羲之的《兰亭集序》、李白的《春夜宴桃李园序》、诸葛亮的《出师表》等，所以也把这些著作作为学习古代汉字的教材。经过几年时间的努力，大约在 2010 年，我基本掌握了古代汉字。

实际上，不仅是汉语而是所有外语，我本来都将其视为敌人。在敌人面前通常有两种情况：一种是用坚强的毅力、不屈的精神，勇敢地面对，并且战胜它；另一种则是在困难面前被吓倒，而没有勇气去面对、战胜它。我选择第一种，就是去勇敢地面对汉语，选择它最难的部分——古代汉字来学习。起初我对它的字体、它的含义什么的都看不懂。于是，我先去找已翻译成越南语的这些书籍，读了一遍，后来选择《论语》《孟子》及《礼记》这些我最感兴趣的书籍开始了中文学习。这里不得不重点提一下《论语》，我认为这本书不仅对中国而且对东亚文化圈的各国都有重大的影响。由此，我用了八个月时间进行《论语》学习，在阮明祥教授指导下，我先掌握语法与词汇，然后才深入考察了它们的意义。

对于中文学习，我有什么建议呢？这个问题不好说，因为每个人的学习能力及自身的毅力都不同，所以大家只有通过了解自己才能找到合适的学习方法。对我来说，如果找到了自己感兴趣的问题，不管多么困难，挑战有多大，我都会一直向前，向前，直到战胜它！我选择十三经为汉语学习教材也是从这个缘由出发。

### 2. 加入越南社会科学院

在本科第一学年，我就知道了越南社会科学院的存在，它是越南政府的重要智库，为越南官方学术机构，里面的研究员主要从事越南社会科学基础研究，承担社科领域研究生培养以及为国家发展提供政策咨询等任务，但我那个时候还没有加入社科院的梦想。因为大学生的生活相对比较困难，所以对我来说，学习的目标主要在于取得高分，进而获得奖学金，当时觉得这样更好一些。所以，我本科的学习成绩相对比较好，这也是我后来可以加入社科院的一个重要基础。在越南，找工作时，除了学习成绩以外，还需要考查你的毕业论文与申请单位合不合适。因此，本科第三学年我已经开始为毕业论文做准备。2006年我通过了社科院历史所对申请人的考试，2007年我正式加入了社科院。

### 3. 出乎意料的印象

来中国求学前，我曾两次到中国：第一次是2008年，我在云南红河学院访问了一个月；第二次是2009年，我与社科院历史所的同事们在广州出差一周。

来中国之前，我主要通过一些著作和当代电视剧了解中国，著作如《三国演义》《隋唐演义》《水浒传》《西游记》《红楼梦》等，电视剧如《红高粱》《大红灯笼高高挂》《情满珠江》《渴望》《上海滩》等，透过它们，我看到的中国历史悠久、文化博大精深，中国人有恩有情，中国景色很美丽。但同时，我心中也出现一些疑问：中国人是否古老、保守如宋儒？中国建筑是否如此宏伟？中国景色是否像影视剧呈现的那样美丽？

来中国后，我发现中国和我之前想象的很不一样：中国人很开放、亲善；中国城市生活节奏很快，像西方城市那样繁华；中国建筑宏伟得超过我想象，故宫一天看不完，来到了长城后，果然如毛主席词里所说的那样——"山舞银蛇，原驰蜡象，欲与天公试比高"。

# 二、在中国求学期间

## 1. 入学中国人民大学

经过 2008 年及 2009 年两次到中国的访问经历，我决定到中国留学。2009 年，我向越南教育部提交了出国攻读硕士学位的申请，最终成功获得越南政府全额奖学金。起先越南教育部安排我去华东师范大学，但我心中只有北京。当时在我局限的视野中，认为只有北京才值得我留学。因为觉得繁华的上海不太适合我内向的性格，更何况我们古代优秀知识分子出使中国都留住北京，而我专业又是古代史，这使我或多或少受到了前辈的影响，所以最后我决定放弃到上海留学的机会，保留了留学的奖学金资格。后来我不再通过越南教育部安排学习院校，而是直接向中国人民大学递交了申请，最终我成功入学中国人民大学。即使已经错过了两年时间，但我的梦想最终得到实现。

## 2. 中国的"包公"导师

2011 年我于中国人民大学开始攻读硕士学位。我认为导师在我的留学路径上会发挥十分重要的作用，因此做梦都想找到一位心仪的老师，但我不能把所有的希望都托付给自己的好运气，去被动等待历史学院给我安排一位心仪的老师。我记得《西游记》中连神通广大的孙悟空也需要坐船过海求学于菩提祖师，况且我只是一般人，为何不仿照此去做呢。于是，我连夜在学院网站上浏览了历史系老师们的个人简历，基于对硕士与博士学位论文的考虑，我筛选出了三位老师。此后我又认真思考了一下，觉得越南学者对越南与元、明、清三代的关系关注比较多，只有宋代中越关系缺乏越南学者的注意，原因是资料少，记录比较凌乱、模糊。后来通过阮琼鹅师姐（后来她任职于越南驻中国大使馆文化教育部门）的介绍、教务科徐老师的推荐以及面试的考核，我最终成为宋史著名专家包伟民教授的学生。

博士四年的学习和科研工作，不仅使我的知识结构和科研能力上了一个新台阶，更重要的是，使我各方面的素质都得到了提高。而这一切，都要归功于我导师包伟民教授的深切教诲与热情鼓励。深深感谢他对我的严格要求、悉心的指导、循循善诱的鼓励和不断的鞭策。他给了我发挥特长、增长能力的平台，教会了我治学的方法、严谨求实的科研思维和解决问题的思维，引领我迈入了科学的殿堂。

博士学习期间，我导师一点压力都没有给我，但他的学术水平及威望，使得我非常紧张。我总是提醒自己，需要更加努力才能配得上做他的学生。在合作的过程中，他能尊重我的独立的见解，但他也不隐瞒自己的不同观点。对他来说，历史事实、历史真相才是一种永恒的东西。记得我和导师在讨论毕业论文的时候，关于北宋一位叫侯仁宝的转运使，师生之间就发生了不同的认定。侯仁宝是交州行营的官员，在980年前往大瞿越参战，后来他在战场上战死，他的死对宋黎战争具有决定性的作用，由此宋太宗决定停战。中越典籍记载交州行营的战将时都以侯仁宝为主要人物，当初我见典籍如此描述，以为侯仁宝是交州行营的总指挥，但包老师根据转运使的职责，认为侯仁宝是随军转运使，负责供应后勤，以此来推翻我的观点。我对他的论点感觉十分惊讶，当时很抗拒这个观点，没有接纳老师的意见，而是继续引用史料来巩固自己的论点。但包老师耐心地听完了我的观点，随后他查了很多资料，用资料一步一步证明了我的论点有错误。这只是我与导师众多故事中的一个，通过这件事情我更加佩服包老师了，对我来说，他的形象正如《论语》中所说——"学而不厌，诲人不倦"。

在日常生活中，包老师很和善，每一学期都请我们几个学生吃好几次饭。聚会时老师经常讲故事，有时也聊聊美食，聊聊家庭生活，或问一下学生最近的生活情况等。老师非常平易近人，口头禅是"天地良心"。包老师在日常生活中对学生很仁慈，但在学术方面，他就是"阎罗包老"（不是我说的，是他自认，这也是他的微信昵称），我们唐宋研究中心的学生都叫他"包公"。通过包老师的这两个昵称，你就可以知道他在学术方面是如何要求学生的了。记得我写硕士毕业论文的时候，他要求对每个认定都要提出详细的依据，提出的每个论点都要从客观的历史事实出发。正如他经常所说的："历史学研究的是以前的人类社会，它跟当今的人类社会在本质上具有一致性，可是当今的人类社会看得见摸得着，而历史学研究的历史时期早已不复存在，看不见摸不着，需要依靠历史资料去复原。"换句话说，研究历史上的人类社会比研究当今人类社会多了一道工序，那就是必须首先弄清楚在某一特定时间与地点的历史事实是怎样的，这之后才有可能去分析、研究它。

### 3. 硕、博时的研究方向

我读硕士及博士是两个不同的阶段，但是同一个研究方向。正如前面所提到的，考虑到在越南研究元明清的学者比较多，但是研究宋朝的似乎比较少，由此我决定研究宋史。这也有助于研究越南丁、前黎、李三朝。我硕士阶段主要研究清代徐松的《宋会要辑稿》与越南史事的关系，集中于梳理《宋会要辑稿》交趾目的史籍。我博士期间集中于研究中越史书比勘视野下的宋越之间的关系。因为我是在越南社科院做研究，所以必须获得博士学位。因此，在攻读硕士研究生的时候，我就已经考虑了后来博士生阶段要做什么样的题目。因而我把硕、博划分成了两个阶段：硕士阶段集中整理资料，博士阶段进行书写研究。

硕士和博士也是两种不同的水平，所以在第二个阶段，研究方向当然有很大的变化和推进。我在研究的过程中发现宋越史籍中关于双方关系的记载比较混乱，模糊不清。学者们对这段历史的研究缺乏史料对比工作，没有发现两国典籍相关记载存在的冲突。于是我把《中越史书有关丁宋关系记载的对比研究》这篇文章中的原始材料与两国正史《宋史》和《大越史记全书》进行了逐一比对，得出的结论让我非常惊讶。比对完《宋史》和《大越史记全书》后，我发现里面的记载出现了多处矛盾。中国典籍《宋史》的最大缺陷是比较粗糙，以交州行营相关将领的记载为例，同一人物，在本纪及列传中的记录就有所不同。由于《宋史》成书时间较短，仅用了两年零七个月，而且当时已处于元朝末年，时局动荡，因此该书编纂较为草率，缺乏对史料的考订鉴别。与此相似，越南正史《大越史记全书》也存在不少问题，后黎史臣编撰《大越史记全书》时秉持了文史哲不分家的多元思想，因此书中收集了大量民间传说以及佛教超凡入圣的观念，这些都造成了对中越关系史研究的误导。

除此之外，我还发现中越典籍在描述宋越关系时也有很大的不同，这些典籍记录都较为凌乱且模糊不清，导致在读硕士的时候，宋朝的典籍让我十分困惑。但经过一段时间考察，我透彻地了解了典籍的记载形式，这时候逻辑思维也随之发生转变："关系史"原来是政治史，对于古代政治来说，统治者都通过各种手段将事实变得模糊不清，尤其是一些敏感问题。由此，我通过考察典籍来指出统治者在记录国史之时用了什么样的手段，梳理并重新描述了历史事件进展的秩序，换句话说就是将历史难点转化为艺术亮点。

宋朝在我印象中没有汉唐那种宏大的气魄，但却是最具浪漫色彩的朝代。宋朝结束五代十国的割据和动乱确实不易，其统一为汉文化的延续做出了贡献，这些都是可以且必须肯定的。虽然宋朝不是一个强盛的朝代，但它也有自己的强项，在科技、文化、绘画、史学等诸多领域，宋朝取得的成就可谓是空前的，甚至可以说宋朝开启了现代社会的文明曙光。中国古代四大发明中就有三个是在宋朝取得突破性进展的，比如火药药方的配置及其在军事上的应用、指南针的制造方法记载与推广应用、活字印刷术的发明与推广应用等。有一道我非常喜欢的中国著名的大众菜肴——红烧肉，这道菜是谁发明的呢？就是宋朝诗人苏东坡所创制的。我对宋朝的印象说来话长，在你们中国人面前，我不敢班门弄斧，只能这么简单说几句话。

我读本科的时候认为研究历史只是一个工作而已。但在写博士毕业论文的过程中，我才发现正如古希腊悲剧作家阿伽颂（Agathon，前447—前400）曾经说的，"Even a god cannot change the past"[①]（即使神也无法改变过去）。哲学家亚里士多德（Aristotle，前384—前322）对这句话深信不疑，多次引用这句话，导致人们都以为这句名言是亚里士多德提出的。人们几千年以来都相信这句话，并把它与诗歌以及音乐融合起来，对这个真理充满信心。19世纪英国作家塞缪尔·巴特勒（Samuel Butler，1835—1902）却对此提出异议，并指出，"It has been said that though God cannot alter the past, historians can"[②]（有人说，虽然上帝无法改变过去，但历史学家却可以办到）。如果连上帝都改变不了过去，那么历史学家自然也不可能的，他们

---

① 此句曾被亚里士多德在《尼各马可伦理学》（H.Rackham，1934）第六卷第二章中引用；又见于《牛津大学语料库》（*Oxford Treasury of Sayings & Quotations*，牛津大学出版社，2011）第329页："即使上帝也无法改变'木已成舟'之事。"

② Samuel Butler. Erewhon revisited twenty years later: both by the original discoverer of the country and by his son. 1st ed. London:Grant Richards, 1901: 468.

改变的只是对于过去历史的诠释。显而易见，塞缪尔·巴特勒的论点主要强调了历史学家对于人们认知历史的重要地位。

人们在生活路途上将推翻自己原来的想法作为自己成长的过程，我也是如此。我高中的时候以为考上大学只是为了以后能够有时间休闲（比如钓鱼），能有饭吃，等等。本科时觉得我学的历史专业就是我谋生的工具而已。但在后来硕、博期间，在进一步深入研究历史后，我才发现，正如习近平主席所说的那样：历史是一面镜子，从历史中，我们能够更好看清世界、参透生活、认识自己；历史也是一位智者，同历史对话，我们能够更好认识过去、把握当下、面向未来。这时我发现研究历史居然有如此重要的意义，而研究历史明显是史学家的使命，这个使命就是挖掘过去，找到历史真相，追求事实。

### 4. 学术会议上遇到的挑战

在中国读博期间，我曾参加过2015年在山东曲阜举行的第七届世界儒学大会以及同年11月在越南河静省举行的"黄甲丁儒完生平及事业"会议，2016年在北京举行的第五届世界汉学大会，2017年在越南宁平省举办的"丁族在越南历史发展中的贡献"会议，2018年在香港举行的第五届中国文化研究青年学者论坛以及同年在陕西西安举行的"青年汉学家研修计划"会议，共计6个学术会议。

阮国生参加第七届世界儒学大会（2015年9月于山东曲阜）

在我记忆中，2015年的第七届世界儒学大会是我遇到的"最困难"的会议。我于2015年9月7日左右到中国人民大学报到并办理相关的入学手续，那段时间真的很忙。我记得在入学的那一天，我的电子邮箱也收到了

阮国生在"青年汉学家研修计划"会议上发言（2018年9月于陕西师范大学）

孔子研究院（山东曲阜）路则权老师的邮件，他邀请我去山东曲阜参加第七届世界儒学大会，这里顺便提一句，中外语言交流合作中心体验基地也设在那里。路老师在邮件中提到了"若有论文更好"这句话。我从来没有去参加会议而没有写论文的这种情况，后来也延续了必须带论文参会这个习惯。考虑到自己已经有与学术会议主题相关的研究，我决定参加会议并在9天之内赶出了《儒家思想对越南当代社会的影响》这篇文章。会议在9月27日举办。在投稿截止日期当天，我提交了论文。当时时间非常紧张，论文写作的压力使得我十分烦恼，所以这个会议让我很难忘。

除此之外，2018年在香港举行的第五届中国文化研究青年学者论坛——"中古以降的文化与社会"也令我印象深刻。高中的时候，在越南电视剧还没有发展起来的时候，我们年青人主要看香港电影，对周润发、刘德华、周星驰等明星很熟悉。因为受影视剧的影响，我对香港繁华的城市街景心生向往，总希望有一天能去那个地方看看，于是我决定抓住这次论坛的机会，好好写一篇文章去香港参加会议。中国文化研究青年学者论坛由香港中文大学举办，该论坛邀请了世界各国青年学者参加。因为参加这场会议需要通过论文评审，所以我花了很多时间、付出了很多精力来写论文。经过主办单位相关专家评审后，我的论文终于被收录。但因为在这场会议中，我发言之前准备不太充足，所以我受到了大家的批评。我记得两个来自瑞典和英国的学者，在会议结束后对我说了这样的话："你的论文写得这么好，为什么发言的时候这么乱！"接着他们又说："做研究不仅是你写好论文就行，发言时你也需要谨慎准备，这样做才能尊重听者，这也是尊重你自己的研究。"对很多人而言，接受其他人的赞颂美言才是最美妙的记忆，但对我来说，能在这么好的论坛受到大家的批评指正才是最好的，况且他们所提的问题都非常有道理。

学术会议为我的论文写作提供了很多的帮助。在读博期间，我之所以参加这么多的学术会议，主要是为自己的博士论文写作服务。这些学术会议中我都以博士毕业论文中的一些疑问或我还没把握的问题为主题撰写并提交论文。在学术会议上接受学者们的批评指正后，我会把重要的内容记录下来，回家后做进一步的思考研究，这对我毕业论文的写作帮助非常大，效果很明显，它有助于我对论文的构思。

### 5. 与时间赛跑的辛酸

对我来说，攻读博士学位期间的回忆基本上是美好的回忆。如果说整个博士期

第五届中国文化研究青年学者论坛合影
（第二排左起第五位为阮国生；2018 年 5 月于香港中文大学）

间压力都很大就有点夸张了，但若说没有压力也不现实。在"新汉学计划"项目期间，我的学业和家庭义务发生了冲突，让我有一些压力。

2017 年，令我难忘的一年。这一年，结婚、生孩子都发生了。我妻子在中央民族大学攻读硕士学位，这一年刚好是她硕士三年级，她结束了所有的课，只剩下了毕业论文，但学校要求学生每个月都必须签到，如果没有签到，就可能会被取消中国政府奖学金。我们夫妻被迫把三个月大还喝母乳的小孩留在越南让双方父母照顾，我们前往北京履行报到义务，办妥了一些手续后又返回越南看孩子。在八个月之内我们都是按照这种规律往返中越两国。这段时间，我常常只能在微信视频聊天中看看孩子，看着他一天一个样，而我不能陪在他的身边，这对我来说十分痛苦。后来终于苦尽甘来，2018 年 5 月我妻子答辩成功并顺利毕业，接着她又成功申请了"新汉学计划"项目继续攻读博士学位。她度过了艰难时期，可以暂时松一口气了，但我的压力又来了。2018 年底我需要进行博士论文预答辩，但这一年我参加了比较多的学术活动。我写了两篇论文用来参加 5 月香港的学术会议以及 8 月西安的学术会议，本打算西安的会议结束后，就把全部的时间用来撰写毕业论文，但可怕的是 9 月份突然增加了一个新任务，一位人大的老师委托我陪同越南社会科学院京城研究所（Institute of Imperial Citadel Studies）所长参加邯郸的古都学术研讨会，我答应了。会议结束后，论文集要出版成书，而我需要在那一个月之内把京城研究所所长的会议论文翻译成中文。

这项工作结束后，我就只剩两个月的时间完成毕业论文初稿了。我还记得那一年，北京的 12 月，外面都是白色的雪。我早晨六点半左右离开人大西门的房间，坐着电动车去办公室写论文，一直到晚上十点国学馆关门我才离开回家。整整两个月，我都是这样的作息。因为时间非常紧迫，为了不打断自己的思路，在几个关键的时间点，有很多天我都留在办公室熬夜揣摩博士论文。经过这两个月的努力，我的论文初稿通过了预答辩，后来一切竟都很顺利。作为一名博士生，不只我一个人，相信大家也遭遇过这种情况。上面的陈述并不是"装穷叫苦"，只是由于你提到了这个问题，让我有点控制不了自己，所以发出了上面的感慨，冒昧分享了一些记忆。谈到这里，我想向中国人民大学汉语国际推广研究所（简称汉推所）及张靖老师表示感谢，如果老师们没有给我安排人大国学馆的 527 号房间，那么我可能需要办理延期毕业手续了，非常感谢大家！

"夫妻新汉学家庭"（2019 年 6 月于中国人民大学国学馆）

### 6. "干旱"遇到"阵雨"

了解到"新汉学计划"项目是一个非常奇妙的过程。我硕士毕业后，本来打算申请中国政府奖学金继续攻读博士学位，但这个项目要求硕士生毕业一年后才能申请。当时我非常失望：难道就这样被迫离开北京？离开生活了三年的校园？在这困难之际，有一位中国人民大学的同胞告知我，中外语言交流合作中心设立了一个新的奖学金项目。于是，我如干旱遇到阵雨，立刻上网了解"新汉学计划"项目。

"新汉学计划"给全世界许多年轻学者提供了在中国推动各种社会科学研究的机会。这个项目让外国留学生能够长期地在中国学习和生活，有助于学生对中国的历史、文化、社会、经济等各方面有切身体会和全面深入的了解。

入学后，中国人民大学给我们"新汉学计划"博士生提供了非常好的学习条件。中国人民大学汉推所为我们每个"新汉学计划"博士生都安排了研究办公室。我觉得在这一点上全中国的其他院校可能都没法和中国人民大学相比。此外，汉推所的张靖老师每个学期都会通过几次聚会让我们几个"新汉学计划"博士生聚一聚，以增强团队联结。我们这个博士生团队不仅在生活中彼此相助，而且在研究工作中也互相学习。我来中国人民大学的时候，"新汉学计划"博士生有七八个人，其中我与法国的寿醋，韩国的金珍、金汉雄和西班牙的泽维尔相对亲切一些。我们每天都来办公室，除了做自己的研究以外，还一起喝咖啡，一起吃饭，下班后一起出去玩。当然，在这些活动中我们也一起讨论各自的研究课题，后来还一起发起了"新汉学计划"博士生研究论坛。在汉推所的支持下，我们这个团队组织了两场学术论坛活动，论坛让我们有了更多的机会做发言练习，也加强了我们与北京高校中国及外国同学的学术交流。

"新汉学计划"项目为我的研究提供了很大的支持。每一学年，"新汉学计划"都会给我们一笔钱购买与学术相关的资源。在读博期间，我每个学年都利用这笔钱来购买中国典籍，如《汉书》《隋书》《旧唐书》《新唐书》《宋史》《续资治通鉴长编》《元史》《明史》《清史稿》等中国古代史书。此外，我还购买了大量的学术著作、工具书、论文期刊等，这些资源为我研究历史提供了非常大的帮助。博士毕业回国之前，我整理了这些年购买的学习资源，发现博士四年购买的书竟达到了三百多公斤。我寄送东西回国的时候，办理相关业务的工作人员十分惊讶，他问我："你是学生做什么生意啊？为什么货物这么多？"是的，我是学生怎么能做生意呢，这些东西都是我四年购买的书啊！这也是我回国之前发生的一个很有趣的故事。

除此之外，"新汉学计划"每一学年都为我们博士生设计至少一场文化体验或文化考察活动。记得2017年的文化考察活动，那是我第一次去江西景德镇。在宋代经济史的课堂中，我已得知景德镇是中国宋代重要瓷窑之一。因为景德镇人高超的制瓷技艺受到皇室青睐，所以宋真宗下旨将景德镇瓷器进贡朝廷，并将自己的年号赐作景德镇瓷器底款，在瓷器底部书写"景德年制"四字。南宋时，景德镇瓷器发展迅速，技艺既精，"器尤光致茂美"，于是"天下咸称景德镇瓷器"。景德镇所产青白瓷器，胎薄质坚，釉色晶莹，声音清脆，故有"白如玉、明如镜、薄如纸、声如磬"的美誉，景德镇青白瓷系就此形成。南宋时，景德镇窑产品远销朝鲜半岛、日本、东南亚等地。我在想，如果当初"新汉学计划"项目组没有设计这场活动，自己对景德镇的理解可能就只能停留在典籍上和电影里了。在这次文化考察活动中，我还了解到了原来古代经常使用的"天、地、正、国"等四个字是源自武则天，这使得我非常惊讶。这场文化考察活动为我们补充了很多在书本上学不到的知识，它不仅有利于我理解当代的中国社会，而且对我研究历史也非常有帮助。

参观"吉水文丞相祠"（2016 年 9 月于江西吉安市青原区）

考察应县木塔（2017 年 5 月于山西应县）

对我来说，"新汉学计划"是一个神奇的项目。经过四年时间的学习，我现在已经毕业，获得博士学位。我毕业之前，我夫人黎氏云英也成功申请了"新汉学计划"来华攻读博士学位，我们成了"新汉学夫妻博士生"。此外，"新汉学计划"也给了我一个珍贵的机会认识世界各国的同学，通过和他们的交流，我学习到了很多新知识，这些知识大大提高了我自己的研究能力。

　　"新汉学计划"是一个非常有益、有趣的项目，它渐渐得到了世界各国青年学者的青睐。我相信在不远的将来，"新汉学计划"会成为一个很有威望的国际学术交流项目，吸纳全世界的精英人才。希望"新汉学计划"项目不忘我们"新汉学计划"毕业生，将来可以为我们设立一些项目或者论坛，让我们来中国就自己的研究成果与中国学者一起交流，从而建立起将全球学者与中国联系起来的链条。

　　非常感谢项目组的采访！祝愿"新汉学计划"项目发展得越来越好，老师们及大家身体健康、永远幸福！

## 后 记

　　从硕士研究生到博士研究生，总共七年的时间，阮国生这位学者将这七年的求学时光都留在了中国。

　　透过他的视角，我们看到了中越两国史书典籍对同一历史事件记载的矛盾之处，看到了中越典籍描述宋越关系的不同之处……张邦炜在《书中自有问题在》中提到，"治史难，既难在史料的搜集与解读，又难在问题的发现与提出，如何处理问题与体系的关系也难"，而阮国生，这位兼具中越两国文化又精通中越两国语言的学者，似乎占尽了"天时、地利、人和"的研究优势，对于曾经那段中越两国史书典籍均记载混乱、模糊不清的历史，他的研究无疑弥补了这一缺憾。是的，历史学家没有改变历史的能力，但显然他们的研究对人们认知历史发挥了重要的作用。

　　"对我来说，如果找到了自己感兴趣的问题，不管多么困难，挑战有多大，我都会一直向前，向前，直到战胜它！"阮国生凭着顽强的毅力，不屈不挠的斗志，认知从"研究历史只是为了谋生"转变到"研究历史成为自己的使命"，他终洗尽铅华，品味到了自己生命的禅意。

　　他的经历启示我们：不断探索自己、发现自己、发展自己，我们就可能成为最好的自己！感谢他给我们分享的故事，愿大家能从中受到启发，在光阴中寻找到自己生命中的独特风景。

# 让一切都回归历史的真实

◎ 包伟民

中华文明在其数千年的发展过程中，海纳百川，吸取了内外各民族许多优秀的养分。及至今日，随着国力的提高，以其余力回馈外邦友人，资助优秀的年轻人前来学习，实属得当。"新汉学计划"作为重要的对外资助项目，近年来成绩斐然，可喜可贺。如果我们希望像"新汉学计划"这样的对外资助项目能够不断提高，进一步发展，则必须坚持一个基本原则，那就是一切以平等待之，既不能稍有赐予之心，更不应该奉外邦友人为上宾而失去自我。

从古至今，我们与邻国的关系虽然偶有起伏，但和平共处、共同发展无疑为其基调。相邻国家之间对双方关系的看法有时也不免有差异，解决这些矛盾的最好办法就在于深入研究，共同探讨，让一切都回归历史的真实。所以，我希望"新汉学计划"能够资助更多的邻国年轻学子前来中国进修、学习双方关系的历史，这样既能推动中外历史学科的进步，更有助于促进我们与邻国间友好关系的发展。

## 导师简介

包伟民，中国人民大学历史学院教授，长江学者特聘教授。研究领域：宋代史、中国古代经济史及近代东南区域史研究。主要著作：《江南市镇及其近代命运：1840—1949》《宋代地方财政史研究》《传统国家与社会：960—1279 年》等。

阮国生　异国求学七载路，铅华洗尽终见「金」

## 区吉民

# 人生到处知何似

**访谈人：**李淑颖，中国人民大学文学院汉语国际教育专业 2020 级硕士研究生

**访谈时间：**2021 年 1 月 31 日、2021 年 3 月 14 日

**访谈方式：**视频连线

## 被访人简介

　　区吉民（James P. F. Oswald），澳大利亚人，目前在奥尔布赖特石桥集团（Albright Stonebridge Group）担任分析师。研究方向为生态文明。2010 年在澳大利亚阿德莱德大学（The University of Adelaide）获得国际研究学士学位，2012 年获得亚洲研究专业一等荣誉学士学位，2017 年获得阿德莱德大学亚洲研究博士学位。2014—2016 年通过"新汉学计划"中外合作培养博士项目在中国人民大学农业与农村发展学院学习。主要学术成果有 "China Turns to Ecology in Search of Civilisation"（*Asian Currents*，3rd August 2016）、《乡村治理与国家安全的相关问题研究——新经济社会学理论视角的结构分析》（合作发表，《国家行政学院学报》2015 年第 2 期）等。

　　区吉民，只看学术履历的话，他应该是一名非常出色的中国乡村问题研究者，本科时期就关注过经济全球化对中国农村的影响，并以河北省蔡家营村的个案研究获得了澳大利亚阿德莱德大学亚洲研究专业一等荣誉学士学位。读博期间，他将研究方向转向了生态文明，将他感兴趣的乡村社会调查与生态文明建设结合做了大量跨学科考察，深入追踪中国的生态文明建设情况，其研究成果曾获得澳大利亚总理奖。此外，他还担任过中共中央编译局的英语翻译，负责《求是》杂志的翻译工作，在东湖论坛、FASIC（在华澳大利亚研究基金会）国际学术研讨会等学术会议上也做过关于生态文明相关研究的报告。

　　中国古人强调"读万卷书，行万里路"，区吉民在理论研究之外实地到过内蒙古自治区的乌海、河南三门峡、浙江浦江、山东章丘等遍及中国大江南北的土地进行乡村调查。那这样一位土生土长的澳大利亚人是如何与中国乡村结缘的呢？他又是如何将研究视角伸向生态文明发展的呢？我们一起走进区吉民的故事。

# 一、再进大学

　　25 岁的时候，区吉民决定辞掉工作去读大学。他之前在澳大利亚接受的是职业教育，在学校学的是电学，当决定读大学时他已经做了五年的电工。这在常人看来似乎是不可思议的转变，毕竟改变现状重新开始是非常困难的，但他只是说原有的生活令他感到厌倦了，他想"去做一些自己真正想做的事"。

　　因为有了之前的工作经历，在读大学选择专业时，区吉民十分清晰地知道自己的兴趣点所在：语言和历史。于是他选择了国际研究专业开始大学阶段的学习，并将汉语和法语作为语言类学习课程。但不久后他发现自己对汉语的学习兴趣渐渐超过了法语，"法语和英语在很多地方是非常相像的，而汉语的语音词汇语法却和英语有着很大差别"。这让他觉得汉语的学习过程更有挑战性也更加有趣，于是他索性放弃了法语，主攻汉语并将专业学习方向转向亚洲研究，尽管当时他所在的学院选择法语的人数是选汉语人数的好几倍。"语言是文化的一部分，学习一门语言时不可避免地需要接触它背后蕴含的历史和文化。"于是区吉民在学习汉语的过程中通过学校的课程陆续开始了对中国的历史、政治等方面内容的学习。当放弃了法语，专心地投入他感兴趣的汉语学习之后，他说自己"可以学得很好并且可以得到很好的成绩"。

2007年，还在读大二的时候，区吉民申请到了来中国学习的机会，对于这个去中国的选择，他在澳大利亚的老师宋宪林给了他很特别的建议。宋老师建议他选择一个不那么"大"的城市。宋老师告诉他："如果你想更好地了解中国，最好不要去北京，如果去北京的话，你会和其他外国人待在一起，然后继续使用英语，过着仍然是一个外国人的生活，那离真正的中国是很远的。或许去一些不那么'大'的地方，让自己沉浸在中国文化和语言中，你才能更好地了解中国、走进中国。"区吉民最终听取了老师的建议选择了河北北方学院，来到了张家口市。"所有的一切对我来说都是前所未有的，是非常令人兴奋的。"谈起这段经历时区吉民说他要感谢最初的选择，正因此自己才能有机会去感受中国不那么发达但是很真实的地方生活，也正是这段经历让他与中国农村问题研究建立起了联系。

2007年11月，区吉民来到了中国，因为中澳学期开始时间的差异，区吉民先在徐州自学了一段时间汉语。到了2008年9月学期开始，区吉民搬到张家口，来到河北北方学院，开始跟随学校的课程学习。刚到学校时，区吉民被安排在语言班，因为学习的内容比较简单，学习了一段时间之后，区吉民申请加入普通话授课的班级和中国学生一起上课。

完全沉浸在和中国人一样的课堂中学习，这对当时的区吉民来说是巨大的困难和挑战，但是他说他必须让自己处在一个汉语持续输入的环境中，这也让他意识到，必须提高自己的汉语水平才能跟得上课程，让自己不掉队。于是区吉民开始想办法学习汉语，比如借用工具书、翻译软件来尽力跟上课程，此外，他也努力通过看中国电影、听新闻之类的方式来提高自己的汉语听说水平，一边听，一边试着做笔记，遇到不懂的词就去查字典。这大概是学习语言的一个"笨方法"，他自己说"这个过程很慢也很困难，并且花费的时间是非常多的"。但是通过这样的坚持，他的汉语水平有了很大进步，专业知识也学到了很多。

在中国生活得久了，语言上的障碍和生活方面的不适应渐渐得以克服，区吉民说自己可以"慢热"地交到朋友，比如留学生们、中国的老师和同学，"只要保持真诚和沟通的欲望"。生活中还有一些意外的际遇帮他融入这里，比如他提到自己在去游泳的时候，因为一次偶然的机会认识了一个中国人，这个中国人是当地职业学院的老师，他们互相留了联系方式。虽然这位朋友是学理工科的，但是区吉民和他非常合得来，他们经常一起吃饭一起游泳，一起聊很多有趣的事情，区吉民说自己在和他用汉语交谈的过程中也练习了自己的口语和听力。

随着对中国了解的不断深入，区吉民对中国的兴趣也变得越来越浓厚："越了解这个地方，就会越想离它近一点。"从中国结束学习回到澳大利亚之后，区吉民就读的大学——阿德莱德大学——的孔子学院正在招募一个了解中国、会说汉语的志愿者，区吉民想借此学习和巩固自己的汉语，并且也希望可以参加孔子学院的一些活动，于是报名做了志愿者，帮助学生学习汉语、举办文化活动之类的工作让他乐在其中。而在做志愿者期间区吉民的生活发生了一点改变——他认识了现在的妻子。

# 二、结缘乡村调查

区吉民对中国乡村问题的研究兴趣缘起于在张家口学习期间。在那里，他偶然认识了很多在矿业公司工作的澳大利亚人，他们主要做的工作是对蔡家营的铅锌矿进行地质勘探和开发。他们邀请区吉民去那里参观，于是区吉民跟着矿业公司的负责人一起去了蔡家营，并且参观了矿区。他很激动地说起自己当时在那里第一次看到中国农民用小驴拉着车，一切都令他感到非常新奇，他说自己从未见到过这样不靠发动机而完全靠动物拉着走的小车，这让他感到很兴奋，并且"很想去走近这样一些人，去了解他们的生活"。

这次意外访问激发了区吉民的论文撰写灵感，一方面他想深入观察这些人的生活，另一方面他注意到，由于矿业公司的到来，蔡家营当地居民的生活条件得到了很大改善，他们的观念发生了改变，并且渐渐离开家乡搬去了城市生活，于是区吉民开始对这些变化产生研究兴趣。他说自己虽然在澳大利亚也经历过农村生活，但是中国农村的状况和他在澳大利亚时生活过的农村完全不一样，他的研究要做的是"审视世界另一端一个大国的乡村发展，而这个发展是和跨国公司有关的、是和经济全球化有关的，甚至可以说是和我自己有关的，而在审视中国农村发展的同时好像我对我家乡的乡村发展模式也有了更加深刻的理解"。

区吉民的系统化研究是在 2012 年 4 月开始的，他回国、本科毕业后开始筹划荣誉学士学位的申请，这让他想到了曾给自己留下深刻印象的村庄，于是区吉民带领团队自费回到了蔡家营。他们在村里和当地的一户人家一起住了一段时间以进行调研，村里人很热心地为研究团队提供了食物和住处，后来团队又考察了这家设在当地的矿业公司。而正是这则案例研究使得区吉民以一等荣誉的成果最终获得了阿德莱德大学亚洲研究专业的荣誉学士学位。

区吉民拿到学士学位之后，想在中国找一个专业对口的工作。他当时的女朋友也是现在的妻子希望他能和她一起回中国生活，但是区吉民说以自己当时的情况可能很难找到合适且满意的工作，所以他们最后讨论决定，继续深造获取更高的学历，这样或许就能够拥有更多的选择。在澳大利亚获得荣誉学士学位之后可以直接申请攻读博士学位，于是区吉民开始了攻读博士学位的旅程。当然，能够了解到"新汉学计划"项目则是通过妻子的介绍。

## 三、参加"新汉学计划"，关注生态文明

申请"新汉学计划"项目成功之后，区吉民来到了中国人民大学农业与农村发展学院，跟随著名经济学家、"三农"问题专家温铁军教授学习。他最开始申请攻读博士时的研究计划是来到中国继续深入做农村调查方面的研究，这也和他荣誉学士论文所做的经济全球化对中国农村的影响的研究是重点一致的，但是他研究的村庄也就是蔡家营后来发生了很多变动，已经无法再支持他继续进行深入的调查研究，于是他不得不寻找新的切入点，更换研究方向。

"对生态文明相关内容的研究兴趣最开始是因为受到了中国当时发展的大环境影响，当时许多新出台的政策都很重视生态文明建设，走在街上也会有许多相关的宣传海报。"在平时的阅读和学习过程中，区吉民发现，将环境问题界定为道德问题是中国解决环境危机的一种独特方法，并且这种方法当时还没有被英语国家广泛使用，"生态文明"的概念引起了他的兴趣，于是他开始深入探索相关方面的内容。"这

个过程很有趣并且是非常有价值的，"区
吉民说，"因为中国工业化的发展是全世
界有目共睹的，或许数以亿计的中国公
民已经摆脱了贫困，享有了城市的物质
生活水平，但是环境退化的问题也是一
个潜在的巨大威胁，中国政府将生态文
明的概念引入官方话语，这或许和许多
国家相似。"但是区吉民觉得，中国作为
一个人口大国，其做法一定有独特之处，

2016 年 10 月，区吉民在中国人民大学
读书查阅资料

他有这种直觉。因此，区吉民开始把研究的焦点转向生态文明的概念、起源及发展
情况，他认为强调这一概念的重要性，不仅仅对中国而言很重要，也会对全球的环
境发展带来普遍的影响。"生态文明和乡村问题两者的研究之间并不冲突，农业农
村的发展必须讲可持续发展，生态文明和乡村振兴必须要紧密结合在一起，才能实
现高质量的发展模式。"研究生态文明的过程也让他联想到自己在澳大利亚成长和
生活的经历，或许可以针对中国的生态文明发展和澳大利亚的情况展开对比研究，
以期总结出可以互相借鉴的发展模式。当然，他也强调说："研究兴趣一定是最大
的内驱力，当我们选择做一个课题研究的时候，这个项目可能会持续三四年或者长
达五年之久，因此有足够的兴趣才能支撑着我们做下去。"

在中国人民大学学习期间，区吉民几乎是彻底改变了原有的专业方向，他必须
开始深入学习一些对他来说全新的、之前从未了解和关注过的内容，而作为一个外
国人去研究中国问题的过程也是非常困难的，他需要学习和理解中国政策、历史和
国情等方方面面的内容。他举了一个例子："如果写一篇六千字的论文，我或许需
要掌握八万字甚至更多的文献才能有效输出这部分内容。一门学科研究得越深入，
就会发现可以深入挖掘的东西越多并且难度越大。"面对这样的困难，区吉民说自
己非常感谢导师温铁军教授。温教授帮助他去理解了许多内容，比如在阅读和梳理
关于中国农村改革和乡村重建运动的内容时，他通过和温教授探讨才更好地明白了
其中的独到之处。此外，区吉民还经常参加温教授开设的与"三农"问题以及乡村
振兴相关的课程和讲座，这些内容帮助他学习和了解了中国近代的政治、经济等各
方面的发展情况。区吉民说，温教授在经济史、"三农"问题等相关方面的研究给

予了他很多指导和启发，为他之后的乡村研究调查奠定了深厚的理论基础。

　　访谈中，区吉民还具体提到了温教授的著作《八次危机》。书中介绍了新中国的周期性经济危机并总结了中国发展的经验和教训，其中温教授提到一个很重要的观点，就是中国一直存在着城乡二元体制，使得产业资本在融合的过程中一直在经历由城市到农村的成本转移，这种转移使得现有体制得以维持，但是也消耗了大量的资源，造成了严重的环境问题，因此温教授主张发展生态农业以维持乡土社会内部化。区吉民说，温教授的观点让他收获颇多，也使得他对中国的政治经济发展史、中国当下乡村社会的发展情况有了更全面和深入的理解。此外，温教授还经常带区吉民参观他的生态化有机农业实验基地，这让区吉民深切认识到实地考察和实践的重要性，"把脚踩在中国大地上"去做研究，这是导师传递给他的理念，也是一个乡村问题研究者或者说任何一门学科研究者应有的基本态度。区吉民说，温教授对中国乡村的社会资源和农村力量的阐释以及他作为学者的治学品格让自己受益匪浅，自己也更加深刻地认识到，乡村生态文明的发展和建设离不开许多人的付出和努力，这其中蕴含的内容是非常多的，自己可以展开的研究和考察也是无穷无尽的。

　　此外，触及中国政治政策问题的研究一定离不开马克思主义理论体系，温铁军教授也非常强调科学研究中运用马克思主义政治经济学理论的重要性。区吉民说，虽然马克思主义理论在澳大利亚不是那么受重视，但是为了更好地了解中国的发展和政策，他阅读和学习了大

区吉民和 Jonh B. Cobb Jr. 教授合影

量文献去理解相关的理论体系，比如大卫·哈维（David Harvey）的《跟大卫·哈维读〈资本论〉》等著作。此外，对区吉民影响比较大的学者还有著名哲学家、生态经济学家小约翰·柯布（John B. Cobb Jr.），柯布是西方社会最早提出"绿色GDP"理念的学者之一，他从"过程—关系"的视角讨论关于人类及其生活的世

界，最先将过程哲学（process philosophy）带到了东方，他的思想也给了区吉民很大启发。来到中国后，通过大量的阅读、学习和研究，区吉民逐渐建构起了自己的马克思主义理论知识体系。

区吉民所在的研究领域属于跨学科研究，他在研究考察时往往需要超越以往分门别类的研究方式，从多角度、多领域实现对问题的整合性研究，而这个庞大知识体系的建立需要付出很多努力，但是区吉民说，他需要感谢他在中国人民大学学习时认识的很多老师和同学，很多研究是他们共同合作完成的。比如，2015 年区吉民参与撰写的《乡村治理与国家安全的相关问题研究》在《国家行政学院学报》上发表，其中运用了新经济社会学的理论视角，对乡村治理结构、农村政策思想进行了分析。区吉民说，他自己很高兴并且非常荣幸能够参与这样的研究，这个过程里他和董筱丹老师、温铁军教授还有自己的同学会一起做大量的阅读和思考并且讨论某个观点，这个过程是非常有意义的，这也为自己奠定了坚实的文献理论基础。有了理论基础，才能更好地指导他实地开展田野调查，"将文献理论材料与田野考察相结合才能真正关注到政策下的平民的日常生活世界，从而做出有意义的研究成果"。承袭着温铁军教授"把脚踩在中国大地上"的研究传统，区吉民同样注重研究的共时、历时考察。

在中国学习期间，除了开展乡村调查、跟随导师温铁军教授学习和研究，区吉民还参加了许多学术会议，如 2016 年的 FASIC 国际学术研讨会、中国道路国际研讨会等，每次学术会议上都会有人分享自己的学术观点、宣读自己的学术论文，区吉民说"这是一个学术争鸣的时刻"。通过这些会议，他接触到新的话题和研究，也开拓了研究的思路。他说，许多的学术会议让他在产出内容与得到反馈的同时也认识了很多在相关领域研究很深入的学者，和他们的交流让区吉民对自己的研究产生了新的想法和观点。区吉民提到了曾给他很多帮助和启发的何慧丽教授。何教授和温教授关注的问题很相似，他们都是"三农"问题研究者、新农村建设的实践者。何教授目前供职于中国农业大学，力倡"用行动作学问"，她曾邀请区吉民去河南三门峡参观她的研究项目——弘农书院，这后来成为区吉民研究的一个很重要的实例。区吉民还特别提到了让他印象深刻的 2016 年 9 月在武汉参加的东湖论坛，当时区吉民发表了题为"Understanding Ecological Civilisation"（《认识生态文明》）的会议报告，他说那次会议有来自世界各地的青年博士，有很多很厉害的人物，他

区吉民——人生到处知何似

们针对许多热点研究领域展开了交流和探讨。

# 四、深入乡村调查研究实践

区吉民的研究非常注重理论和实践的结合，因此他需要做大量的田野调查。在中国学习的机会为他的乡村考察提供了更方便的机会，他无须再组织研究团队专门自费来到中国考察——如果继续以这样耗时耗资的方式开展研究，那他极有可能转变研究方向，现在他以"新汉学计划"中外合作培养博士的身份开展他的调查和研究。不管是和导师一起还是独自开展调研，他都实地考察过中国的许多地方，从内蒙古自治区的乌海市到浙江省的浦江县，从河南三门峡到山东章丘，他的足迹遍布中国土地的大江南北，但是问及去过哪个地方令他印象最深刻时，他的回答是"在中国去过的每个地方都令我印象深刻"。

最开始考察的是张家口市的蔡家营村，这也是他展开的第一次中国农村调查的案例研究，他说，这个地方天气寒冷并且气候非常干燥，他一开始不太理解为什么会有这么多人选择在这个地方居住，尽管生活的自然环境非常艰苦，但是那些人就是认认真真地在那片土地上生活着。还有很多让他觉得很惊奇很震撼的经历，比如：参观温铁军教授发起的生态农场，这是一项在地化的社会科学实验，这让区吉民深切体会到了导师对生态农业发展的期许和规划。他去河南三门峡时参观考察了何慧丽教授的弘农书院，这是乡村文明建设的一个实验项目，何教授和她的团队在一所废弃的小学校园里教授传统文化，比如儒家和道家的经典思想。他们试图将农耕文明和传统的知识分子文化结合，求助于传统并将其作为一种手段来帮助减轻现代社会价值观缺失的困境，这让区吉民深受触动，他相信这是非常有意义的。在浙江省浦江县的调查中令他深受触动的是，之前这个地方在工业化的过程中环境恶化，存在水污染、土壤污染等多种环境问题，当地政府认识到环境的重要性后花了很多年时间自上而下实施了很多政策去改善环境，当地的生态环境发生了很大变化，甚至发展起了生态旅游业。惊叹于这种巨大变迁的同时，他也提到，"这为我们的发展提供了很重要的教训和借鉴，杀鸡取卵、竭泽而渔的发展方式一定是行不通的，与其后面花费更大的代价去修复环境，不如从一开始就走可持续的发展

2014 年，区吉民在浙江省浦江县的村落考察

道路"。区吉民说，他深切体会到中国农村的发展有其特殊性，"中国的每个地方都是不一样的，并且都是非常有趣、令人印象深刻的，他们有属于他们自己的独特故事"。

任何研究都不可能是一帆风顺的，开展乡村调查必须要驻扎在农村，所以也要努力去适应农村并不宽裕的物质生活条件。比如他在河北开展调查时就和当地的农户一起住了一段时间，他说，那是他人生中第一次住炕，天气还是零下的温度，他和几个人睡在一张炕上。许多人生活起居在一起会有一些不方便，这对他来说还是会有很多不太习惯的地方。不过在乡村调查的过程中也有很多有趣的事情，比如区吉民去河南开展田野调查的时候去了三门峡市的娘娘山，当时山上还有积雪，特别特别冷，但是他在那里吃到了很好吃的羊肉泡馍，当地的人很热情地拿出他们的白酒还有各种特色食物招待他。"你能够感受到他们的真挚和热情，"他说，"去到很多地方，当地总能有一些善良淳朴的中国农民给予我关怀和关照，我很喜欢乡村调查的一点，就是觉得我能够通过这样的方式离这些农民、离这个占总人口比例很大的群体的生活近一点。"

从 2012 年来到蔡家营开展第一次中国农村调查到 2017 年撰写完成博士论文毕业，接近五年的时间里，区吉民一直关注中国乡村建设的发展，虽然这期间的研究视角从经济转向可持续发展的环境和生态文明。问及他的感受时他试图用一句话去概括这些年的考察，"中国社会实在太大太多样了"。但是区吉民也说，尽管他现

区吉民在进行土地生态考察

在可以用一句很简单的话去概括中国乡村，但是任何研究者想去书写中国的乡村故事、研究中国的乡村社会情况，那这个课题都可以无限研究下去，而他只是在做小范围的一些努力和尝试，这或许也是他理解和感受中国的一种方式。放眼世界，区吉民说："中国有超过三分之一的人口仍然生活在农村地区，在全球人口中也可以占到一定的比重，这些人的生活和命运也是和我们每个人都息息相关的，因此关注农村的发展、探索更深层次的发展问题是非常必要的。"区吉民说他也感到很幸运，自己有机会能够去做一些研究，去走进中国的农村，也通过这样的方式去了解了这个复杂且多元的中国，"如果来到中国只看到城市的发展，那一定会错失很多故事"。

当谈及中国生态文明的发展和其他国家的情况有什么不同时，区吉民说，中国传统文化中自古就强调尊重自然、保护环境，世界上肯定也有很多国家像中国一样关注到了环境问题，但是把环境问题上升到道德层面上的约束，这是一种很独特也很有效的做法，他希望其他国家能借鉴这样的做法。比如澳大利亚的前总理陆克文（凯文·迈克尔·拉德，Kevin Michael Rudd）也提到过环境问题是一个很大的道德挑战，但是很可惜的是这种观点并没有在政策上得到落实；而在中国，人们不仅切实感受到了环境问题中的道德问题，还逐步实现了从行动层面去改善环境质量。

# 五、结缘翻译工作

在中国学习和研究之余，区吉民也曾在中共中央编译局、中国政策网、中国人民大学国际文化交流中心等单位做过翻译和编辑工作，这些时间或长或短的经历也为他理解当下中国的政策和开展研究提供了很大的帮助。虽然都属于兼职类型的，但这些工作对他来说却也是非常有挑战性的，语言的障碍是一方面，更重要的是他需要更具体地去研读一些政策性信息、资料和文件。但区吉民也说他自己很喜欢翻译这类工作，他觉得"翻译的过程像是在解一个又一个的谜题，两种语言之间在文化方面存在的巨大差异，需要翻译这个中介去进行弥补重构。有时候翻译就像是在制作一件精美的工艺品，你需要非常了解它并且不断地打磨它，这样才能使得它解码过来的内容最贴近原文所要表达的"。

区吉民在中央编译局工作时赴兰州市政府开展访谈

在这些短期或者说兼职的工作中，他对政策方面的内容做了非常多的研读和学习，翻译了大量政策性文件和资料，这个过程虽然并不是很有趣并且对他来说存在相当大的困难，但是对他博士学位的攻读起到了很大的作用。区吉民说，在翻译的过程中他不仅学到了多方面的知识，更加了解了中国的政策和措施，也"收获了很多工作的经验和智慧，提高了中文水平"。

专业翻译和日常会话的理解还是有很大不同的，这对没有系统接受过汉语专业学历教育的区吉民来说确实是一项比较难的任务，他也提到，如果是中译英他可以很好地完成，但是英译汉的过程中他需要去借助多方面的帮助。比如为了使他的论文和会议报告更好地被人理解，他会使用中英双语版本，他通常会把他的论文先进行基础翻译，然后找他的妻子帮他在语法、词汇等方面进行修改，使之更加符合汉语母语者的表达，之后他再通过不断地练习去完成这个报告。整个过程的时间投入是非常大的，但他说翻译是他进步必须要掌握的一个基础技能，他必须要花时间去完成。语言学习是一个关乎时间和精力投入的问题，"如果愿意花时间去做的话，也是可以完成得很好的"。

## 六、回看"新汉学计划"

区吉民现在在奥尔布赖特石桥集团担任分析师，尽管没有继续从事科研工作，但是他说自己"更喜欢跟随生活带来的机遇往前走"。或许在很多人看来区吉民目前所从事的工作内容不如留在高校做研究工作更加契合他的所学，但是这或许更加符合他喜欢挑战的性格，对中澳两种文化的深刻理解也使得他从事分析师这个职业有天然的优势。

回看"新汉学计划"项目，区吉民说，自己真的很感谢这个项目能够带给他在中国学习的机会，这个项目所提供的奖学金支持也给了他足够的时间和信心开展研究。正是因为"新汉学计划"，他不再是以外国人的身份去考察和研究，而是以新的身份——中国大学参与培养的博士生去接触中国的乡土社会，这给他的研究带来了很大的便利；同时，专业知识方面，自己通过跟着温教授这样很厉害的人物一起学习，对中国社会发展有了更加深刻的认识；而无论是项目组织的还是自己独立开展的到外地交流学习和田野调查，都为他更好地了解中国乡村社会打下了坚实的基础；课余从事的翻译工作则让他更加了解了中国的政治和政策；而"最值得高兴的是顺利完成了学业，进入人生的新阶段"。

此外，生活居住在中国，他也和许多人建立起了深厚的友谊。"除了非常尊敬的导师温铁军教授，还有像何慧丽老师、董筱丹老师、张靖老师等一些很好的人"，他们给过他无数帮助和启发；他去中国的很多乡村开展研究，也认识了很多很多当地的老百姓,"你能被这些人的朴实和善良打动";在学校学习和生活也有来自各个国家的留学生朋友,区吉民会和他们一起吃饭一起交流,分享彼此所做的一些研究,比如他提到的同门 Ibrahima Niang,来自塞内加尔达喀尔大学(Université Cheikh Anta Diop de Dakar),也是"新汉学计划"中外合作培养博士项目的学生,他的官方语言是法语,因此他们"两个都不是汉语母语者却经常用中文交流,这是一件非常有趣且奇妙的事"。区吉民慢慢地感受到,和中国有关的一切不再是停留在书面上的一些抽象的概念和图像,而是可以通过日常的学习和生活去实际体验和感受的具体所在,他说:"我真的从这个项目中获得了很多成长和帮助,我现在的工作、我在中国的每一天都受到'新汉学计划'项目的影响,可以说这个项目改变了我的命运。"

区吉民说及这个项目时几次强调,他非常感谢项目给他提供的了解中国、走进中国的机会以及奖学金的支持,并且"它也为很多像我一样很想到中国学习、对中国感兴趣的人提供了学习途径,比如考古、建筑等各个专业和方向的人都可以通过这个项目到中国学习。我真诚地希望这个项目能够持续下去并且惠及更多真正想要到中国学习和研究的人,这对那些参与其中的人是非常有意义的"。他也希望世界上有更多的国家可以接纳这个项目,让更多的人有机会参与其中:"衷心地希望'新汉学计划'能够让更多真正喜欢中国文化、渴望了解中国的人有机会到中国学习,实现这个项目的作用和价值。"

提及未来生态文明的发展时,区吉民说,虽然目前因为工作的原因自己对生态文明发展的关注比起在学校时少了很多,但是自己仍能够深切体会到当下中国为环境治理做出的努力,中国提出的环境保护理念正在逐步变得清晰,相关的政策法规也在不断完善,比如中国制定出 2030 年前实现碳达峰、2060 年前实现碳中和的行动方案,通过不断优化产业结构和能源结构,使发展建立在高效利用资源、严格保护生态环境、有效控制温室气体排放的基础之上。"当下中国在许多方面都显示出了走向生态文明的决心。或许目前中国许多政策在很多人看来还有不完美之处,但是这样的进步已经领先许多国家一大步了。生态文明正在逐渐从一个模糊的起源发展成为一个国际运动,这是全人类都应该密切关注的事,它和当下我们每个人的生活乃至未来人类的生存环境息息相关。"

## 后记

通过此次采访区吉民博士，我才意识到"新汉学计划"中"新"的内涵：相较于传统意义上的文学、历史等内容，政治、经济与社会等各领域的研究都可以进入汉学研究的视野。而"新汉学计划"项目的开展真正为那些想要从事与中国相关内容研究的海外博士打通了一条路径，就如区吉民博士一样，如果继续攻读博士学位没有这个项目的支持，或许他的学术研究之路就需要转变方向，选择更为经济快捷的方式，当然也就无法如此广泛深入地走进中国、走进中国的乡土社会开展具有自己风格的研究。

此外，与国内研究者完全不同的海外学习和生活的经历使得这些参加合作培养的博士有着极其敏锐的跨文化视角，他们来到中国，与国内导师和青年学者进行交流与碰撞，不仅可以带来独特的研究方法及视角，也对提升整个学科的研究水平有着很大的促进作用。当然，也正如区吉民博士所说，开放、稳定、包容的国际环境和文化态度是各方资源有效合作利用的保证。

区吉民博士真实而丰富的人生履历让我想起宋代词人苏轼在《和子由渑池怀旧》里所写到的那句："人生到处知何似，应似飞鸿踏雪泥。"我将前半句作为本次采访的题目，一方面出于我们的访谈对象四处奔波体验的人生经历，另一方面是我觉得区吉民博士本人也显示出苏东坡一般的乐观，不管是乡村调查还是生态文明研究，仿佛都呈现出了一种"严谨而诚恳，执着而豁达"。

# 寄语我的外籍学生

◎ 温铁军

　　我曾在一篇随笔中写到，自 1992 年我对苏东七国的实地调研以后，"普通中国人必须在内心维护的良知，使我无法再跟着西化精英们的主张去追随激进发展主义，也使我把研究视角更多转向发展中国家"。因此，我给同学们分享的知识，除了规定的教科书内容，主要来自对世界发展中国家的比较研究和对本国乡村基层的调查研究，来自中国学术界数千年来被文字记载和传承的研究积累，也来自宏微观研究相结合等跨学科的视野集成和思维碰撞。当今世界正面临前所未有之大变局，希望你们无论在哪里，都记得我们关于认识论的观点，远离意识形态化的激进的概念争论，继续保持理论联系实际的作风，保持对乡野农村小驴拉车和羊肉泡馍的敏感和好奇，保持从社会大众的传统智慧和创新经验汲取营养的热情，将在地化的文化建设、社会合作、生态保护作为促进人类可持续发展的重要基础性工作。

## 导师简介

　　温铁军，"三农"问题专家，中国人民大学教授，中国人民大学农业与农村发展学院原院长。研究领域：国情与增长、制度变迁、乡村治理与乡村建设、农村财政金融税费体制改革等。主要著作：《解读苏南》《中国农村基本经济制度研究》《"三农"问题与制度变迁》《八次危机：中国的真实经验 1949—2009》《去依附：中国化解第一次经济危机的真实经验 1949—1952》（合著）等。

区吉民——人生到处知何似

## 希氏红绒

# 我的汉语情缘

**访谈人**：林智，中国人民大学文学院汉语言文字学专业 2020 级博士研究生

**访谈时间**：2021 年 2 月 22 日、2021 年 5 月 20 日

**访谈方式**：视频连线、语音记录

## 被访人简介

    **希氏红绒**（Hy Thi Hong Nhung），越南人，现任越南河内师范大学（Hanoi National University of Education）中文系讲师。研究方向为：汉语语法、中文教学、语言学及应用语言学。2008 年于越南河内国家大学（Vietnam National University, Hanoi）下属外国语大学（University of Languages and International Studies）中国语言文化专业本科毕业。2011 年于华东师范大学汉语言文字学专业硕士毕业。2018 年于华东师范大学对外汉语学院博士毕业。主要学术著作包括：《汉语和越南语形容词的体》（河内国家大学出版社，2015）、《浅析汉越词对越南汉语学习者听力和阅读的影响》（河内国家大学出版社，2017）、《汉语和越南语偏正名词性结构的认知基础》（财政出版社，2019）。

　　1986年，希氏红绒出生于越南河内，她从本科起便学习、研究中文，在中国获得其硕士、博士学位，目前已回越南河内高校任教。越南作为中国的重要邻国之一，从古到今都深受中国文化影响。中国的语言文化以及两国的友好往来，是如何打动一名小女孩，又是如何在她成长过程中不断加以熏陶，进而影响其学业规划、塑造其人生轨迹的，这是我们着力探索的目标。另外，国人有时已对汉语的特征和美感习焉不察，能从一名喜爱汉语的外国人眼里重新认识汉语，赏玩其韵味，或许对本书的中国读者来说也是一次特别的体验。此权当是出身汉语史专业的采访人的一点点私心吧。

# 一、结缘汉语

　　作为中国的近邻，越南同样从20世纪80年代开始经历经济的迅速发展。希氏红绒——之后我们便尊重受访者的意愿直接称呼她为"小希"吧——便是在那个时代出生于越南河内西湖区的一个名叫富家村的地方。虽然经济蓬勃发展，但富家村至今依然保留着许多古色古香的建筑，那些寺院、城隍庙上悬挂着白底黑字的牌匾门联，饱经岁月的洗礼，上面的文字却依旧清晰可辨。这些富有平衡性、对称感的线条是多么优雅、美观啊！小希被这些方块字的形态美深深地吸引了。

　　"这是汉喃①。"大人们告诉她。

　　于是她才知道，原来世界上并不仅仅只有越南一个国家，文字也不仅仅只有拉丁字母。可那上面的字是什么意思？所有的大人们都只好为难地笑了，即便是村里德高望重的老人也讲不清楚。这是小希对汉字最早的印象。

　　"等你长大以后来告诉我们吧！"大人们这样嘱咐她。

---

　　① 即汉字和喃字（字喃）。喃字是越南人为了书写越南语而借用的汉字和仿照汉字形式创造的文字。

好奇与希望的种子便这样埋在了小希年幼的心里。当时她没有想到，许多年以后，自己竟和中文结下如此深厚的缘分。如今，种子已生根发芽，不仅引领小希成为一名优秀的汉语教师，还将她带回到富家村的这个起点。

待小希稍微长大些，到了 90 年代，伴随着中越之间更为密切、友好的往来，中国的电视剧也被大量引进越南，出现在千家万户的电视屏幕里，比如根据四大名著改编的影视剧、《还珠格格》等。中国人耳熟能详的经典歌曲同样飘扬在越南的大街小巷，成为中越两国对 90 年代的共同回忆。在小希 6 岁那年，家里终于购入了一台黑白电视机。从那时开始，收看中国电视剧便成为全家重要的娱乐活动之一。剧中插曲广为流传，虽然听不懂它们的含义，但悠扬动人的曲调、抑扬顿挫的发音，都深深地打动了她：汉语是多么好听啊。

中文的魅力从小便在小希心中烙下了深刻的印记，等到她考上了大学——越南河内国家大学下属外国语大学时，她毫不犹豫地选择了中国语言文化系。在这里，她终于得以进行梦寐以求的专业中文训练。

在越南的中文系，本科初级阶段的课程设置主要是以打下语言基础、培养学生语言技能为目的，课程相对简单。到了第三年，学生们有了一定的语言基础，便可以进行自由阅读了。小希阅读的第一部完整的中文作品是巴金的一部小说，随后她又读了《红楼梦》，对于这部中国经典文学作品，即便是中国人，也未必能准确理解其中深意，而越南的中国语言文化系学生们面对里面的诗词、文言表达等晦涩的文字，理解起来更是难上加难。得益于本科初级阶段老师们的严格要求，加之所用教材又是由越南学者编写，更符合越南学生的需求，在上完两个学期的古代汉语课后，小希已有了扎实的文言文基础，读通《红楼梦》不在话下。本科的最后阶段，系里开设了汉语语法、汉语教学法、中国文学三门课程，学生们可以从这三个主题中选择其一，完成毕业论文。小希出于对文学的热爱，选定论文方向为中国文学，题目是《试谈沈从文的〈边城〉》。在论文中，小希对沈从文这篇作品做了一个简单介绍，并加以分析，包括怎样理解这篇作品、有哪些情节使读者印象深刻、如何评价作家的叙述方式等。

对小希中文专业的同学来说，中国是最理想的留学国家。中国是一个历史悠久、文化灿烂的文明古国；近年来，又不断在政治、经济、科技、文化等方面取得有目共睹的重大进步。这些都让他们心向往之，小希亦然。读书期间，她一直在寻找能来中国的机会，而这个机会在她大四的时候终于来了。

# 二、来华求学

当时华东师范大学提供了两个研究生奖学金名额，大家都跃跃欲试。为选拔优异学子，中文系举办了一次考试，那次小希发挥得非常好，得了第一名，顺利地拿到了上海政府资助的奖学金。2008 年本科毕业后，在亲友师长的支持下，小希来到上海华东师范大学中文系汉语言文字学专业攻读硕士学位。

初到上海的情形，小希至今历历在目。当时还没有河内飞上海的直达航班，小希先坐车到南宁，然后再从南宁飞上海。作为国际性大都市的上海，其炫目的街景、快节奏的生活，都令小希叹为观止，初来便印象深刻，很快她就跟着大家一起管上海叫"魔都"。当被问及对于来到中国后的生活是否有失望的地方时，小希坚定而自信地回答："没有什么地方是让我失望的，我当初的选择是正确的。"

身着越南传统服饰奥黛的小希在华东师大校园里（2010 年摄）

2011 年，小希顺利研究生毕业，她的毕业论文被答辩委员会评为该年度中文系语言学方向唯一一篇优秀硕士学位论文，并被推荐参加上海市优秀百篇硕士论文评奖。毕业时，小希也考虑过继续读博，不过小希的父母希望女儿先回国找一份工作，以后再寻求深造的机会。小希听从了父母的建议，在越南河内师范大学中文系找了一份教职。由此，小希接触到了中文教学，但硕士毕业的她经验、能力都很有限，经常处于身心俱疲的状态。就这样工作了三年，其间她一直思念着远在上海的老师、同学，还有母校华东师大。此外，河内师范大学要求教员们在 40 岁以前拥有博士学位，不限地区。在内外因素的推动下，小希终于决心回到母校继续深造。

然而，读博仍然多有困难。读博需要的开销不小，而且小希离开母校三年，对海外学生申请博士学位的流程并不了解。这时，她想到了向华东师大国际交流处主任黄美旭老师求助。她当即给老师发了邮件，表达了她对母校的思念以及想回去读博的热切愿望，希望黄老师可以给她提一些意见和建议。黄老师很快回了信，告知小希有一个"新汉学计划"正契合她的需求，可以尝试申请："这个项目资助力度大，研究经费充沛，特别适合像你这样喜欢学术、致力于汉学研究的同学来申请。"得到了黄老师的鼓励与指导，小希不由得满心欢喜，立刻着手进行准备。

小希联系了曾经的老师，听闻小希的打算后，他们纷纷表示支持。小希的硕士导师韩蕾老师，还有本科时期中文系系主任阮黄英（Nguyen Hoang Anh）老师为她写了推荐信。一切井然有序地进行着，直到通过"新汉学计划"的面试、拿到奖学金资格后，小希才告诉父母这一消息。小希当时已经 28 岁了，父母不舍女儿再次离开身边，更希望她可以留在越南继续工作，结婚生子。小希分析现状，认真地向父母解释道：读博只需要三到四年，并不算很久，如果这个时候不去的话，之后可能要遇到更多的困难。最终他们选择了尊重和支持小希的决定。小希很理解父母的心情与顾虑，因此更加感激父母的支持。

"新汉学计划"于 2013 年正式实施，小希在 2014 年申请，是"新汉学计划"资助的第二批学生。有了"新汉学计划"的帮助，2014 年 9 月，小希顺利地回到了她心心念念的华东师大。

回到母校的第一感觉是亲切：蔽日的梧桐树依旧、欢闹的操场依旧、有序的学生公寓依旧，仿佛又回到了往日时光。不过，上海以及学校生活还是发生了很大的变化。很多朋友、老师都安装了微信，网购也日益发达。以前小希所熟悉的货到付款的方

重返母校的小希于图书馆草坪前（2014 年摄）

式，现在也发生了很多的变化，大家甚至不用现金了，需要付款时，只要拿手机出来扫一下就可以了。小希还安装了打车的 APP，出行变得方便、快捷。小希觉得很多外国同学应该都会发出这样的感叹：中国的发展真的非常快；这些日新月异的技术，将推着全社会乃至全世界都与时俱进。

# 三、砥砺深造

在读博期间，小希如愿收获了更为精深的知识，也得到了更为专业的历练。她勤奋地阅读诸多作品论著，吸收各种理论知识，其中她最服膺的是金立鑫、刘丹青、陆丙甫、陆俭明等几位老师的研究；而本学院的徐子亮、叶军、张建民、陈勤建等几位老师，也都给她提供了很多帮助。这些点点滴滴的细节，小希都铭记在心。

在读博期间，对小希启发最多、帮助最大、影响最深的，莫过于她的博士导师吴勇毅教授。吴老师十分关心学生的专业学习。当时吴老师要求，每完成一门课的学习，学生都要上交一份作业。小希一直听闻吴老师对学生的要求很高，所以第一次向老师交论文的时候，她十分紧张。然而，吴老师严肃认真而不失亲切和蔼的态度，打消了她的紧张和顾虑。吴老师给论文提出了很多指导和修改意见，他负责的态度令小希感动不已。小希当时提交的两份作业，后来都在越南发表，这无疑是由于老师的严格要求和指导保证了论文的高质量。

在博士论文撰写过程中，吴老师同样给了她极大帮助。不管是论文的选题、写作，还是最后的定稿，吴老师都给予了严谨的指导。小希记得，当她把论文初稿提交给老师后，老师读得非常仔细，论文思路、篇章结构、每一章的写法，老师都会给出改进意见。甚至连标点符号，老师都会做上标记："这里标点用错了，应该用×××。"任何一个细微的错误都难逃老师的法眼。吴老师认真的治学态度，深深地影响了小希。

吴老师桃李兴盛，每一届大概有三个博士生、三到四个硕士生，总的算来师门（在读的）应该有二十多人。他对每一个学生的论文和作业，都修改得非常仔细。小希读博的时候，吴老师是华东师大对外汉语学院的院长，有很多行政工作需要处理，但他每一件工作、每一件事务都处理得非常认真。处理行政事务之余，吴老师尽力腾出了大量时间，把它们花在学生身上。小希每一次去吴老师办公室，都能看到吴老师在修改学生的论文。"所以吴老师一直是，也永远都是我们所有学生学习的榜样。"小希动容地说。

师门有一个微信群，名字就叫"老吴桃李芬芳"，从吴老师开始带学生到现在，应该有八十多个学生了。"吴老师现在年逾六十，他关心每一个学生，待人很慈祥。"小希突然一改怀念的神情，调皮地笑着说，"学生们在背后都管老师叫'吴爸爸'。"师门每年都有两次聚餐，一次是秋天入学以后，另一次是同门毕业前几天的谢师宴。这样的聚会，对拉近师生之间的感情起了很大作用。小希记得，她第一次见到导师时万分紧张，但是到了第一学期结束，就十分放松自然了。

师门也常举办研讨会。第一年课程比较多，所以大多数时候，都利用上课的机会进行讨论。上课的时候，老师也会推荐一些书目，有一周的时间可以阅读、做准备，然后在课堂上一起讨论。第二年以后，因为不上老师的课了，所以每一两周就会有一次讨论会，主要讨论已经发表的期刊文章以及同门同学的文章。不仅如此，因为师门里有很多来自世界各地的同学，大家又都是语言学专业，所以老师会安排这些同学做关于自己母语的介绍，通过对比母语和汉语之间的差异，加深对中文的理解和学习。

这些来自异域他国的同学，也极大地帮助了小希的学习研究。她与同窗好友——来自埃及的小莫，结下了深刻的友谊。小希自认是个比较内向、不善言辞的女生，甚至有时候十分孤僻，也不想结交朋友。小莫以她善解人意的温柔、乐于助人的热情，渐渐打开了小希的心扉。在枯坐书斋、埋首文献的日子里，幸得小莫的陪伴，再枯燥的文献，有了同伴间的交流讨论，也变得趣味横生起来。在回国后的教学中，小希经常与小莫讨论应该如何教授学生某个语法点，而小莫的回复总是那么认真细致、面面俱到。小希、小莫，这两个原本相隔万里的女孩，因为学习汉语而相识，因为热爱汉语而让彼此的心紧紧相连。

在和同门聊天时，小希经常有意识地询问对方语言里的相关现象，比如，某一个语言结构，在韩语里应该怎么说，而在泰语里又应该怎么说，然后也请对方给她介绍相关书籍。她的毕业论文里运用了语言类型学的材料，包括日语、韩语等语料。当时做这些语料，正是得益于有相应母语背景的同门，收集语料比较方便。具体来说，她是在与其他国家的同学的聊天中了解某一个语言现象怎么说，然后再去专业文献里查找用例。

小希还追忆了毕业前几天吴老师最后请师门同学吃饭的情景。大家一起享受美食、拍照、分享读书时的苦乐和学习经验、探讨毕业后的人生规划。和老师告别的时候，不知怎的，她的眼泪就掉了出来。没想到四年时间如此短暂，对她影响最大的是吴老师，对她帮助最多的也是吴老师。一想到要离开亦师亦父的老师、可亲可爱的同学，小希便无语凝噎，道别的话又怎么说出口呢？

回顾硕士与博士生活的异同，小希总结说，读硕士是在科研领域开始进行探索，是学术研究的起点，因此更依赖老师的指导和帮助；而博士阶段要求进行更为深入的学术研究，除了老师的帮助以外，更多的是需要自己的努力。

小希感慨道："'新汉学计划'对我帮助特别大，可以说是使我获益无穷。如果没有申请到这个项目的奖学金，我也无法来到中国继续深造，攻读博士学位。""新汉学计划"在研究经费上给予了大力支持，为研究提供了诸多有利条件。小希在读博时参加了很多研讨会，是由导师推荐、规格比较高的会议，举办地点有中国的湖南、香港以及日本的神户等。博士论文里有一章节论及对于汉语和越南语的名词结构的认知，为此，小希特意回国做了田野调查，还去了很多越南的图书馆、档案馆查找资料。以上这些学术经历，乃至最后博士论文的完成，都得益于"新汉学计划"给了她充足的研究经费，这样才能让她把更多的时间和精力投入学习当中去。

"新汉学计划"还为留学生举办了很多学术和社会实践活动，注重将学术研讨和文化体验相结合。小希在读博时两次前往北京，参加世界汉学大会，还去过一次厦门，参加全球孔子学院大会。另外，"新汉学计划"还策划了很多体验中国文化的活动，都十分有趣，令她印象深刻。"新汉学计划"里她所接触到的各位老师都非常亲切友好，总是耐心、仔细地回复同学们所提出的问题，尽其所能地提供很多帮助。

小希参加了亚太地区国际汉语教学学会第七届年会（2015 年摄于日本神户）

# 四、破茧成蝶

2018 年，小希顺利博士毕业，又回到了原岗位上任教。相比硕士毕业的时候，此时的小希身上发生了天翻地覆的变化。

顺利毕业的小希（2018 年 6 月摄）

硕士毕业回国工作的三年里，因为没有接受过对外汉语研究的理论知识和相应培训，更缺乏二语教学的相关经验，所以她经常困惑于应该如何上课、怎么教学生。小希说："很多时候，有些语言法则在我看来是理所当然的，学生们却觉得很困惑。我之前没有想过这些会成为问题，这些问题明明很容易，可是为什么很难让学生理解、把握呢？后来我反思，这是因为我是站在老师的角度上去看待问题，而不是站在学生的立场上。"

直到博士期间听了吴老师的课以后，小希才渐渐找到了答案。吴老师有丰富的二语教学的知识与经验，是汉语教学和二语习得的专家。在吴老师教授的课程中，小希备受启发："原来我应该这样讲课，而不能那样说；原来学生对某一个语言点是这样理解的……"如果能了解学生的学习过程和心态，很多教学上的问题就迎刃而解了，小希这才恍然大悟。诸如此类的启发，最终成为她博士毕业重返工作岗位后的宝贵财富。

最初，小希习惯每堂课都在黑板上写很多很多汉字，但是学生们没有她这么熟悉汉字，所以阅读速度很慢；她还要求学生们能张口说汉语，可是学生们几乎说不出来一个完整的汉语句子。而等小希博士毕业后再回去上课，就再也不在黑板上写很多字了，而是利用投影仪播放各种图片以及视频等，让学生们能把图像和意义相结合，学习效果果然有了显著的改善。小希也不再要求同学们一下子掌握汉字的形体结构和字义，而是利用图片来加以提示。这样学了生词以后，下次再放相应的图片，学生们一下子就可以说出来了。至于写汉字这个板块，就变成了家庭作业，不要求学生在课堂上立刻掌握，而是回家去慢慢抄写。因为语言本就是用来沟通交流的，所以只要学生们上课时能说出来，她就心满意足，感到由衷的欣慰。

　　对于学生们觉得什么是难的、什么是简单的，小希有了更为清楚的认识。小希补充道："但是学生的情况是各有不同的。在我们系里，老师们经常一起讨论应该怎么教学。总的来说，中文教学还需要进一步摸索。"现在，小希上课已经完全驾轻就熟、游刃有余了。在小希的课堂上，学生们已经可以较快地掌握知识，因此他们不仅喜欢小希来上课，还自然而然地喜欢上了汉语。小希总结说："我非常感谢吴老师，如果没有他传授给我中文教学上的技巧，我现在的工作很可能不会这么顺利。"

回国后的小希（第二排左一）组织越南河内师范大学汉语竞赛（2018 年 12 月摄）

# 五、学术一瞥

这一节我们希望能了解小希的学术研究的概况。不妨先听一下小希是如何总结汉、越语之间的异同的，这也有助于加深我们对小希在中国求学时所做研究的理解。

汉、越语的比较，可以从文字、语音、词汇、语法四个方面来谈。

文字上：汉语使用汉字；越南语则用拉丁字母记录，越南本地称之为"国语字"。但在越南历史上，曾大量借用汉字，并因此创制出喃字。

语音上：汉语和越南语每个音节都有声调，汉语有四个声调，越南语有六个，音节分明。与汉语相比，越南语音节比较多，虽然没有经过具体统计，但越南语音节的数量应该是汉语普通话的三到四倍。

词汇上：越南语有纯越词和从其他语言里借用而来的词汇，后者便包括汉越词。汉越词大概占越南语词汇总量的 60%，是数量最多的。汉越词是汉语对越南语最大的影响，这些词汇是从古代中国传入的。到了近现代，越南语的很多借词则来自法语。

语法上：汉语与越南语最大的共同点就是它们都是孤立语，孤立语即缺乏词的内部形态变化的语言。不同点也比较多，主要体现在语序上。比如说，越南语的指示代词（相当于汉语的"这""那"）放在中心语后面，汉语则放在中心语前面。越南语的修饰成分放在中心语后面，汉语则放在中心语前面，比如越南语说"姑娘漂亮"，相当于汉语说"漂亮姑娘"。时间、空间的表达顺序也有差异，比如汉语说"2020 年 2 月 22 号"，越南语说"22 号 2 月 2020 年"；汉语说"中国上海普陀区"，越南语说"普陀区上海中国"。差异还体现在介词短语与动宾结构的前后关系上，汉语说"我在食堂吃饭"，介词短语在动宾结构之前；越南语说"我吃饭在食堂"，介词短语在动宾结构之后。

在学习汉语的过程中，两门语言的相同点对掌握汉语比较有帮助，而不同点则会产生干扰。还有可能出现的是，有些地方乍看很相似，但是在细节上又会有微小的区别，进而产生干扰。具体说，相同点会起到正迁移的作用，但同样会产生负面影响。作为越南语母语者来学习和研究中文，小希有着非欧美国家学生可比的优势，但也面临着别人可能无法理解的困难。拿语音来说，汉语、越南语都有声调，越南学生就对声调很熟悉，知道是怎么一回事，在发音时就会注重声调，但是对欧美国家的学生而言，声调是一个陌生的概念，他们的发音自然就没有越南学生好。然而，共同点也会带来干扰，这一点尤其体现在词汇上。比如说，汉越词有"博士"这个词，它的意思完全不同于汉语，而是"医生"的意思。语法上也可能存在干扰，比如说刚才提到的介词短语的语序，在刚学汉语的时候，小希有时候也会使用"我吃饭在食堂""我学习在家"这种表达方式。在她现在的教学中，她发现她的学生们也会犯同样的错误。话虽如此，中文教学在理论之外，还有很多技巧需要掌握，而不像总结的异同点这么简单。

现在，让我们回到小希自己的研究上。小希硕士、博士阶段的选题都选择了与数词、量词、名词、形容词相关的语序比较。语法研究是语言学界公认最难的方向。最初选择语法研究，是因为小希的硕士导师是华东师大中文系的韩蕾老师。韩老师当时的研究方向是现代汉语语法，所以学生在做论文时也争取向语法领域靠近。最开始小希也不免觉得语法特别难学，但是经过硕士一年多的课程以及韩老师的指导，她的想法慢慢发生了转变：语法是语言单位的关系，是用词造句的规则，虽然比较难，但是它讲究逻辑法则、具有系统性。语法系统的严密清楚和干净利落，使得小希渐渐喜欢上了语法。读博期间，小希和吴老师商量毕业论文的写作内容，在介绍硕士毕业论文的大致情况之后，吴老师给了她两个方向，一个是可以继续深挖硕士论文的主题，一个是写中文教学方面的题目。小希考虑到自己在中文教学领域的知识储备比较少，硕士期间又对语法感兴趣，相对而言，还是对语法研究更有把握，于是提出想继续深挖硕士论文的课题，吴老师欣然同意。小希在博士论文里解决了硕士论文的遗留问题，切实地感受到了自己的进步，并为此感到由衷的喜悦和自豪。

小希介绍道，目前越南的汉语研究分为两个方面，一个是本体研究，一个是教学运用。而"新汉学计划"在这两个方面都对她产生了影响，尤其是后者。在本体研究上便是指，她的博士论文是语法理论相关的深度研究。在教学运用上，受读博时所参加的大量相关课程的影响，小希的研究领域开始向教学上进行拓展。目前她在越南发表的论文，内容主要与中文教学相关，比如汉语和越南语形容词的体、汉越词对越南学生的听力和阅读的影响、汉语和越南语偏正名词性结构的认知基础等，还有与教材对比相关，比如《汉语教程》和《博雅汉语》在汉语初级教学中的作用对比等，这些论文都是最近几年发表的。当然，小希的科研成就并不仅限于此，越南国内的很多研讨会，包括着眼于本体研究的，小希也参加了。小希告诉我们，接下来几年她应该会把主要精力都放在中文教学研究上，这也是她目前工作的重点。

# 六、学以致用

在读博期间，小希参与了《富家城隍庙历史文化古迹》一书中对联、横匾的翻译工作。

本文最开始所提及的富家村古建筑，是最早让小希对中文产生兴趣的地方。富家村城隍庙是这些古建筑中的一处，里面有很多用汉字书写的对联和横匾，却没有人能识读。2015 年，村里的一位前辈打算写一本书，介绍村里城隍庙的历史与文化。这位前辈对村里的历史、文化都非常了解，只可惜几乎不认识汉字。于是这位前辈想到了当时远在中国读博求学的小希，希望她可以参与到翻译城隍庙对联和横匾的工作中。

富家村城隍庙

小希知道，这些对联横匾都是以古代汉语的风格写成的，比如"富不期骄和睦成风传自古，家无殊俗文明进化始于今"，而她的专业却是现代汉语，古汉语的翻译工作不是她的强项，这个工作对她而言极具挑战性。但小希想到："我是富家村村民，我在富家村长大，这些汉字我从小耳濡目染却一直不解其意，今天我终于可以利用我学到的知识，为我们村做一份贡献。"于是，她欣然接受了这一委托。对联和横匾里有很多不认识的汉字，必须查阅字典和资料，这项工作耗时耗力，却还是会碰到怎么也查不到的字。那个时候，为了完成这项翻译工作，小希咨询、请教了很多汉喃专业[①]的同学，询问这些字的来源、意义和用法。小希甚至也请教了一些中国同学。在克服了许多障碍后，这本书终于在 2016 年底出版了，所有的辛苦都有了回报。

# 七、回顾展望

第一次来中国前，小希曾十分担心自己不能顺畅地和当地人交流，也担心跟不上中国同学，不能取得很好的成绩，毕竟在越南时很少有机会能直接和中国人交流，加之当时硕士班里几乎都是中国同学，外国学生只有两三个，使得小希越发忧心未来的学习生活了。然而，最初的困难都已经一步步迈过，现在的小希完全能够用一口流利的普通话侃侃而谈，很多时候几乎听不出她是个外国人。来中国留学，可以和中国同学一起上课、得到中国老师的细心指导，还有机会参加国内外专业研讨会，和专家学者以及博士生进行交流，接触到最新的研究动态。另外，小希的母校华东师大拥有丰富的图书馆资源，对爱泡图书馆的小希而言，这也是一笔宝贵的财富。凡此种种，如春风化雨，滋养着一颗纯朴真挚的好学之心，使之受益无穷，并成为小希毕生难忘的珍贵回忆。

得益于之前三年在中国攻读硕士学位的经历，小希在博士阶段的学习研究、日常生活没有遇到很大的困难，"偶尔有一些小困难，都得到了顺利的解决"，小希乐观地表达了自己"从来没有产生过后悔读博的想法"。事实上，小希在读博期间结婚生子，一边要照顾孩子，一边还要写论文，其压力之大、生活之紧张，非亲历者恐怕难以想象。小希自己也说："当时十分紧张，有时候难免压力巨大，害怕自己无法毕业。"所幸，小希得到了母校很多同学老师的帮助。毕业的时候，很多同学都评价小希十分优秀，可以兼顾学业和家庭，但小希十分谦逊地表示："我并没有

---

① 是越南的一个研究汉字、喃字的专业。

希氏红绒 我的汉语情缘

他们所说的那样优秀，我博三、博四两年，真的得到了很多人的帮助。我想借机在这里向华东师大对外汉语学院的同学老师们、留学生办公室的老师们，由衷地表示感谢。"

小希总结了自己的汉语学习体悟。她一直都很喜欢学习，在学习的过程中，尤其是汉语学习的过程中，她能找到很多乐趣。可能有些人会觉得辛苦，但是她丝毫没有疲惫的感觉，反而一直都保持着积极的态度。当她研究汉语、越南语的比较时，如果能发现两种语言的共同点，就像发现了金子一样兴奋："比如说形容词可以进入数量名结构，如汉语中的'一大堆石头'，越南语中也有类似'一长排粉丝'的说法。但这样的形容词往往会受到很多限制：除了单用的形容词以外，两个形容词连用（称为'连用现象'）也可以进入数量名结构，两种语言都有连用现象，在韵律上也有制约。这些发现都很小，却能让我开心好几天。一旦有什么发现，都能让我如获至宝。"在比较汉语、越南语的不同时，要做出理论上的解释，如果能对不同点做出理论解释，会相当有意思。以上这些小小的发现，都能让小希倍感满足，因此学习的过程对小希而言整体都很愉快。

最后谈到对"新汉学计划"的建议时，小希觉得目前项目已经做得非常好了。但她也相信，项目以后会更好，和各所院校联合培养出更多优秀的博士生和研究人才。她相信所有已毕业的留学生一定和她一样，十分想念老师和同学，想念母校，想念中国，所以希望"新汉学计划"可以推出一些为时一个月或两个月的学习项目，通过这些短期学习项目，已经毕业了的同学也可以回到中国拜访老师、看望同学，这也有利于以后的研究和发展。

小希对将来可能参加"新汉学计划"的留学生有如下寄语："我想，学习和研究是人生中最幸福的事情之一，如果能从学习、研究工作中汲取乐趣，也就不会觉得这是件辛苦的事情了。祝参加'新汉学计划'的所有博士生，都能在自己的研究、学习生活中找到乐趣，然后顺利毕业，希望你们以后会越来越喜欢汉语，越来越喜欢汉语研究。"

在被问及是否会推荐自己的后辈、学生或朋友参加"新汉学计划"时，小希坚定地说："我一定会的。"当进一步追问到是否会培养自己的孩子学习中文时，小希幸福地笑了："当然！我相信他们一定会喜欢汉语的，那时我会很开心地教他们学习这门美丽的语言。"

身着改良旗袍的小希（右二）近照（2022年摄于越南河内师范大学）

## 后记

老实说，拿到小希的履历后，我很没有自信能做好采访。小希还年轻，人生经历也很简单，正式采访前一次次采访提纲的修改、驳回，难免使我受挫：我到底能挖掘出什么闪光点来吸引读者呢？这样的困惑一直压在心里，如有隐忧。

尽管如此，我很快和小希取得了联系。她微信回复得很积极，基本上当天或者第二天就会回复；用语很客气，提到这次项目负责人时，会说"某某先生或女士"……如此种种，让我不由得对她好感大增。

视频会议时，我终于见到了小希，质朴、清秀，看上去和大学生一样，难以相信她已经是两个孩子的母亲，而朴秀中自有一股稳重、大方的气度。小希微笑着让我直接称呼她为"小希"。采访时，即便"跑出"提纲以外，小希都始终保持着不紧不慢的语速，有条不紊地回应我的提问。在被问到是否曾经有过后悔读博的念头时，她一片坦然："我从来没有产生过后悔读博的想法。"这一刻，我突然意识到，我们对中文的感情、对学问的追求、对人生的态度，其实是共通的。原本限于异域他乡的隔阂，涣然冰释；小希坚定、温和的微笑，驱散了我的所有顾虑。

我为小希的纯粹动容，也为我们国家的语言文化的魅力而自豪，更加为"新汉学计划"能吸引、帮助到这样纯粹的学人而感到由衷的庆幸与感动！

# 山水相依师生缘，"新汉学计划"是纽带

◎吴勇毅

　　我和北语的德金教授是第一批受国家委托赴越南进行汉语教师培训的专家。记得那是炎热的夏日，我和德金站在越南河内国家大学大礼堂的讲台上，那时没有空调，只有屋顶上的几只吊扇拼命地转着，台下有一百多位汉语教师，我们自我介绍说，请各位先猜个词：我们俩站在一起，打一中国地名（合肥——两个胖子）。我俩挥汗如雨（衣服湿得透透的），轮番上阵地讲了一天，最后吃惊地发现我们讲的东西太浅了。于是连夜开始大改，重新准备讲授的内容，后来效果就非常好了。我们以为学员中大多应该是华裔老师，不然汉语怎会如此之好，但最终调查下来，一百多位老师全是越南本土教师，这让我对越南汉语教学和越南汉语教师的质量有了全新的认识，也从此与越南的汉语教学结下了不解之缘。

　　小希（希氏红绒）是一个很有个性的越南学生，长得小小的，很清秀，跟一般的学生不一样，她那清澈的眼睛里，总有一股淡定、沉着和坚毅的目光，性格颇为内向。她是"新汉学计划"资助的第二批博士生（2014年），给我印象很深的是，她报到后我们师生见面，她提出要读语言学及应用语言学专业的博士学位，而不是汉语国际教育专业（我可以带这两个专业的博士生），我本来建议她读后者，但她坚持，甚至有点执着，我尊重她的选择，同时也注意到了她的个性特点。

　　华东师大有着一个美丽的校园，两条河像是给校园束上了两根漂亮的腰带，蜿蜒的丽娃河河面上漂浮着睡莲，春秋季校园里百花齐放，各显妖娆。我们的学生又何尝不是如此呢？我的博士生来自中外多国，我希望他们能成为一个学术共同体的成员，而不是每个国家的学生有一个小圈子。我要求小希多跟各国学生一起"学术"，尤其是多跟中国学生在一起研讨，形成一个学术共同体。具体说，一是多参加各种相关学术研讨会，无论是境内还是境外的，规格高一些的更好，二是多看汉

语学术文献，三是多用汉语写学术论文——
后两条就是要努力提高"学术汉语"的能力，
为博士论文写作奠定扎实的基础。当然啦，
凡是"新汉学计划"组织的活动都要积极参
加。小希绝对是一个自律的学生，非常喜欢
学术研究，无须导师多提醒，她就会自觉地
按照要求去做。多少个日日夜夜，教室里、
图书馆、丽娃河畔留下了她学习的身影，从
博士论文选题到写作，就这样"风雨兼程"。
老大不小的姑娘，结婚生子、养儿育女是父
母的期盼、丈夫的渴望。读博期间，小希也
生育了孩子，但这并没有成为她前进的阻碍，

最重师生情（2018 年 6 月摄）

而是一种动力，她依然迈着坚实的步伐，朝着既定的目标走在校园的路上。这也使
我这个笑眯眯但比较严厉的导师从心里喜欢上了这个学生。

　　从校长手里接过毕业文凭的那一刻，毕业聚餐说声道别的一瞬间，小希的眼泪
止不住地往下淌，我知道那不光是对自己付出的百感交集，也不光是对导师的感谢
和热爱，更是对"新汉学计划"支持的感恩。没有"新汉学计划"的帮助，她也许
达不到今天这样的成就。

　　毕业后小希已经成为越南河内师范大学的一名教学研究骨干，成为一名很受学
生欢迎的教师。尽管前途依然坎坷和崎岖，但我希望她心中依然有梦想有彩虹，因
为"新汉学计划"的纽带，已经给她铺就了前进的路。

　　相依的山水，剪不断的师生缘，唯因中文。

## 导师简介

　　吴勇毅，华东师范大学国际汉语文化学院教授、博士生导师，应用语言研究所
所长，华东师范大学原对外汉语学院院长。研究领域：语言学及应用语言学、国际
中文教育、第二语言习得、汉语作为第二语言/外语教学理论与教学法、汉语教师培
养与发展、华文教育。主要著作与主编教材：《对外汉语教学探索》《汉语作为第二
语言教学的教学方法研究》《对外汉语教学法》等。

119

何娇霞

# 纵横之间——一位美国汉语教育
# 女博士的修己与达人

**访谈人：**郑佳，中国人民大学教育学院教育行政管理专业 2019 级硕士研究生、
　　　　　教育经济与管理专业 2021 级博士研究生
**访谈时间：**2021 年 2 月 21 日
**访谈方式：**视频连线

## 被访人简介

　　**何娇霞**（Nakabayashi Chelsea Honderich），美国国籍，现任美国巴德高中早期学院（Bard High School Early College）汉语教师。威斯康星大学麦迪逊分校（University of Wisconsin-Madison）东方研究与中国学学士，美国马萨诸塞大学阿默斯特分校（University of Massachusetts Amherst）中国学硕士，约翰·霍普金斯大学保罗·尼采高级国际研究学院（Johns Hopkins University, Paul H. Nitze School of Advanced International Studies）国际关系学硕士，北京师范大学教育史博士。2014—2019 年参与"新汉学计划"，师从北京师范大学教育学部徐勇教授，研究方向为美国汉语教育史，博士论文题目为"Research on Chinese Language Education in American Universities during the Late 19th Century"。曾参与《中华传统文化》三年级上册语文课本编写，代表学术作品有：《威妥玛的〈语言自迩集〉和哈佛大学的第一个中文班》（《第十二届国际汉语教学研讨会论文选》，外语教学与研究出版社，2017）。

　　笔者在 2021 年 2 月 21 日对何娇霞博士进行了访谈，通过 Skype 的在线视频功能，访谈持续了 2 小时。访谈以英文进行，主要围绕何娇霞博士的教育经历，尤其是她参加"新汉学计划"后在中国的学习经历，以及她作为一位学者的学术成长历程展开。访谈过程中何娇霞博士慷慨地分享了她对自身人生阅历和更宏观的教育、文化、语言、国际关系、历史等问题的思考。访谈后，笔者对英文访谈稿逐字进行了中文翻译，并对何娇霞博士的叙述进行了系统梳理。从何娇霞博士的经历与思想中，笔者看到了两条线的交织：一条是代表着时间轴的纵向的线，这条线串联着何博士自身的成长经历，也寄托着她对未来的理想；另一条是代表着空间的横向的线，在这条线上她看到了更广大的世界，体验了丰富的文化风貌，并确立了以自身作为文化桥梁的志愿。本文将在这两条线的交织中展开。

# 一、小纵：传承的教育之线

## 1. 奇遇与结缘

　　何娇霞笑称，与汉语结缘起始于自己的兴趣爱好与汉语之间的微妙联系：她喜欢画画，而象形的汉字灵动如画；她喜欢骑自行车，而在她的了解之中，很多中国人也爱骑车。这种联系使她在高一需要学习一门新外语时从六种语言中选择了汉语，故事便由这段奇遇拉开序幕。何娇霞常常觉得，她与汉语之间有一种"命定的缘分"，然而，结缘易，系缘难，对于美国人来说，汉语学习之路远非坦途，而是充满艰辛。但何娇霞是幸运的，在求学的每个阶段，她都遇见了对她的人生有着重要影响的汉语老师，在他们的鼓励与支持下，何娇霞一直珍重地守护着她与汉语之间的缘分。

　　何娇霞的第一位汉语老师林老师为她精心取了中文名字，林老师根据她的家姓 Honderich 将她的中文姓氏确定为"何"，又将她的名字 Chelsea 与她的家庭背景和性格相结合，最后确定为"娇霞"。何娇霞一直对这个名字有着非常深厚的感情。林老师有一个和她差不多大的女儿，母女俩常邀请何娇霞去她们家参加包饺子等具有中华文化色彩的活动，她在潜移默化的熏陶中一直保持着对汉语的兴趣。

何娇霞在高中毕业进入大学后选择了东方研究与中国学专业，她在本科期间遇到了对她影响深远的孙老师。在何娇霞中文学习遇到困难时，孙老师总是对她说："你能学中文，没那么难的。"孙老师不仅给予她学业上的鼓励，在日常生活中也无微不至地关心着她。何娇霞深情地回忆道，在自己的母亲去世时，孙老师来参加了葬礼，并带着自己去吃了一顿非常好的晚餐，"她所做的真的远远超过了一个老师所应该做的"。

在何娇霞攻读中国学硕士学位期间，她的导师沈老师向她介绍了汉语教育的历史，并鼓励她从事这个领域的研究，这是何娇霞学术生涯的重要转折点，直接影响了她未来的研究方向。也正是通过沈老师，何娇霞了解到了"新汉学计划"来华攻读博士学位项目："2013 年，在我硕士毕业时，他对我说：'我们了解到汉办①刚刚设立了奖学金项目，你的研究还具有很大潜力，可以继续进行，我认为你应该去申请这个项目。'"何娇霞听取了沈老师的建议，在次年申请并被"新汉学计划"来华项目成功录取。

### 2. 君子之交

何娇霞深情地回忆道，能参加"新汉学计划"并被北京师范大学教育学部的徐勇教授接收为学生是非常幸运的。在汉语书本中徜徉多年，何娇霞对汉语中的"君子"一词从不陌生，而徐老师让她在现实生活中感受到了何为真正的君子。

徐老师的教育方法与何娇霞想象的有些不同："他会鼓励他的其他学生问我关于我的研究的问题，如果我想错了，他们提出的问题会帮助我进一步思考和纠正。其他学生们会说：'不，你需要这样看这个问题：他们是怎么教的？他们教什么？他们为什么这样教？要回归教育学的基本问题。'而当我们的讨论偏离了方向时，徐老师会及时来为我们提供一种我们没有想到的视角。"徐老师重视培养每一个人的思考能力，重视同辈之间的研讨与切磋，将学习从个体带向群体，这种方式使何娇霞看到了每个个体所蕴含的独特而又强大的学习潜力，更体会到了将这些潜力汇集起来所能达到的合力。徐老师对学生们的能力的信任使她感佩不已。

徐老师重视培养学生们的学术能力，更关心学生本身。在何娇霞的博士学位论

---

① 即今教育部中外语言交流合作中心，简称语合中心。

文写完后，考虑到近年来学位论文的外审越来越严格，且中外学生标准一致，徐老师认为论文本身，尤其是语言表述方面还有进一步优化的空间，所以没有同意立即提交答辩。何娇霞感到很沮丧，但徐老师给了她有力的鼓励："正因此，你可以更多地与同学们交流，进一步提高汉语表达水平。"何娇霞豁然开朗，重新振作起来。在全球新冠肺炎疫情暴发时，何娇霞已毕业回到美国，在缺乏口罩时，她收到了徐老师的微信："我可以给你寄一些口罩吗？"这令何娇霞感动不已："即使在我已经通过了论文答辩、毕业了一年后，他还在想着我。他有这么多学生和他自己的家人要考虑，但他还是会想到我。这是真正地在关心每一个人。"

相信每个人的潜力，不断激励学生成长得更好，甚至比老师更好，真正地带人去向更高处，同时给予每个人真挚的人性关怀，徐老师的这些品质使何娇霞想起了中国传统文化宣扬的重要品质——仁爱之心。徐老师是中国传统教育和中国传统文化的专家，而他不仅在课堂上教授这些，更在自己的生活方式和行为举止中体现了谦谦君子之道，把以人为本的传统教育文化落实到了生活中。"在今天的美国，很少有人以这种方式生活，所以当我看到我在中国的导师这样生活时，我真的很感动。"这段与君子的交往令何娇霞至今记忆犹新，师从徐老师的经历和感受也是参加"新汉学计划"带给她的最宝贵的财富之一。

### 3."做一个像他们一样的人"

何娇霞认为，对于一件事物的兴趣除了自发产生之外，也需要通过外力的影响。她说，自己能够对汉语保持着长久的兴趣，这很大程度上要归功于老师们的影响。这也是她将担任汉语教师作为自己职业生涯目标的重要原因。

2020年8月，何娇霞一家从波士顿迁居马里兰州的巴尔的摩市。现在的何娇霞在巴德高中早期学院担任汉语教师，她所投身的早期学院项目旨在为没有机会上大学的年轻人提供受教育机会。巴德高中的校长热爱中文，他自己也会说中文，在他的推动下，每个早期学院都开设了中文课。何娇霞的学生大多数来自非裔美籍社区，有76%的学生家庭经济状况处于贫困线以下，但是这些学生渴望并热爱学习汉语。在参加巴德高中早期学院项目后，学生们深知机会来之不易，对拥有这种机会深感激动，因此每天上课都保持着非常认真的态度。

何娇霞真心热爱自己的工作，她也很享受与这些青年相处。然而，教学并非易事，尤其在疫情的影响下，何娇霞需要开展网络教学，她以前从未在网上授过课，她发现这和在教室里有很大差异："在教室里，老师与学生可以相互交流，可以看到对方在做什么。而在我的学校，因为学生们普遍比较贫困，他们很多时候没法儿打开摄像头，所以我不能每天看到他们的脸，只能听到他们说话，这使得教学变得非常困难。"何娇霞并没有被困难所扰，她努力地与学生们保持联系，寻找多种多样的互动方式，增加与他们一对一交谈的频率。何娇霞的工作量增大了，但同时她也惊喜地发现，学生们开始主动问她问题了，学习效果也渐入佳境。当她看到学生们在自己的帮助下能够在虚拟网络环境里也高效学习时，她便越发享受自己的工作。

何娇霞与当地汉语班学生共同参观波士顿的一家太极馆

在自己成为教师后，何娇霞也更加理解了她的老师们从事着一份多么辛苦的工作："我在教书后更加感佩我的老师们了，因为我意识到了自己曾给他们带来了这么多麻烦，但我也明白，他们一直在相信着我。"现在，如果遇到了教育问题，她就会想：如果是徐老师，他会怎样做？回想老师们给自己的教育，何娇霞在对待自己的学生时有了更加细致和温暖的考量："比如现在我有一个学生出现不来上学或者不交作业的情况，我就会想弄清楚他到底怎么了，我会试着联系他，问他'最近发生了什么？你好像不在状态'，而不是想：他是坏学生。这种思维帮助我成长为一个充满关怀的人。"她也像林老师当年精心为她的学生们起中文名字那样，根据每个学生的特点努力地为他们寻觅富有内涵的中文名字。在这些教育实践中，她真正理解了教育之重——这份工作的职责之重，以及这份工作的影响之重。她想要成为像她的老师们一样的人，她想真正地将教育之线从对她影响至深的老师们手里接过，从受教育到执教鞭，从受益于教育到回报教育。

何娇霞与当地汉语班学生共同参观波士顿唐人街（拍摄于正门）

何娇霞与当地汉语班学生共同参观波士顿唐人街（拍摄于餐厅）

# 二、大纵：过去与未来之间

### 1. 美国汉语教育史之线

何娇霞是一位教师，传递着教育之线，也是一位学者，在自己的研究领域里攥紧了一条历史之线。在得到"新汉学计划"的资助来北师大学习后，何娇霞主攻美国汉语教育史的研究。语言学专业出身的何娇霞本没有想到自己会走上一条历史研究之路，但在学习汉语的过程中，她逐渐萌生了一个想法：学习汉语如此困难，那么那些最早学习汉语的美国人，他们是怎么学的？他们是如何克服这些困难的？在这种溯源思想的启发下，何娇霞开始关注美国汉语教育史，逐渐对历史产生了兴趣，并通过学术研究重塑了自己的历史观。

在北师大学习期间，何娇霞阅读了大量中国学者的学术论文，北京外国语大学的张西平教授撰写的一篇关于汉语教育史的论文给何娇霞留下了很深的印象[①]。张西平教授在文中谈道，目前，有很多人在创造理论：教中文最好的方法是什么？你必须使用什么材料？但是我们不知道历史。为了提高汉语教学法，我们不仅需要了解理论，我们还必须了解历史，这样我们就可以通过了解我们的历史来发展理论。他建议学者必须从进入档案开始，真正梳理档案资料，找到准确显示人

何娇霞在 2016 年哈佛国际中文教学研讨会上

们是如何开始学习语言的证据来源[②]。在他的启示下，何娇霞开始深入图书馆和档案馆，在浩如烟海的信息中逐渐将自己的知识碎片拼成一幅清晰的图画。"之前我只

---

① 张西平.世界汉语教育史的研究对象与研究方法.世界汉语教学，2008（1）：122-132, 4.

② 张西平.西方人早期汉语学习史的研究初论.海外华文教育，2001（4）：12-22.

是听说过威妥玛式拼音法（Wade-Giles romanization），这是 19 世纪末罗马化的拼音系统，但其实韦德（Thomas Francis Wade）和翟理斯（Herbert Allen Giles）是两个人，这两个人为了汉语学习和教学做了很多，留下了大量关于如何学习中文的理论和信息[①]。所以我开始意识到我需要了解韦德，也需要了解翟理斯，这就像滚雪球，从一篇文章激发出很多篇文章。"

张西平教授对汉语教学史的重要性的强调使何娇霞开始重视历史，她也发现跟着徐勇教授这位教育史专家学习是多么幸运。"徐老师很了解中国古代是如何教授文言文的[②]，而美国 19 世纪很受中国传统语言教学方式的影响，许多在中国生活过的外国人必须通过阅读经典，比如《百家姓》或者《三字经》，来学习这门语言，就和中国人的学习方式一样。但是当他们开始阅读经典时，他们发现很难理解，这使他们不断寻找更容易的方法来教外国人。"在早期美国人是如何学习汉语的这一研究兴趣的指引下，何娇霞将目光聚焦到 19 世纪，即美国人最初学习汉语的时期，通过研究一手和二手资料最终了解到最初的汉语学习与美国大学之间的连接。何娇霞发现，首先教授汉语的四所美国大学依次是康奈尔大学（Cornell University，1870 年）、耶鲁大学（Yale University，1871 年）、哈佛大学（Harvard University，1876 年）和加州大学伯克利分校（University of California, Berkeley，1896 年）；她又发现，1900 年之后的汉语教育发生了显著的变化。于是她决定将目光聚焦于从1870 年到 1900 年的历史，将美国汉语教育的第一个三十年作为她的博士论文选题，从自身的汉语学习经历中生发出一条美国汉语教育史之线，从受教育者转变为教育研究者。此后，历史也成为何娇霞生命中的关键词。

### 2. 历史之重

"如果不理解历史，就很难理解事物的真正本质。"何娇霞将这句话写了博士论文的结尾，这是她从历史研究中凝练出的厚重财富。历史研究逐渐从单纯的学术研究领域蔓延到她人生的其他领域。何娇霞认为，政治和经济的变化总是起起伏伏，但是如果对历史有所了解，就可以观察到某些规律和常项的存在，如果能够理

---

① 张德鑫.威妥玛《语言自迩集》与对外汉语教学.中国语文，2001（5）：471-474.
② 徐梓.从《小学》的命运评说当代儿童读经.课程·教材·教法，2007（2）：36-39.徐梓系徐勇教授笔名。

解历史持续的发展，理解这种发展是一步一个脚印地发生的，那么对于很多变化就不至于患得患失。"现在美国和中国之间的政治关系又恶化了，也许几年后会变好，然后又变坏。但是如果我们明白我们美国人都已经努力学习汉语这么长时间了，明白有些事情我们已经改进了，有些事情我们还需要努力，如果我们都明白，从古代中国到现代中国，人们一直如此优雅而有勇气地生活，如果我们能够充分欣赏每个人努力过着的有尊严的生活，我们就能够相信自己总是在朝着某种好的方向前进。"她认为，看到事物的本质能够增强人的信心——对自己保持一种稳定的情绪、更好地生活在现代世界的信心，对彼此的人性的信心，以及对世界能够被改善的信心。她在研究中感受到了历史的力量，从历史研究中淬炼出的历史观成为她的生活之锚，亲近历史、理解历史、敬畏历史使她变得更加稳重，内心变得更加坚定。何娇霞的研究既有理论层面的贡献，又有实践层面的贡献，同时对她的人生也产生了非凡的意义。

### 3. 成为活的历史

在何娇霞看来，历史不应是一个停留在过去的静止概念，而是动态的，具有蔓延性，能够与现实和未来相连接。她努力将博士阶段的历史研究与博士毕业后的教职工作联系起来。2021 年 4 月，何娇霞在国际汉语教师协会（International Chinese Language Teachers Association）分享过她关于汉语教学法的研究论文，她在论文中提出了四种汉语教学方法，即西方文献学方法（Western Philological Approach）、中国古典学方法（Chinese Classical Approach）、皇家海事海关方法（Imperial Maritime Customs Service Approach），以及传教方法（Missionary Approach）。她

2019 年何娇霞参加在北京大学召开的语言教学研讨会

从研究这四种方法中发现，所有非母语的汉语教师都坚信，因为汉语与英语完全不

同，所以在开始向外国人教授汉字之前，有必要向他们介绍声调、韵母和声母、语言学基础和偏旁部首这些汉语基础知识。尽管汉语基础知识的重要性在何娇霞所处的教学环境中尚未得到广泛认可，但何娇霞非常支持这种方法，认为基础知识就像帮助外国人学习汉语的眼镜，帮助他们将视力聚焦，所以她在实际教学中非常重视基础知识的介绍。在向初学者们开展教学时，何娇霞会首先花三到四周的时间向他们介绍这门语言的基础知识，教他们笔画顺序和如何从 1 数到 10，这些是她从汉语教学先驱的教学方法中获得的启示。

何娇霞也从传教士们学习汉语的经验中认识到了理解语言多样性的重要性。传教士们为了达到传教目的，必须学习当地人的语言，当他们来中国时，他们深刻理解到了汉语的多样性。何娇霞认为，在现在的教学中，也应遵循当时传教士使用的方法，让美国人知道汉语的多样性："我们要让学生们知道，如果你去上海，你会听到上海话，如果你去香港，你会听到粤语。连中国人自己相互之间都可能听不懂，不同的方言声调也不一样，但他们说的其实都是同一种语言。"在理解了汉语的多样性后，何娇霞希望学生们能进一步理解学习普通话的意义。

此外，何娇霞意识到，汉语教学先驱们很久以前就非常认可汉字的价值。在日常的教学工作中，她常能听到她身边很多外国汉语教师同事说："我们不应该教给学生汉字。"她对此持否定态度："我认为我们需要真正去体会汉字是如何凝聚了这么多人的。汉字在几千年前就出现了，今天，汉

何娇霞与汉语桥的同学在 2019 年国际中文教育大会，长沙（2019 年 12 月 10 日）

字仍然存在，且内涵非常深刻。我认为，汉字可以包含非常多的意义，如果我们不把汉字教给外国人，我们就无法建立真正的理解之桥。"汉字的力量不仅仅体现在语言中，更体现在文化中，这一点被汉语教学先驱们真正理解了，却被很多现代人忽视。"我认为，我们现在的教科书非常注重口语教学，但是我们在高阶学习时必须真正强调汉字的重要性，否则，当我们想把学生提升到更高的水平时，我们会脱

节。我们还不能去参加学术会议或学术研讨，因为我们还没有教过学生去理解汉字的力量。当我参加'新汉学计划'去中国时，我发现自己最大的问题就是学术写作，当我不得不写论文的时候，如果没有徐老师和我的同门的帮助，我就不能毕业了，他们要帮我编辑很多遍，论文的语言才能显得更符合学术要求。如果我们想要培养更多像我这样一旦达到高级水平就能够在中国攻读博士学位并在学术层面和深入对话中互动的学生，我们就必须培养更多真正知道如何运用汉字、能够在写作和表达时使用汉字的人。"何娇霞从历史研究中了解到，先驱传教士们建议在写作时寻找中国的写作导师和他们一起写作，通过交流，他们就可以学习成语和不同的学术语言。何娇霞认为这是一个非常好的范例，希望能在美国也建立起这种把汉语作为第二语言教学的写作导师制度，真正帮助学生练习汉语写作。

"我认为历史是活着的，我们找到了历史，然后我们必须让它适应当前的环境，并发掘它能够发挥什么作用，历史是活生生的。卡尔·贝克尔（Carl Becker）对历史的观点是：历史事实就是历史事实，但它们通过阅读故事的眼睛而变得生动起来①。历史事实通过历史学家的经验变得生动起来。"历史上有太多可以去追溯的东西，也有太多能够启发人的经验，先驱们已经找到了很多解决办法，何娇霞想在现实教学中分享他们的经验，并结合现状进行适当的改变和创新。何娇霞想从自己开始，将重视汉字的种子种在学生的心中，她借鉴中国人学习中文的经验，在教学中采取第一年认字不写字的理念。"我总是把拼音和汉字放在一起，有些汉字比如'我''你''他''谢谢''一二三四五六七'，如果他们想知道怎么学，我就教他们。我每天都给他们写'谢谢'或者'你好'这些汉字，确保这些字是基础的。我总是把汉字呈现在他们面前，让他们重视汉字，但在第一年不会急着让他们学会怎么写。"

目前，何娇霞在教授高中生汉语的同时还在给两年制的本科生教授"通过电影了解中国"这门文化艺术课程，他们看了许多不同的电影，了解到从1896年至今电影是如何被引入中国的。她想在未来工作中继续发展这门课程。2022年春季学期，她还会为大学生开设一门翻译课程。教职以外，何娇霞努力保持着自己的学者身份，出于对历史研究的热爱，她希望继续开展从1936年到第二次世界大战结束

---

① 卡尔·贝克尔.人人都是他自己的历史学家.北京：北京大学出版社，2013：199.

期间的汉语教育历史研究。"如果可以的话，我想继续做研究，我想继续试着发表我的作品，虽然这意味着很多时间的投入。幸运的是，暑假期间我不用上课，所以我希望能在夏天开展更多的研究和写作。"

# 三、小横：眼前的中国

## 1. 百闻与一见

在美国学了六年汉语后，何娇霞决定来中国看一看："我想要亲眼看一下中国，这样才能理解我花这么多时间学习这门语言的热情。"百闻终于迎来了一见，在北京大学一年的中文学习经历是她与中国的第一次邂逅。"我对中国的第一印象是：这个国家有如此丰厚的文化底蕴！"这一见使何娇霞深切感受到了中国文化的魅力，也观察到了悠久的历史对中国人日常生活的影响。

何娇霞有很多机会旅行。"在北大和北师大学习期间，从天津、青岛，到上海、苏州、杭州、桂林、西安、哈尔滨等，哪儿都去了。我曾参观过兵马俑，游览过孔子的故乡曲阜，也去过很多历史遗迹和寺庙，处处都体现了丰富的文化底蕴。"而她最喜欢大街小巷之中鲜活的中国："我还会去当地的水饺店或者杂货店和店主聊天，坐火车、坐公交车、打车的时候，我也在体验文化。我常和出租车司机聊天，和我的同学聊天，我非常喜欢日常的互动，觉得即使是每天最基本的事情也都很有趣。"何娇霞注意到中国人常常互相问"您吃了吗？""您吃饭了没有？"而不只是简单的"您好"。"您吃了没有？"或"您睡得好吗？"这样的问法使她意识到，中国人在通过语言关心对方。"如果我只是学课本的话，我就学不到这种问候语。"

何娇霞对文化有着敏锐的觉察。在参加"新汉学计划"后，她更加关注身边的文化现象。她喜爱观察现代日常生活：看学生们去食堂，看他们去校园里的小水果店买水果，看师生在教室里的日常互动。她认为，一旦接触到另一种文化，人们就可以更好地了解自己。"中国文化已经在你们的生活中根深蒂固，这就是我认为非常美好的东西。但我经常觉得中国人没有意识到它就在你们面前，因为你们每天都生活在这里。就像你脸上的眉毛，你看不到自己脸上的眉毛，但我能看到。有时候从外面往里面看，你会更容易看到东西，但确实很难看到自己脸上的眉毛。"

通过这种看"别人脸上的眉毛"的眼光，她发现身边的一切其实都有很深的含义。"你们甚至在还是婴儿的时候就在用筷子，而我们会惊叹：'天啊，那个小宝宝居然能用筷子！'这是你们长久以来形成的习惯，你们就是这样的，但我们会学得非常困难。这只是一个简单的例子。甚至只是坐在公园里，看人们打太极，或者在露天场所和认识的人一起锻炼，就能看到文化之间的不同：我们总是去健身房，而不是在室外锻炼，不会在公园里做露天的集体运动，但是你们却会帮助彼此健康地生活、获得长寿。"何娇霞从户外集体运动中看到了中国人的"天下"理念，即使是这样的一件小事，对她来说也有很深的文化意义。

### 2. 亲爱的师门会

在北师大学习期间，何娇霞印象最深刻的就是中国大学的师门制度，对何娇霞来说，师门会是一种独特的体验。"每个星期，徐老师所有的学生，他的本科、硕士学生，还有博士学生，都要来参加我们的研讨会。徐老师还会邀请已经毕业的学生也来参加。师门会上，徐老师不是给我们讲课，而是鼓励我们相互提问和讨论。徐老师经常会让我们每个人准备各自的研究汇报。如果我们有人要准备开题，大家就会帮助这个将要开题的人，如果有人在准备答辩，大家就会帮助这个要答辩的人，无论本硕博哪个层次的学生都会参与其中。有时我们会研究中国著名学者的作品，分析其中的问题意识、逻辑结构、材料使用和研究方法等，来提升大家的科研素养。"

大学很大，何娇霞却通过参加师门会找到了自己的归属。"师门会是一个真正可以开展对话、进行互动的场域。我经常听到一些批评，说中国课堂只是采用老师站在前面说话、学生坐在下面听的授课方式，但是我发现实际情况并不是这样，我认为这种师门会的做法是我们美国大学可以学习的。我希望我们的教授也像这里的一样，每周定期会见他们所有的本科生、硕士生、博士生甚至已经毕业的校友，让学生们不仅向老师学习，而且向以前的学生们学习。"何娇霞很喜欢这种方式，她认为在师门会中她拥有多种学习渠道，可以向每个人学习，每个人的想法对她来说都是珍贵的。

何娇霞和同门在师门会上

何娇霞也在师门会上感受到了学生们的批判性思维和学术互助的意识。"我注意到，北师大鼓励同学们通过互相对论文提出问题来帮助彼此进步。提出非常尖锐的问题，然后看对方如何回应，这是一种允许质疑的鼓励，也是我来中国之前并不知道的中国大学教育的一部分。在美国，如果我们在课堂上就彼此的学术作品提出尖锐的问题，可能会被认为是在批评他人；而在中国，你被特别告知一定要问一些关于他人论文的问题，找到他们需要改进的地方，这样他们就可以不断进步。但如果这发生在美国，我想学生们的态度大概是：'你凭什么质疑我的作品？我的老师可以，但我的同学不行。'中国学生有一种团体意识，并且老师也鼓励这种提问和回答的模式，可能这在美国还没有被广泛讨论，但我觉得这种学习方式非常值得重视。"

何娇霞认为，如果她没有参加"新汉学计划"，没有在北师大学习，就没有机会看到那些未被谈论到的教育方式，对中国大学的理解便会仅仅停留在演讲式的课堂上，而不知道有确保交流效率的师门会的方式。参加"新汉学计划"后获得的师门会体验帮助她打破了一些刻板印象。她深知，有机会参与徐老师的师门会是幸运的，因为并不是每一个师门会都能如此高效地运转，但从徐老师的师门会中，她能够了解师门是如何真正发挥作用的，何娇霞希望这样的师门会能够遍及整个北师大。

# 四、大横：联结的心愿

## 1. 教育为渠

何娇霞对教育有一种发自内心的信任："我不认为任何经济上和政治上的方法会真的奏效，我认为我们必须通过教育把人们一个接着一个地串联起来，就像我的老师们对我做的那样：与人真诚地交流接触，向他们展现我们共同享有的人性。所以我认为学生和老师之间的关系是真正持久与永恒的。直到今天，我还记得我的每一位老师，因为他们不仅仅是谈论一些大道理，他们就是这样生活的，是真正地在身体力行。"

何娇霞认为教育对于帮助人们实现他们的潜力至关重要，每个人都有平等的潜力和美好之处。"在教育的过程中，我们可以发挥自身最大的潜力，当我们发挥潜力时，就可以积极地影响别人。所以我们能给社会带来积极变化的方法是教育。"任重而道远，教育亦非坦途，前路漫漫，但教育始终是何娇霞心中最理想的路径："教育自己就是让自己变得更好，改变了自己，就能把环境变得更好。我知道这听起来很理想化，但我相信这是真的。"她也立志以教育为人与人之间联结的渠道，引领更多人朝着更好的方向发展。

## 2. 语言与文化

何娇霞认为，中文是一种很美的语言，这种语言与英语相比具有很广阔的表达空间。"康奈尔大学的教授们多次向他们的学生们分享中文何以能够表达如此深刻的概念。教授们对中文的强大感到敬畏。他们觉得，如果语言本身是如此深刻，那么中国人一定很有深度。19世纪，在我们第一所开设汉语课程的大学里，学生们就充分认识到了这门语言、中国文化和中国人民的深刻。我想我也有同感。"

汉语的美感是真实的，学习汉语时遇到的困难也是真实的。何娇霞坦言，即便到今天，她依然在犯很多错误，而语调是一个最头疼的问题："很多时候，即使我明显听到自己说的语调不对，但脑袋和嘴巴还是很不同的，有时候还是很难改正。"在参加"新汉学计划"读博期间，何娇霞发现用中文写论文的过程非常艰难，但即便再难，她都从未动摇过学中文的心，她认为这是增进两国之间以及两国文化之间理解的关键途径。"中美之间有太多的误解，但通过学习汉语，就可以学习中国文化和中国人的思维方式，从而更好地达成理解。当我告诉学生们中国有 56 个不同的民族，而几乎每个民族都有自己的语言时，我发现我的学生眼睛都亮了，他们好奇地问：'真的吗？'他们从来没有听说过这个概念。所以对他们来说，认识到中国文化的多样性真的很重要。以前他们觉得美国如此具有多元性，而看中国，他们觉得这只是一整个国家而已，但他们在明白了中国语言、中国文化、中国历史与民族的多样性后，就会开始认同这种多样性，开始真正地发展同理心。"

何娇霞对语言和文化的理解还受到她学习日语的经历的影响。何娇霞的父亲认为日语的字符有点像汉字，于是推荐何娇霞再学一门日语，她接受了父亲的建议。"我毕业后在东京住了大约三年，教英语，之后我找到了一份翻译工作，是把日语翻译成英语。当时我所在的办公室为我安排了日语课。对我来说，我更加喜欢汉语，因为它非常直接，而日本人比较婉转的交谈方式对我来说很有理解上的挑战性……我了解日本的哲学，我也很热爱那种哲学，它与中国哲学很相似，日本人也很重视生活与环境之间的联系，他们和中国文化共享这些原则真的很好，但是我还是觉得我不能真正地理解他们。"

在何娇霞全身心投入日语学习的过程中，她遇见了一位日本的"贵人"："国际创价学会会长池田大作是我的'人生导师'。"1968 年，池田大作率先公开呼吁尽早实现中日邦交正常化，多年来，他一直为改善中日关系而努力，为中日关系正常化做出了很大的贡献，周恩来总理在逝世前会见了他。何娇霞说："他是我认识的唯一一位深深打动我的日本人，他努力在中日之间架起了桥梁。直到今天，我仍然相信改善美中关系是可能的，因为他通过自己的例子为中日关系正常化指明了前进的道路。如果我没有学过日语，没有去过日本，也没有在我第一次在中国留学时注意到日本对中国产生的影响，我或许不会相信一个人的力量能够对中日双边关系产生如此大的推动力。所以，我决心学习他的人生观，努力延续他的工作，在美国为中美之间搭建桥梁。"

让何娇霞更没有想到的是，学习日语的经历会与自己的一生交织。何娇霞的丈夫实际上是日裔美国人的后代，这就是为什么她现在的姓是 Nakabayashi（中林）。何娇霞在学习日语后发现，当他们去日本看望她丈夫的家人时，自己可以用日语和他们说话，这让何娇霞感觉很庆幸，因为这帮助她更好地理解自己的丈夫和他的家人。"现在，他们是我的家人，所以我很关心他们，虽然有时我们交谈起来会有些困难，但是我们还是克服了这些，在彼此之间建立起了一种很轻松的交谈氛围，我也逐渐能够明白他们的想法了。所以，你永远不知道你所学的东西会怎样以一种重要的方式在你的生活中发挥作用。"这段经历使何娇霞深刻理解了语言强大的联通作用：通过语言相互交流，通过语言接触文化，进而达成人与人之间的相互理解。

何娇霞认为，学习语言可以开拓视野，意识到有更多思维方式的存在，而不局限于一种。"努力去理解真的很有意义，否则我们就无法真正地突破、得到更好的成长。我费了不小的功夫才对日本文化有一些理解，而对于与我们美国文化如此不同的中国文化，我一直在努力理解，现在我觉得自己已经有信心了。这样的努力真的让我收获了自信，它告诉我，一切都是有可能的，我面对的每一次挑战都有助于我的成长，而如果我能成长，我的学生就也能获得成长。"

### 3. 人间、人性、人生

何娇霞认为，她的人生阅历给她带来最大的感触是要重视人与人之间的关怀。她记得她的每一位老师，不仅是因为师长们在学术上的造诣，更是因为他们展现了美好的人性。"我认为徐老师真正代表了一种中国传统的教育价值观，我很幸运能够真正接触到这样的大师。如果要去和我的学生分享，那么我想我真正能够分享的是中国的语言和文化。所以理解中国传统文化如何在生活方式中得到体现是我真正的工作，生活中的相互联系、师生关系、与父母的感情，所有这些事情都承载着文化，都是我需要关注的。我认为，如果要教好中国语言，我必须要同时传授价值观，我的老师们告诉了我这样做的重要意义。"

何娇霞对人性有着很坚定的信心。她认为，现在很多人关注人类社会的各种现象，却忽略了人性的本质，但如果观察人类自身，就可以忽略人与人之间的一些差异或冲突。"不管我们的政治立场如何，无论我们走到哪里，我们本质上都是人。在美国，我们听到许多关于中国共产党的事情，但我们真的知道这意味着什么、它如何影响人们的日常生活吗？我们听到的常常是刻板印象，我们必须打破误解。不管你去哪里，人就是人。美国的资本主义也有自己的问题……说到底，我们都是人，只是我们采用了不同的政治体制来观察它在社会中是否有效，我们发现有些东西不起作用，有些东西起作用。所以我真的很想看到我们两种文化之间的持续理解和关系改善。"人的共性成为何娇霞思考和行动的出发点，人与人在本质上存在着紧密的联结，对人本身的关怀、对人性的珍视都成为何娇霞观赏人间的基本底色。

# 五、何娇霞对"新汉学计划"的寄语

我觉得，如果我没有机会在中国攻读博士学位，我就不会是现在的自己，尤其是，我可能成为不了一名非中籍的汉语教师。目前，美国学校聘用了很多中国老师教授汉语，我认为我在2014年到2019年住在中国的这段经历真的给了我从事这份工作的信心。

我真的想对语合中心和"新汉学计划"表示感谢。我和我所有参加这个项目的同学讨论过，我们都认为，正是因为我们得到了这个机会，所以我们成长了非常多。生活在中国，我们不仅能够了解中国的语言和文化，还能与来自世界各地的国际学生一起用中文交流、了解中国，这对我们来说是非常珍贵的。我知道很多人对这个项目有不同的看法，但我对这个项目只有高度的赞扬，如果我不能得到奖学金和这个机会，我知道我一定不会成为今天的自己。如果我不来中国，我不会有机会见到徐老师；如果我不来中国，我不会有机会获得北师大的学习资源；如果我不来中国，我不会有机会参加"新汉学计划"为我们举办的学术会议，在这些会议上，我们认识了许多在我们自己的国家里未曾有机会了解的学者，这些对我们的学业非常有帮助；如果我没有遇到徐老师或者没有获得北师大国际研究部和语合中心的支持，我绝对不会是今天的我。

我认为我们必须继续发展这个项目，保持这种联系，因为它确确实实地在发挥着作用。或许有些人在这个过程中面临着很多挑战，但这种不断相互理解的联结是有效的。我希望这个项目能够不断成长，希望更多的人可以有机会参与这个项目，有机会继续他们的精彩故事。未来，若我能为这个项目做些什么，我将无比荣幸。

## 后记

何娇霞讲的故事很生动，也让我很感动，在访谈过程中她全程保持微笑，始终让我觉得很温暖，她的故事也很温暖，我可以看到关怀和相互联系在她的生活中是如何发挥作用的。她的经历非常丰富，而她对一切际遇保持着开放的、热忱的态度，她非常努力，同时也充满感恩，感恩所有提供给她帮助的人，这种积极的正能量非常有感染力。何娇霞对于教育与人性的发自内心的信任也使我非常感动，她真诚地相信人与人之间没有本质的区别，人类共享着超越国别、种族、文化、语言的共同关怀，并愿意为了维持这种关怀而不懈奋斗，而她选择的路径是教育，相信人的可教性和可塑性，这让我这个同样学习教育的人非常感动。访谈过程中我也很明显地觉得，她的知识是内化到她的价值观中的，她能够将她的研究与现实生活结合得很紧密，能将学者与师者的角色很妥善地融合，这使我非常感佩。她的人生中是有一种美好的哲学的，也希望她的故事能够让更多人被这种美好的哲学感染。

# 尽心尽力，乐在其中

◎ 徐　勇

　　娇霞显然是理解中国人称呼含义的，她在给我的邮件中，最后的署名都是"娇霞"，所以我也总叫她"娇霞"。

　　这么多年过去了，我还记得娇霞和我第一次相见的情景。我因为外语不大好，事先邮件联系，问她是否需要找个学生做翻译，她回复说用汉语和我交流应该没有问题，不需要翻译。2014年9月11日上午，我们在我的办公室相见，得知她中学就在美国学习汉语，后来又来到中国，先后在北京大学和陕西师范大学学习，来北师大攻读博士学位之前，在美国教汉语，所以汉语很好，日语也不错，我们的交流没有语言的障碍。那年我还因为娇霞的介绍，招收了另一个参加"新汉学计划"的美国博士生。

　　对于两位美国博士生，我与对待其他学生一样，叮咛他们有事主动找我。所以，娇霞在读期间，参加一周一次的师门学术研讨会议，参加我主持的北京师范大学国学经典教育研究中心的科研工作，参加师门的各种活动和聚会等，也和其他中国学生一样，没有任何特殊。比如，讨论《中华传统文化》教材的编写，去京西阳台山采摘樱桃，每年十一前后上我家、元旦前后在学校附近举行师门聚会，等等。每次活动，娇霞都积极参加。看了这篇对她的访谈，我对她的参与有了更好的理解，原来她参与这样的活动，还有一重了解中国人和中国文化的意义。

　　2015年12月，娇霞给我发来了她读博期间写作的第一篇学术论文《威妥玛的〈语言自迩集〉和哈佛大学的第一个中文班》，希望听听我的意见。这是我第一次读她的论文，论文问题意识突出，资料翔实可信，逻辑严整周密，论证清晰明确，一看就是有过良好学术训练的人，这令我深感欣慰，对她最终获得博士学位充满了信心。她曾到上海，在第十二届国际汉语教学研讨会上宣读了这篇论文，得到了与会者的好评。后来，她又带着相关论文参加了在哈佛大学举办的学术研讨会。记得在哈佛期间，她就通过微信告诉我她和一些学者交流的情况。回到学校后，她也按照外出参会回校后要到师门会上报告的惯例，在我们的例会上做了报告。

娇霞攻读博士学位的五年间，我们的交往一直非常顺利，没有因为文化的差异而有什么误会。因为通常都是就事论事、直抒胸臆，我甚至感觉比和中国学生交流还顺畅。我们相互尊重，在将她的文章和相关信息转发到师门群或公开发布之前，我都会征得她的同意，她也总是无一例外地许可。2018年春，她向我提交了她的学位论文，希望申请答辩。我考虑到外审越来越严格，而且无论中外学生，都是同样的标准，而她的论文也还有进一步优化的空间，没有同意提交答辩，并向她提出了修改意见。她虽然沮丧，但还是接受我的建议，倾注全力于论文的修改，并于次年顺利通过了外审和答辩，获得了教育学博士学位。

娇霞和我都有一点小小的遗憾。2019年6月5日，娇霞通过答辩之后，很快回到了美国与家人团聚。26日是学部的毕业典礼，他们一家三口预订了机票，计划来京参加这一盛典，但因为天气的原因，航班延误了两天，错过了毕业典礼。27日下午他们一家三口到达了首都国际机场，计划参加师门毕业生在金狮麟举办的"谢师宴"，但因为她儿子的护照问题无法出港。她先生忙着办理改签到日本的手续，她则要照料孩子。她在机场给我发微信说："此刻，我最想去的北京的地方，就是金狮麟了。"这样，我失去了和娇霞见面的一次机会。

2020年8月，娇霞一家从波士顿迁居马里兰州的巴尔的摩市，她告诉我她要到巴德高中早期学院担任中文系的助理教授，字里行间，洋溢着即将开始新工作的兴奋之情。得知她在这所学校教授中文、传播中华文化，从事自己喜欢的工作，尽心尽力，乐在其中，我由衷为她高兴，相信并祝福她在这条路上走得远，走得好！

**导师简介**

徐勇，笔名徐梓，北京师范大学教育学部教授、博士生导师，北京师范大学国学经典教育研究中心主任。研究领域：中国传统教育、中国传统文化教育等。主要著作：《元代书院研究》《中华蒙学读物通论》《中华文化通志·家范志》《现代史学意识与传统教育研究》《传统蒙学与蒙书研究》《中华优秀传统文化教育十五讲》等。

高山

# 学术之路漫且艰，来华惜缘奋书卷

**访谈人：**王雪佳，中国人民大学文学院汉语国际教育专业 2020 级硕士研究生

**访谈时间：**2021 年 2 月 4 日

**访谈方式：**视频连线

## 被访人简介

高山（Alaa Mamdouh Akef），埃及人，现任北京大学外国语学院博士后、世界汉语教学学会会员、中国翻译协会会员。他的研究方向是语言信息处理，致力于汉语—阿拉伯语的语言资源采集、加工及其在机器翻译、语言监测和语言教学等方面的应用。他曾获开罗大学（Cairo University）文学院中文系学士学位、北京语言大学语言学及应用语言学专业硕士学位及北京语言大学语言学及应用语言学专业博士学位。2015 年高山通过"新汉学计划"项目选拔，在北京语言大学攻读博士学位。他曾独立撰写论文集专著《"一带一路"国家语言状况与语言政策》第二卷中的埃及篇，并发表了《面向汉阿句法短语库构建的阿语短语分析》、"Construction of a Database of Parallel Phrases in Chinese and Arabic"等学术论文。

　　诗曰："高山仰止，景行行止。"德如高山人敬仰，德如大道人遵循。中国人用高山比喻高尚的德行，我们的故事就从这里开始。"新汉学计划"博士生高山的阿拉伯语名是阿拉丁，在阿语里代表"高"。与汉语结缘后，他把名字直译成高山，希望自己一辈子追求高度、追求完美，不断向上攀登。2021 年 2 月，笔者和高山视频连线近三小时，就他的个人生命历程和学术之路展开访谈。高山向笔者追忆了他在开罗大学如何学习汉语、在服兵役期间如何开启计算语言学之门，在北语读硕读博的奋斗时光以及目前在北大任教的种种故事。

# 一、经师易遇，人师难逢——感恩汉语路上有缘人

　　时间拨回到 2004 年，彼时的高山正在选大学专业。"一个个汉字在纸上排列组合，像是层层的文字锁……那时我决心选择中文系，解开这些密码。"

　　如果说，学习中文和中华文化是在解码他心中未知又神秘的中国，那他后期构建中阿平行语料库则是在搭建沟通两门语言、两个国家、两种文化的桥梁。

　　2004 年，作为开罗大学首届中文系学生，高山与汉语结缘，正式走上汉语学习之路。而他与中国人的联系又加深了这层缘分：这位爱着中文和中华文化的阿拉伯青年在非洲因中文与许多中国人相遇相知，他们或为学校老师，或为驻阿外员，或为普通游客……有人带领他尽情探索中文之美，有人鼓励他求学中国，有人给他带来了很多中文原版书。2005 年，互联网还未普及，那时埃及的中文学习资源、原版书籍还异常短缺，中国朋友给予的帮助弥足珍贵，给还未真正进入中国的高山埋下了一颗种子，吸引着他来到中国求学、工作和生活……

　　提及与中国人的联系，高山首先回忆起开罗大学的中文教师——夏耕教授。夏老师课下会专门抽时间纠正学生的发音，希望每个人都有进步。经过两年系统学习，具备一定语言基础的高山在大三开始大量阅读中文小说，他读巴金、读老舍，也看《三国演义》。夏老师会耐心地为高山解释他在阅读中遇到的不懂的中国文化

内涵。比如他为高山解释重阳节时，会解释一番古时候的中国人过什么节，这些节日有何文化内涵和实用价值，有些节日为何没有延续至今……夏老师不仅为高山讲授了很多中国文化知识，还一直关心他的学业，为他未来的求学生涯指了一条可选之路——得知高山喜欢研究学术，也热爱文学后，夏老师鼓励他来中国研究中国文化。夏老师回国后，依然关心着这位埃及学子，给正在服兵役的高山争取了来华奖学金。高山说："我很感动，我只是夏老师诸多学生中的一人而已，他却一直关心、鼓励我，让我备受鼓舞。"

高山与夏耕教授

　　硕士研究生期间的大师兄王磊也给初到中国的高山兄长般的温暖。师兄有丰富的对外汉语教学经验，为人耐心又细心，不仅帮他一步一步纠正语言错误，还给了高山许多学术和生活上的帮助和指导。师兄很体贴，考虑到他第一次来中国，对北京的气候环境都不熟悉，语言也还在适应中，所以处处关心他。高山记得刚到中国时，师兄会说："高山，快到冬天了，我们一起去买衣服吧。你要买点儿厚衣服了，北京冬天很冷的。"气温下降时，高山会收到师兄的信息："今天天气有点儿冷，你要多穿点儿衣服。""今天会下雨，记得带伞。"同级的中国同学们也经常在学习和生活上帮助他。这些关心在他们眼里或为平常，但着实温暖和鼓励了这位在异国他乡求学的青年。

　　高山流水，知音难觅；经师易遇，人师难得。在历时近三个小时的访谈中，高山数次谈到自己硕博期间的导师——杨尔弘教授。高山是杨尔弘教授指导的第一个外国留学生，后来，他又有幸成为杨老师的第一个博士生。在师生相处的几年间，杨老师给予高山生活上的关心、学术上的指导、能力上的锻造，并不断影响着他的人格。

　　高山清晰地记得杨老师在第一节课上对新生的寄语——"第一，要相信自己；第二，要牢记目标明确的人能够很快地完成任务。""科研不是比聪明，是比能力和耐心，能力再强，不坚持下去是没有意义的。科研是比毅力，一小时、一个月的精彩表现还远远不够，科研是一辈子的工作。"

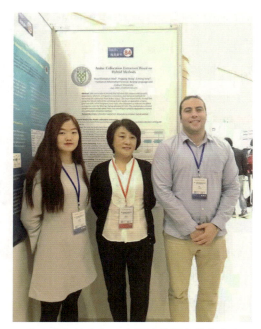

2017 年 10 月 13—15 日，高山参加第十六届中国计算语言学大会（CCL2017），以海报的形式展示以第一作者身份撰写的论文 "Arabic Collocation Extraction Based on Hybrid Methods"（中为杨尔弘教授）

导师情深。高山回忆，申请"新汉学计划"项目时，一份接收函需要杨老师签字。得知情况后，杨老师马上联系高山赶去签字。离开时，高山见老师走得匆忙，问老师去忙什么，老师说："回医院继续输液。"对高山申请材料中的学习计划，杨老师也给出了很多修改建议："你不要写那么大，把你想研究的问题描述清楚。你的研究点更要写清楚、写具体，让人知道你要做什么。""这里没有写清楚，这里没有体现你的优势，你这样写会更好……"指导修改申请材料之余，她也不断为高山加油打气："发挥优势去争取机会，多沟通。"

## 二、高山仰止，追求不止——追忆来华漫漫科研路

在开罗大学，高山第一次从系主任口中听到计算语言学这个概念时，他觉得奇妙、向往，同时又感到无法理解。不过，计算语言学的魅力让他止不住去思考，一

颗学术的种子也暗暗埋藏在高山的心间。他开始搜索相关资料，在计算语言学阿文相关资料缺乏的时期，他广泛阅读英文文献，求知若渴，在计算语言学领域不断探索和反思。

那时他还在服兵役，担任军官，每天要花很多精力去训练士兵，几乎没有个人时间。后来任务委托变少了些，夜晚便有了难得的阅读时光，于是他翻开了朋友从中国带来的冯志伟先生的《计算语言学基础》。高山永远记得那个安静的夜晚。计算语言学这个学科需要大量时间来打基础，才能看懂书中的逻辑，服兵役期间他一直在研读，逐渐形成了自己的想法：从计算语言学角度入手，做汉阿对比或者汉语研究。这也开启了随后一系列的故事。

在阅读了大量计算语言学专业书籍后，高山了解了学科基础，掌握了一定的理论知识，但对计算语言学的作用、对社会的现实贡献、学科的走向以及未来发展依然不甚清楚。构建语料库，标记语料，对我们的现实生活有什么作用？高山不停地思考。

理论最终会回到现实寻找答案。后来他在北京语言大学读博期间关注到搜狗公司正在开发适用于"一带一路"沿线国家的外文输入法，看到国家政策的宏观大局通过计算语言学切实在微观层面得以实现，而人在这波澜壮阔的历史中也能通过自身努力做出一点微小的贡献，为世界带来一点改变。这样的过程加深了他对计算语言学的了解和热爱，也为他深耕于此提供着源源不断的动力。

2012 年，高山获得中国政府奖学金，来到北京语言大学攻读硕士研究生。高山最初选择的方向是语言学，但不巧的是，他被分到了人文学院。人文学院开设的课程和高山最初的研究设想——计算语言学相去甚远。于是高山在学校官网上查阅了各个学院导师的研究方向和所授课程目录，发现了一门名为"语料库语言学"的课程，开课的老师——北京语言大学杨尔弘教授日后成了他的导师，她的研究方向是语言信息处理。高山立刻和杨老师取得了联系。在见面前，高山给杨老师打了一通电话，杨老师以为他是中国人，于是发生了一段有趣的对话。

"你本科是哪个学校的？"

"开大。"

"开大是哪个大学？"

"开罗大学。"

"你是出国读本科的吗？"

"老师，我是老外，我是外国人。"

高山在电话中表达了自己对计算语言学的兴趣，杨老师被他的诚恳打动，说："那你来我办公室面试吧。"这一通电话把高山带到了杨老师的办公室，他离梦想中的学术之路又近了一步。

这场决定他未来学术生涯的面试持续了近一小时。杨老师仔细询问了高山关于学习与研究的各种问题。当杨老师问及高山硕士期间拟开展的研究课题时，高山十分肯定地回答说："我想构建汉语—阿拉伯语和阿拉伯语—汉语的语言资源。"

杨老师是客观公平的，注重的是学科基础与研究思路。杨尔弘教授以前从未接收过留学生，所以当杨老师同意接收高山为自己的首个外国学生时，他一度很惊讶。杨老师说："你有很明确的学习目标和研究目标，你有掌握汉阿两种语言的优势，从交流中感觉到你对学术研究充满热爱，我们可以共同做一些有意义的研究工作。"他的确有清晰的目标，硕博期间，高山始终坚持着自己的本心，一直致力于语料库的研究。外语背景的高山需要弥补语言学以及数学和计算程序设计的知识，因此他开始了实验室、教室、食堂和宿舍"四点一线"的生活。学习和科研的动力让他成长、让他进步。硕士期间，高山阅读了大量中文、英文和阿拉伯文文献，积极与导师以及课题组同学进行研究交流、讨论论文进展，最终顺利完成硕士毕业论文《基于语料库的汉阿短语研究》。

导师对高山有两方面的要求，一是提高汉语水平，二是打好专业基础。在每周开组会时，高山会汇报研究进展，如果出现语言表达的问题或者专业相关的问题，老师会公开批评指正："这个词用得不对，应该是×××，你还没有掌握好。"杨老师的学术态度十分严谨，例如学生汇报实验结果时，她要求报告一定要精准，不能模糊，她会说："你不要和我说大概，必须告诉我准确的数据，给出明确、有逻辑的数据分析，之后才能再讨论结果。"杨老师以行导言，用行动潜移默化地告诉学生做学术所需的严谨性，这也成就了高山的学术态度——踏实、严谨、求真、负责。

高山在北京语言大学迅速成长着。成为杨老师的学生后，他给自己定了一个计划：做好三件事——学好汉语、学好计算语言学、写好学位论文。学好汉语是不忘初心，回应2004年在开罗大学开启中文学习的自己，告诉自己身处中国之优越学习环境下，要多学、多说，为专业课学习打好语言基础；学习计算语言学则是回应那个在开罗大学课堂上因听闻计算语言学概念而眼睛放光的自己，回应在埃及沙漠里孜孜不倦阅读冯志伟先生著作的自己。汉语和计算语言学这两门学科学起来都不容易，加上他追求高度和完美，对自己要求高，高山研一研二期间几乎天天都在实验室，没有假期。

他非常坚定自己的选择："有些人选择一边工作一边学习，但是我决定还是要打好基础，提高自己的汉语能力，必须把汉语能力提高到一定的水平，不只是听，更应该是说。要讲得对，讲得清楚、有逻辑。"他和中国学生一起上专业课时，老师说中文的语速很快，会涉及许多专业名词，他虽然觉得难，但还是咬牙坚持，汉语在这期间飞速进步。他一直认为，自己虽是外国留学生，但研究生就是研究生，应该对自身语言能力和研究能力都有更高的要求。所以在写毕业论文时，留学生可以用英文写作，但是他还是坚持用中文写。他认为，用英语写只需要把事情讲清楚，对语言的要求不高。但是汉语不一样，用汉语写论文会有许多讲究。汉语特殊的结构和意义都加大了写论文的难度：不仅要把事情说明白，还要注意用语逻辑，注意是否符合中国人的习惯，注意语言之美。

高山用了一年的时间适应中国的学术和教学环境。研一他感觉学习任务重，非常累。计算语言学涉及语言学、计算机科学，需要修习的课程也比其他专业更多一些。杨老师希望他广泛阅读和积累："确定精读的文献，一定要认真阅读和汇报，你要告诉我：看这篇文献的目的是什么？这篇文章对你有什么启发？对你未来的论文有什么帮助？里面有没有可以研究的内容？要怎么研究？"通过阅读，他发现汉语、阿语的机器翻译中词汇、短语有很多有趣的现象，于是高山想把研究范围聚焦于机器翻译的短语层面。他搜集相关文献，仔细研读。千里之行，不过是坚持缓慢而细微的积累，高山一步一步打基础、做铺垫，坚实地前进。

研二伊始，杨老师问他："你的论文呢？你的研究呢？你的题目呢？"这三个问题把沉浸在语言学习和学术训练中的高山拉回现实。最终，高山从计算语言学宏观理论层面落脚到具体研究方向，产出论文题目和提纲。沿着与机器翻译相关的短语、词汇研究的思路，对比汉阿平行语料库中的短语，成为研究的一个落脚点。于是高山便着手构建包含一千个句子和几千个短语结构的汉阿平行语料库。

研三时："杨老师，我想读您的博士。"

"可以。"

于是高山成了杨尔弘教授的博士开门弟子。

## 三、步履不停，追求不止——翘首期盼未来之岁月

2015 年 5 月 29 日，高山收到了中外语言交流合作中心的邮件，告知他成功申请到"新汉学计划"博士项目名额。他凭借自己的科研成果、翔实的科研计划和优秀的面试表现通过了"新汉学计划"的选拔。继被导师杨尔弘教授选中后，目标明确再次成为高山被选中的理由。

2018 年 6 月 7 日，高山在 2018 "孔子新汉学计划"博士生论坛做口头报告，题目为《汉语——阿拉伯语的平行语言资源的构建》

"我最大的感受是，'新汉学计划'项目组始终关心我们在华的学习、学术环境，总是在思考怎样优化、改进。开会面对面讨论、年度总结、写报告提交建议……他们鼓励我们用各种方式提建议。""新汉学计划"项目组非常重视博士生们的研究工作，这源于他们关注博士生的成长，关注外国留学生在中国做科研工作有什么具体困难，他们能够提供怎样的帮助。每年项目组都会定期派工作人员与博士生们交流，听取建议。更重要的是，他们会认真评估、采纳合理建议，并反馈给博士生们，不断在沟通中优化这一体系，为博士生营造最优学术环境。新汉学博士们亦受此鼓舞，积极建言。譬如，他们希望创立"新汉学"学术期刊，教育部中外语言交

流合作中心的王昕生老师得知后，建议从举办会议开始尝试，逐年扩大影响力，积累成果后再考虑共创"新汉学"期刊。

"新汉学计划"每年会提供一笔科研经费，支持博士生们进行科研探索。这笔经费为高山提升自己的科研管理能力提供了另一种可能。高山说，"我不会和中国同学比语言能力，我会比科研能力。科研能力不仅是学术能力，还包括时间管理能力、科研项目管理能力、研究方向挖掘能力等。博士期间，我的科研能力得到了非常多的锻炼"。

在杨老师的指导下，高山将研究方向确定在"汉语—阿拉伯语"平行语料库的构建及使用上。博士期间，他成功发表四篇论文，其中有两篇被 EI（工程索引）检索收录；参与计算语言学领域多个国内和国际会议，如全国机器翻译大会、亚太语料库语言学大会、国际语料库语言学大会、中国计算语言学大会和汉语词汇语义学研讨会等，在 10 个会议上进行口头报告或者海报展示。此外，高山共主持四次北京语言大学研究生创新基金项目，其中，2017 年"面向机器翻译的汉阿短语对齐研究"、2018 年"基于语料库的儒家典籍阿译比较研究"、2019 年"基于语料库的汉阿体态语对比研究"项目都成功结项并获得了荣誉证书。"基于语料库的儒家典籍阿译比较研究"申请之年，全校共有 500 个学生同时参与项目申请，最终只

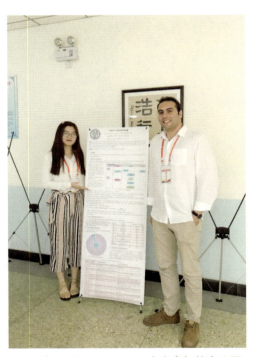

2017 年 5 月 19—20 日，高山参加第十八届汉语词汇语义学国际研讨会（CLSW2017），以海报的形式展示以第一作者身份撰写的论文 "Construction of a Database of Parallel Phrases in Chinese and Arabic"

有 20 个学生在核心期刊发表论文、完成结项，高山是唯一完成结项的外国留学生。他对科研的热爱与专一、严谨踏实的学术态度也收获了很多肯定，2019 年 7 月他被评选为北京语言大学研究生"学术之星"。

2017 年 7 月 23—30 日，高山赴英国伯明翰大学（University of Birmingham）参加第九届国际语料库语言学大会（CL2017）

2018 年 6 月 29 日，高山在北京大学古典阿拉伯语历史与文学书写研讨会做口头报告，题目为《古典阿拉伯书籍的翻译困难与翻译策略》

2018 年 12 月 15 日，高山在"一带一路"青年汉学家联盟成立仪式及学术研讨会做口头报告，题目为《埃及语言政策及"一带一路"背景下的中埃教育合作》

2019 年 6 月 5 日，高山在北京大学阿拉伯语系举办"阿拉伯语语料库及其应用"讲座

高山在首届北京语言大学研究生科研创新表彰大会上荣获"学术之星"称号，他也是当时
唯一一位获得该称号的留学生

　　当被问到对"新汉学计划"项目未来的展望时，高山怀着单纯诚挚的科研初心给出了建议。他希望新汉学项目选择标准能够更加严格，对外国学生亦应有科研成果要求："建议每年都做科研考查，考查入选者的科研表现和学术表现。比如论文发表数量、是否参加学术会议、是否参与科研项目等都可纳入奖学金的考查范围。"此外，高山还建议"共享""新汉学计划"学生的成功案例或经验，让后来者提前适应中国国情、教育制度，更有效地开展学习，为未来的科研打好基础。

　　在参与"新汉学计划"博士项目期间，高山也逐步完成了身份的转变——从学汉语到教阿拉伯语，从深耕计算语言学的学者转变成阿拉伯语教师。2016 年，高山开始在北京大学教授阿拉伯语，他对换位思考熟稔于心："我很清楚自己曾经在汉语学习中遇到的困难，我也知道学习外语的学生面临的压力，所以我希望能找到一种教学方式，让学生在一开始就不畏难。"高山很喜欢和他的学生交流，他在教学和交流中与学生建立起了非常友好的关系，教学相长，学生在课堂上的学情对他的科研亦启发良多。

"为了知道事情背后的原理，我可以不停地尝试，但是我心里很清楚我坚持的目标——它就是科研。"科研之路并非一帆风顺，但难关过后的硕果格外甜蜜，高山说："很开心，努力会有回报，该来的还是会来的。"

## 后记

今年是 2021 年，距高山踏上汉语学习之路已近二十年。二十年前，大洋彼岸的青年高山还在四处搜索中文学习资料；二十年后的今天，高科技通信技术将中国西南的笔者和北京的高山连接在一起。我们通过这方小小的屏幕和对方实时互动，在谈话中回忆过去、见证当下和展望未来。现代通信技术让我们克服了距离对交流的限制，"见字如面"变成了"天涯咫尺"。

在这三小时里，高山对科研的热爱、对导师和同窗的感激满溢于言语之间。高山开朗的笑声、幽默的表述、谦虚的话语给笔者留下了很深的印象。来华留学的种种困难被他淡淡带过，那些年在实验室埋头研究、在中文课堂发奋学习的时光，被他总结为——我来中国是为了学习中文，是为了科研。对学术的赤诚和真挚、对汉语朴素的热爱……这些品质何其珍贵。岁月随风过，语言学习的困难、异国求学的不易、学术研究的艰辛汇聚于此，他用热爱和毅力一一攻克这些难题。

学术之路漫且艰，来华惜缘奋书卷，书卷之后，还期待高山再次扬帆，与中国、与中文、与热爱的计算语言学相逢在更高处！

# "新汉学计划"架桥，中外师生共筑学术路

◎ 杨尔弘

当接到语合中心王昕生老师转来王雪佳对高山博士的访谈录《学术之路漫且艰，来华惜缘奋书卷》，并被告知这是首次对 18 名优秀的毕业生进行访谈，访谈录拟结集以《问道中国：我的新汉学之路》为题出版时，我很欣慰，也很激动，祝贺高山博士进入优秀毕业生行列！

高山在北京语言大学攻读了硕士、博士学位。他把青春的奋斗时光印在了北语的校园中，北语也见证了他的学术成长。

高山是勤奋的。从阅读计算语言学教材，到学习程序设计，学习使用各种语言信息处理工具；从开始写的课程报告被老师改得几乎找不到原来的句子，到成就博士论文；从在组会上懵懂地听学长们汇报工作进展，到担任组会、读书会的内容设计者、组织者；从领域的知识点学习，到领域研究的前沿综述；从不知如何找到具体的研究点，到在领域内著名的国内、国际会议上进行研究成果报告；从看着大规模的语料不知所措，到自如地获取语言数据、统计分析……我看着他的汗水洒在学术追求的路上。高山的博士论文做得并不顺利，开始确定的题目是基于统计机器翻译的短语对齐相关研究，到 2018 年，陡然间，以深度学习为主导的神经机器翻译技术大幅度提高了翻译性能，这意味着他的研究应用价值渺茫，那时我们是焦灼的、压力极大的。能够较快地更换研究题目，得益于我们团队多年在动态流通语料库方面的研究积累，得益于高山同学平时细心地依照汉语动态流通语料库对阿拉伯语语料的收集。他的博士论文《五国阿拉伯语报纸语料词汇计量研究》，是第一次将汉语媒体语言生活状况调查的方法与技术应用在阿拉伯语上面开展的研究，博士论文获得评审专家的好评，他同时获得北京语言大学"优秀国际学生毕业生"的称号。

高山对研究、教学充满热情，执着追求。博士毕业后，他到北京大学做博士后，同时承担了较为繁重的教学任务，他乐此不疲地编教材、上课，抓紧一切的时间投入研究，撰写研究报告。他会和我开心地分享他的每一点喜悦，他的教学论文获奖了，他的研究报告终于可以成文投稿了，他的语料资源有很多人关注并希望合作了……我享受着他的喜悦，鼓励他继续坚定前进。

高山是幸运的。他从遥远的非洲来到北京语言大学，他的汉语老师为他指路，我们的研究团队给了他良好的学术资源与团结协作的氛围，北京语言大学为他提供了实现学术追求的基础保障，语合中心以"新汉学计划"项目资助了他的博士研究计划，这些都让这位热爱中国文化、喜欢中国的外国人更加切实地感受中国，感受跨国的学术交流与成长。

我感谢高山，我们教学相长。他热爱中国文化，谈起关羽、元好问等，头头是道；他清楚地记着每一个传统佳节，总会温馨地送给我们问候；是他让我了解了"新汉学计划"，第一次接触到这个名词，还是在高山申请博士研究生名额时，当时我还想这个计划一定和汉学研究相关，之后才知道了它的内涵。祝愿语合中心的"新汉学计划"实施顺利，为学术交流、民心相通铺路架桥。

## 导师简介

杨尔弘，北京语言大学教授、博士生导师，国家语言资源监测与研究平面媒体中心主任，兼任《中文信息学报》副主编。研究领域：语言信息处理、语言监测、语言资源建设。主要著作与编著教材：《中国语言生活状况报告》（2007年以来）、《2011汉语新词语》、*Proceedings of Belt & Road Language Resources and Evaluation* 等。

谢依伦

# "新汉学计划"助力《红楼梦》
# 在马新传播"进行时"＊

**访谈人**：汪静茹，中国人民大学文学院中国现当代文学专业 2020 级硕士研究生
**采访时间**：2021 年 3 月 30 日、2021 年 6 月 5 日
**访谈方式**：文字采访

## 被访人简介

　　谢依伦（Chia Jee Luen），马来西亚人，现任职于马来亚大学（Universiti Malaya）《红楼梦》研究中心，主要致力于《红楼梦》等中国古典小说研究、文学传播学方面的研究。先后获得马来亚大学中文系的学士学位和硕士学位。2014 年 9 月，谢依伦通过"新汉学计划"来华攻读博士学位项目被山东大学录取，师从文学院教授孙之梅攻读中国古代文学，撰写的博士论文为《〈红楼梦〉在马来西亚和新加坡的传播与研究》，论文的匿名评审和答辩结果均为优秀。曾获评山东大学 2019 年度国际学生"优秀毕业生"荣誉称号。他在《红楼梦》研究领域发表论文若干，与其他马来西亚学者合作完成了《红楼梦》的马来文翻译，并合作出版了专著《陈广才红学研究藏书目录及评价》。

---

　　＊ "马新"指马来西亚和新加坡两国。

引言

谢依伦自 2018 年博士毕业后，顺利入职刚成立不久的马来亚大学《红楼梦》研究中心，很快就成长为一名业务骨干。他除了学术研究以外，还承担了中心很多事务性工作，为中心的建设不遗余力。本篇访谈录的中心线索是采访谢依伦关于《红楼梦》在马新传播的学术研究历程，重点突出他在"新汉学计划"博士项目期间的收获。

# 一、与《红楼梦》结缘

### 1. 中文根基

谢依伦出生在霹雳州班台，一个以华人为主要社群的渔村，这里的居民大部分是福建人和潮州人。他从小听着爸爸的潮州话和妈妈的槟城式福建方言长大，小学在直民国民型华文小学 Sekolah Rendah Jenis Kebangsaan Cina Tit Bin 受教育（教学媒介语为华语），中学进入班台国民型中学 Sekolah Menengah Kebangasaan Pantai Remis（教学媒介语为马来语），大学先修班于实兆远英华国中 Sekolah Menengah Kebangasaan Methodist（A.C.S）Sitiawan 就读（教学媒介语主要是英语和马来语）。

小学这六年的中文学习非常重要，不仅为谢依伦打下了听说读写的基础，也使他非常喜爱、认同中华传统文化。尽管在初中、高中、大学先修班，中文作为一个科目，一周仅上短短几小时的课，但因为生活环境和个人兴趣，他的中文学习一直没有落下。最终他的学士和硕士学位都在马来亚大学（以下简称马大）中文系获得。

### 2. 从没法读完到潜心研究

谢依伦小时候就读过很多白话节选版的中国古典小说，比如《镜花缘》《西游记》《三国演义》等，中学时候则一度迷上金庸的武侠小说。但在他的印象中，《红楼梦》并不如其他文本那么好读，那是一本他尝试过无数次都没法读完的著作。他觉得相对于其他小说，《红楼梦》情节进展缓慢，读起来沉闷乏味，加上许多生涩难懂的词句，没看几页就容易打瞌睡。那时他只把《红楼梦》当爱情小说来看，对其中有关情感方面的细腻描述，觉得有些拖拖拉拉、哭哭啼啼，提不起什么兴趣来。

或许，谢依伦与《红楼梦》有段冥冥中就注定的缘分。在马来亚大学念中文系时，出于对中国古代文学的偏爱，谢依伦选修了孙彦莊老师的中国古代小说课。孙彦莊老师正好是研究《红楼梦》的专家，《红楼梦》自然就成了那门课的重头戏。在她的引导下，谢依伦重新认识了《红楼梦》。记得在一次课程呈堂作业上，谢依伦还扮演了贾宝玉的角色，唱着周杰伦《发如雪》的歌词"繁华如三千东流水，我只取一瓢爱了解"，以此来示意对林黛玉的爱。

为了准备好那次课堂表演，谢依伦当时对《红楼梦》的研读就主要集中在文本解读，聚焦于人物的形象刻画，是有几分研究者心态的，这样就在无形中推进了他对《红楼梦》的认识。中文系向来"阴盛阳衰"，他们一群较好的同学也是以女性居多，常会以《红楼梦》中的人物来对号入座，说某某像史湘云、某某像王熙凤、某某是林黛玉。谢依伦属于少数的男性，自然就被冠以贾宝玉的代称，虽好玩，但他说自己其实很厌恶被当作那种不懂事又脂粉味重的"二世祖"。那年谢依伦刚好还谈着恋爱，对黛玉的小性子、女性情绪的敏感和善变，似乎更能有所体会，进而对小说中的描写也能有更深刻的认识。"宝黛钗"的爱情故事，读起来也就不像之前那么乏味了。

本科毕业后，谢依伦成了孙彦莊老师的研究助理，参与《红楼梦》马来文研究、翻译和出版，就这样开始走上了研究《红楼梦》的学术之路。2007 年 5 月 16 日，谢依伦因《红楼梦》的翻译项目及筹办大马<sup>①</sup> "《红楼梦》与国际汉学"研讨会事项，与孙彦莊老师去北京进行了为期一个月的学术考察访问活动。这是他生平第一次去到比新加坡更远的国家。踏入中国，亲身感受那些只有在华文课本中才能看见的历史文化景观，他心中的激动可想而知。

对谢依伦而言，此行最大的收获是会见了许多红学大家，那些人可谓是在用毕

---

① 马来西亚简称大马。

生心血去研读《红楼梦》，这让他深受感动，他没想到仅两册厚的小说竟能让学者痴迷至此。为此，他曾将这份宝贵的人生经历写成一篇题为《红楼·梦之旅》的文章，此文收录在《"40载马中情"征文比赛作品集》（2014年）中。回国后，谢依伦更加努力地在这一领域深耕，阅读了大量有关中国红学的著作。与此同时，他和孙老师也着手搜集《红楼梦》在马来西亚传播的资料。后来，孙彦莊写成《〈红楼梦〉研究在马来西亚》，开创了研究《红楼梦》在大马传播的先例。而谢依伦也紧随孙老师的步伐，踏上了研究《红楼梦》在马来西亚和新加坡传播的道路。

# 二、在山东大学做学问

## 1. 想念仁善的导师孙之梅

在马大中文系时，谢依伦知道的中国名牌大学只有北京大学和清华大学，此前同学们也基本没谈论过山东大学。因缘际会，因为"新汉学计划"的调派，谢依伦有幸进入以文史哲见长，有着悠久优秀人文学术传统的山东大学，并结识了导师孙之梅。

孙老师的和蔼可亲，让谢依伦深深地感受到中国传统文化教育中"一日为师终身为父"的含义。在学术研究上，孙之梅秉持开明的态度，支持谢依伦按自己的兴趣去探索。在论文指导上，她又是一位严格的导师，对论文质量严格把关，往往能一针见血地指出学生论文中的不足之处。比如谢依伦写《战后马新文坛对〈红楼梦〉的研究与推广》初稿，孙老师阅后即回复："条理清楚，叙述也有逻辑。我随文进行了文字、表述方面的修改，现发给你，供你参考。"而针对"马新《红楼梦》研究学位论文分析"一节的初稿，孙老师对谢依伦直接指出："你做了大量的调查工作，对新、马二方的硕博士及学士论文进行了分类比较，在此基础上进行数据分析，应该说是一篇好的调查报告。不足之处是，该文对现象背后社会学的、哲学的分析尚未进入，这样会影响论文的深度。如果力所能及，值得考虑做做。"孙老师的评语，一般都是先提优点，再补充提升的建议。其实在课堂讨论中，谢依伦很明显地看到自己与中国本土博士生存在的差距。但无论是面对面讨论论文，还是在电邮中回复，孙老师都始终温柔地传递着勤能补拙的信念，这让他很受鼓励。

学术交流是谢依伦读博期间的一项重要活动。在孙老师的鼓励下，他共出席过大大小小几十场讲座，并两次发表论文：第一次是 2016 年参加"文学史研究问题与方法"国际学术研讨会，呈交了论文《梦下南洋初绽红：〈红楼梦〉在马来亚的传播（十九世纪末至二十世纪四十年代）》；第二次则是 2018 年参加在山东青岛召开的"中国文学史观与文学史研究"国际学术研讨会，发表了论文《马来亚"华文蛮荒"时代的〈红楼梦〉传播史》。此外，孙老师还请樊庆彦[①]老师为他们安排了其他学术与文化结合的研讨交流会，比如"天下水浒"——泰山学术与旅游文化国际研讨会、第十四届临沂书圣文化节开幕式等。谢依伦在书圣文化节时就到过书圣阁参观系列艺术展览，也去过王羲之故居，同时还体验到了在中国泡温泉的乐趣，他说这些都是很好的文化体验。

2015 年 8 月 23 日，参加第 22 届国际历史科学大会，与家人的合影

① 樊庆彦，山东大学文学博士，复旦大学中文博士后，现任山东大学文学院教授、中国古代文学专业博士研究生导师，主要研究方向为中国古代小说戏曲与宋元明清文学。参考：山东大学文学院官网（https://www.lit.sdu.edu.cn/info/1091/12855.htm）。

谢依伦　"新汉学计划"助力红楼梦在马新传播"进行时"

2018 年 8 月 17 日，第二期曹雪芹美学艺术讲习班雅聚，"行酒令"文化体验

　　导师的研究方向主要在中国古代文学和近代文学方面，孙之梅在钱谦益研究和南社研究上所取得的成就是学界有目共睹的。关于近代文学主题的研讨会及讲座，自然也是谢依伦读博期间参与的主要活动之一。他记得非常清楚，在山东省近代文学学会第五次会员大会暨"郭延礼与中国近代文学研究"学术研讨会上，他第一次见到了太先生 ①，心情非常激动。研讨会的主题是谈太先生在近代文学研究领域的贡献，而他的导师即是这一领域的领军学者之一，他说那种感觉是一种说不出的微妙，应该是种油然而生的自豪感，他期待自己日后也能像导师一样有所成就。

　　受孙老师的影响，谢依伦也开始关注到部分南社文人下南洋后，为新马华人社会的文学、文化、教育所做出的贡献。他所搜集到的资料显示，南社文人在南洋的活动与革命紧密相连。譬如：谢良牧（1883 或 1884—1931），字叔野，号圉人，广东梅县人，出生于马来亚华侨富商家庭，其入社号为 396。他跟随孙中山在南洋宣传革命，筹建同盟会南洋支部，为起义筹集经费。其他著名的革命领袖还有黄兴和

---

　　① 孙之梅于 1996 年师从郭延礼先生读博士研究生。老师的老师，敬称为"太先生"。

张继等人，他们一方面看重报纸在传播知识、提高人民文化科学水平方面的作用，另一方面将报纸作为传播政治思想的工具。南社成员多为各报章的主笔，如：《中兴日报》（1907—1910）的主将田桐；《光华日报》（1910—　　）的戴天仇、雷铁崖、李怀霜、陈世宜、陈耿夫等；《国民日报》（1914—1919）有雷铁崖、姚鹓雏；《新国民日报》（1919—1940）总编辑张叔耐（张尔泰）；《华侨日报》（1921—1922）的易昌楒。也有游历南洋后为马新留下游记或诗篇的，如王蕴章、周詠、侯鸿鉴、张光厚等人。

谢依伦在接触南社研究之前几乎没听说过这些前辈的名字。比如易昌楒（1862—?　），字倩愚，四川富顺人，入社号为241。易先生于1918年秋，由广州乘轮船渡南海，寓居于槟城。1921年槟城侨众创办《华侨日报》，他主理笔政。然而据说于1923年遇车祸，重伤不治，葬于浮罗池滑公冢（Pulau Tikus Cemetery，今称槟城联合福建公冢）。关于易先生卒日，众说纷纭。据陈宗山记录，易昌楒于1923年12月27日上午11时许，遇车祸，身体右侧受重创，送院医治略清醒，回寓所时仍能勉强登上楼梯，自是刨卧，然一日夜后离世；李湘瑶《易昌楒先生生平及其诗歌创作》一文却写道是1925年农历八月。关于易先生的死因亦有车祸意外、英人预谋车祸、生病、中毒等说。此外，亦有记载易先生又名鼎彝，他的文教界好友跟三江同乡联合为他在平章会馆举行追悼会，并出版一部18开的厚册《易鼎彝先生逝世纪念册》。但谢依伦至今仍未寻获此书。对于资料所记不一的情况，导师会教他学习如何取材和辨析，他觉得这样的研究很有意思。比如，易先生为理想办报，耗尽资金无所为继之时仍努力推广平民教育，在当时这样的人应该为数不少，然而这些人却基本被时代淡忘了。另外还有张叔耐先生，他原名张尔泰，字思九，号痴鸠，江苏松江人，入社号为938。他于1919年到新加坡，任《新国民日报》主笔兼总编辑，直至1937年初方因病请辞，是年秋天返回中国，1938年6月7日于上海逝世。他一生致力于文化事业，是早期杰出的马华文艺工作者、文学播种人。先辈的种种逸事以及他们留下的文章，谢依伦觉得都是值得后人辑录成书的。

除了学术指导以外，孙老师也很关心谢依伦的家庭情况。第二学期，谢依伦把妻子淑玲和三岁大的儿子彰轩带到山大。一家人与孙老师的第一次会面是在教师节的聚会上，那天孙老师特别嘱咐他要把妻儿带去，并按他们一家的饮食习惯安排了几道素食。在短短几小时的聚会上，淑玲很快认识了孙门的兄弟姐妹，彰轩也很快就和大家打成一片。孙老师得知他们一家三口挤在一间小房子里对学业多有影响，就建议谢依伦在校外另找房子。谢依伦说，租住相对宽敞的房子后，自己的学习效率得到很大提高，而且实际上也并没有因此产生多少额外的经济负担。孙老师还很重视孩子的教育情况，她建议谢依伦去山大找某位老师询问，看能否让孩子入学山大幼儿园。生活上的点滴关怀不一而足，一想起孙老师这几年来的细心照顾，谢依伦至今仍十分感动，难忘师恩。

### 2. 回忆在山大学习的温馨画面

学术训练之外，对谢依伦来说，在山大学习感触最深也最享受的活动之一，就是"文学生活馆"系列讲座。他说，当时每听一场讲座就像看过了一部精彩电影，而印象最深刻的是张丽军[①]教授讲"老舍与《骆驼祥子》"。那时的谢依伦才刚到山大，孤身在外特别容易感伤，听完祥子的悲剧人生后，他心情特别沉重。顶着寒风走回宿舍后，他依旧难以平复心情，于是融情于笔，写下心得及一首诗《度过寒冬的骆驼》。后来他将家人带到山大，参加"文学生活馆"就成了他家庭活动的一部分。他回忆起自己和孩子一起去听了于冬云[②]老师讲海明威的《老人与海》，在看电影片段时，孩子说那鱼很凶。回国后，孩子还常跟他提起那次听讲，说老人与鱼搏斗的故事很有意思。他想，现在给孩子种下这颗文学的种子，等孩子长大后再拿起《老人与海》细读，肯定会有不同的解读。

---

[①] 张丽军，文学博士，山东师范大学文学院教授、博士生导师，中国现代文学馆第二届客座研究员、特约研究员，山东省首届签约文艺评论家，山东省作协首批特邀研究员。山东省文艺评论家协会常务理事，山东省当代文学研究会常务理事，山东省茅盾研究会常务理事。国家精品课程"中国现代文学"主讲教师。参考：山东师范大学文学院官网（http://www.wxy.sdnu.edu.cn/info/1056/1705.htm）。

[②] 于冬云，文学博士，山东师范大学文学院教授、博士生导师、比较文学与世界文学学科带头人。兼任山东师范大学文学与跨文化研究中心主任、中国外国文学学会·比较文学与跨文化研究会常务理事、中国比较文学学会·文学理论与比较诗学研究会理事。主要研究方向为欧美文学、中西文学比较与现当代西方文论。参考：山东师范大学文学院官网（http://www.wxy.sdnu.edu.cn/info/1058/1719.htm）。

2018 年，毕业回国前聚餐，一家人与恩师孙之梅教授以及部分师兄妹合影

要说起来，谢依伦也曾是"文学生活馆"的见证人之一，他曾见证了"文学生活馆"从"虚"到"实"的全过程：从知新楼课室的线下讲座，到线上线下同步进行，直到在山大的"创客一条街"成立了实体的文学生活馆。他还见证了整个团队辛苦工作的全过程，他们用心地整理每场演讲的内容，详尽地记录线上线下的留言和反馈、报道现场的反应，耐心整理群众"秒抢"的报名名单。最终他们将所有努力化作三辑《领读经典》，并顺利完成国家社科基金重大项目"当前社会'文学生活'调查研究"。

能够参与其中，谢依伦说这得感谢谢锡文[①]老师。当初她见谢依伦每场必到，风雨无阻地几乎每次都参加"文学生活馆"，就过去亲切地与他交流。自此以后，他就成了名义上的志愿者。这位老师其实并没有刻意给谢依伦安排什么工作，但谢依伦主动协助团队做一些力所能及，又不给团队添乱的工作，如统计出席人数、核对名单、挑选讲座现场照片等。

在 2014 年 10 月 23 日"当代中国文学生活研讨会"中，谢依伦听完了谢锡文

① 谢锡文，文学博士，山东大学新闻传播学院教授、硕士研究生导师，山东省写作学会副会长，山东大学"文学生活馆"创办人。参考：山东大学新闻与传播学院官网（https://www.jc.sdu.edu.cn/info/1117/1408.htm）。

谢依伦 ｜ "新汉学计划"助力红楼梦在马新传播"进行时"

老师汇报文学生活馆的运作和发展，也有幸听到了温儒敏①老师讲述办"文学生活馆"的初衷与目标。他很认同两位老师所做的努力，即将文学作品推向社会大众，让普通读者进入文学研究的视野，了解文学传播在群众中产生的影响和效应会让文学研究跨入一片新天地。谢依伦觉得经典就是常读常新，不同年龄阶段读起来应该都会有不同的思考和领悟。通过资深的文学评论家去领读，确实能带给读者更全面的了解，从而更准确深入地体会作品所要表达的思想内容。当然，文学经典并不专属于精英小圈子，一个作品传播的完成，必须经过读者的接受，尤其是那种不带研究目的、纯粹以阅读为喜好的普通读者的接受。

事实上，这也与谢依伦所关注的传播研究有密切关系。不同的是，谢依伦做的博士论文更多是在梳理《红楼梦》过去的传播情况，而温儒敏老师和谢锡文老师却是一步一个脚印地在推动文学作品走入当下大众的生活，并对这一现象所产生的社会影响进行观察、梳理和总结，他们一个是偏于过去式的记录，一个是进行式的研究。但从某种意义上来说，传播从源头到影响，这样的过程本身就是一种"进行时"，所以关于《红楼梦》在马新的传播研究也会一直处于"进行时态"。

2018 年 12 月 6 日，在山东大学，参加文学生活馆五周年庆活动

---

① 温儒敏，现任山东大学人文社科一级教授、博士生导师。兼任北京大学语文教育研究所所长、教育部聘中小学语文教科书总主编、教育部基础教育专家委员会成员。主要从事中国现当代文学、比较文学和语文教育的研究与教学。享受国务院特殊津贴，被授予国家级教学名师称号。参考：山东大学文学院官网（https://www.lit.sdu.edu.cn/info/1094/9873.htm）。

### 3. "新汉学"期间的新收获

谢依伦对"《红楼梦》在马新的传播活动"的关注始于硕士研究课题，这是一项需要勤下苦功去搜集在地文献和材料的课题。他当时的论文是用马来文撰写的，研究时段主要集中在 19 世纪末到 20 世纪 70 年代。

幸运的是，"新汉学计划"项目丰厚的奖学金给了谢依伦足够的时间和精力去扩大范围搜寻材料。经过一番努力，他最终突破了原定范围，研究时限从《红楼梦》被带入马来亚的可能性（19 世纪 20 年代）开始，覆盖到了 2018 年，扩展了百余年的时间。对《红楼梦》传播形式的探究也加入了视听文化，从影视传播、戏剧传播、音乐广播、艺术文化展览、美食文化、学术讲座等方面来探讨《红楼梦》演绎产品对大众产生的影响。

可惜的是，他也只是在查找的书面资料和照片上了解到这些视听文化，除了讲座和研讨会，其他的都没能实地感受到。但他觉得增加这方面的内容非常有意义，因为如果这些资料不集中起来，可能连马新的朋友都没听说过，他也特别期待能有机会看到其他形式如经典美食的"复活"。

谢依伦将《红楼梦》以不同传播形式在马新留下的痕迹作为博士论文的附录，其中有中文报章刊登文章的记录（从1894 年至今，目前有 917 条）、英文报章刊登文章的记录（56 条）、期刊刊登文章的记录（114 条）、学位论文（70 本）、马新出版的《红楼梦》文本（包括改编本、图文本等，共 22 种）、译本（2 种）、"红学"论集和专著（17 种）、讲座研讨会记

2018 年完成博士学位论文

录（55 条）、戏曲歌剧表演记录（59 条）、影视上映记录（51 条）、广播节目歌曲点播记录（37 条）和音乐会记录（27 条）。这些基础资料虽然还不是很完备，但他想这也足以让那些想探讨"马来西亚《红楼梦》研究发展"课题的后继学者能有所依据，不至于又从茫无头绪的情况开始，这多少也为学术界尽了一份绵薄之力。

# 三、《红楼梦》在马新传播研究的多面向

## 1. 文学读本《红楼梦》的传播

中国的"五四"新文化运动对马来西亚华人社会的影响是很直接的，尤其是胡适所提倡的"国语的文学，文学的国语"。谢依伦谈到，从古至今马来西亚华人一直提倡学习华文要从文学阅读开始。对华文文学的推广及训练贯穿各个教育阶段，从华文小学、国立中学、独立中学、大学先修班，到国立或私立大学的中文系，可以说马来西亚的中文教育已经有一套相对完整的体系。

马来西亚当地出版的《红楼梦》倾向于比较容易消化的改写版，从少儿、青少年到青年的版本都有。比如：好读者出版社的《红楼梦里的故事》，联营出版有限公司的《红楼梦》（现代汉语古典名著改写本系列，修订版），童乐坊出版的《红楼梦》（低幼漫画注音版），董总书房的《红楼梦》。另外也有标注"马来西亚少年必读经典名著系列"的《红楼梦》（少年版），由上海少年儿童出版社出版。由此可见，在普及《红楼梦》及鼓励阅读中国名著方面，大马华文教育界与出版社都付出了不少努力。现在在大马，读者通过书局就能轻易购得中国大陆、台湾出版的《红楼梦》。所以如果"红迷"们追求版本考究的《红楼梦》，他们会根据自己的喜好从大陆和台湾购入。

在华人社会中，通过电影、电视、古典名著普及本，大家普遍知道或听说过《红楼梦》，但能完整读完《红楼梦》的，谢依伦认为应该为数不多。关于现今文学读本《红楼梦》在马新的普及率，2005 年郭莲花老师在《马来西亚中文系生传统经典阅读调查》一文中曾指出，当时在学生最推荐的十部传统经典排行榜里，《红楼梦》排第三，推荐人数占 57.4%，居于《论语》（74.9%）与《史记》（69.8%）之后。而在学生读完百分比最高的十部传统经典小说中，《红楼梦》排第四，能完全读完的中文系学生占 36.4%。

对于在不同的受众群体那里所达到的效果，无论怎么评价，谢依伦觉得其实都是比较片面和主观的，因此不能以偏概全。特别是像《红楼梦》这样的作品，读者对它的反应往往呈现两极化的现象。但他相信有一点是值得肯定的，即《红楼梦》

在大马会有固定的粉丝。不断推出的高质量多形式的活动，可以培养出稳定的"红迷"，以及吸引更多对《红楼梦》充满好奇的读者。这一点可以从马大中文系和红楼梦研究中心主办的一些活动中窥探一二。

2017年6月17日—7月1日，马大《红楼梦》资料中心举办的中心成立开幕礼和4场演讲吸引了437人出席（不包括嘉宾），其中29%是教师，25%是社会人士，18%是系友，20%是在籍学生，8%是退休人士；2019年5月4—5日，苗怀明教授主办的"水浒、三国、西游、红楼——12小时连续谈"讲座则有146人出席，其中在籍大专生占了53%，系友和教师占31%，社会人士占16%；2019年10月4—7日的马来西亚《红楼梦》国际研讨会，有中国、韩国、马来西亚的38位专家及青年学者与会，也吸引了102人出席（不包括现场报名人士），其中在籍大专生占75%，系友和会员占17%，社会人士占8%。上述都是收费的活动，就已经吸引这么多人前来参加了。而因为场地所限，这类活动的参与者更多局限于方便往来的吉隆坡人士。2021年3—6月，马大《红楼梦》研究中心和北京语言大学主办了"中国古代小说"网络课程，突破了地域限制，吸引了350人报名，其中社会人士和教师群体各占38%，在籍学生占21%，退休人士占3%。长达12节的大学公开课能吸引超过300人报名，这确实让谢依伦感到有点出乎意料。报名者中有88%是马来西亚人，12%则是居住在中国、新加坡、泰国、美国、加拿大、英国、日本、西班牙、澳大利亚的人士。

虽然目前还很难评定《红楼梦》在马来西亚群众中引起的效果，但可以肯定的一点是，目前受众要读懂《红楼梦》还有一定难度。谢依伦认为，要让更多人读懂《红楼梦》有赖于不同类型的活动去多做推广阐释，去让更多不同阶层的人士接触、认识和了解《红楼梦》，让更多非华裔族群读到《红楼梦》马来文译本，这也正是他和同人们努力朝向的目标之一。

### 2.《红楼梦》研究的在地性

在《红楼梦》研究方面，谢依伦认为大马每个时期都会有一些特别关注红学研究的学者。他们通过发表文章，引导大众去了解红学发展或增加对《红楼梦》人物的理解。如20世纪50、60年代的依藤、方修，70年代的梁山、许树华、永乐多斯，80年代的梅淑贞、林亦乐、钟玉莲、陈广才，90年代的孙彦庄、潘碧华、苏伟妮，等等。

　　他们毫不掩饰自己对《红楼梦》的喜爱，也通过各种渠道发声，希望大家能从《红楼梦》中汲取文学养分。这些前辈学者对《红楼梦》都有一套自己的诠释话语，而且多数人都会把《红楼梦》视为一部经典名著，或从赏析文本和创作技巧的角度出发，或借着《红楼梦》来阐发自己对社会、情感、人性的看法，这与中国学者常把焦点放在曹学、版本真伪、红学风雨等课题上不同。但无论如何，这些研究或看法都只是中国古代小说研究在马来西亚的一种延续，而且集中于小部分的华裔文学爱好者。在众多研究者和读者当中，尚没有出现像西方学者那种用不同视野、焦点和方法来解读或系统研究《红楼梦》并让中国学者惊叹、引用和引起广泛讨论的杰出成就。

　　21 世纪，大力推动《红楼梦》在大马社会传播的主要是丹斯里·陈广才。陈广才是马大《红楼梦》资料中心和研究中心的创办人，他强调《红楼梦》是世界性的文化遗产。他除了鼓励华裔学者投入《红楼梦》研究，同时也想让巫裔和印裔学者通过比较文学的方法来研究《红楼梦》。谢依伦很赞同陈广才的做法，他认为在大马若能超越既定的"中国古代小说"，或是"华人的古典小说"的概念，让各族学者发挥大马多元文化、多种语言融合的强项去进行《红楼梦》研究，那么出现更有大马特色的在地性红学研究成果是指日可待的。

2017 年 9 月 19 日，哈佛大学图书馆前，与丹斯里·陈广才和孙彦莊合影

### 3.《红楼梦》翻译的综合策略

谢依伦认为，《红楼梦》的版本研究本身就是一门很专业的学问，而其中关于字句的斟酌校对不是他们的翻译团队能够妥善解决的问题。因此在翻译开始之前，他们就做了大量的研究准备工作，广泛征询学者们的意见，最终选定以庚辰本为底本，人民文学出版社第三版新校注本为主要的翻译依据。

归化（domestication）是以目的语为归宿的翻译策略，具体来说，他们会运用马来文化中具有同等意味的词语来表达《红楼梦》中具有中国特色的词语。比如，凤姐与秦可卿的感情甚要好，当得知可卿的病情日益严重时，不胜感叹——凤姐儿听了，眼圈儿红了半天，半日方说道："真是天有不测风云，人有旦夕祸福。"（第十一回）他们用马来文谚语"Geruh tak mencium bau"（厄运闻不出预兆）直接取代了整句直译的方式。

再如，香菱学诗，黛玉、宝钗、李纨等姐妹纷纷鼓励她，并夸奖她说："这首不但好，而且新巧有意趣。可知俗语说'天下无难事，只怕有心人'。社里一定请你了。"（第四十九回）他们将这句俗语译成"Tiada perkara yang susah di dunia ini（'天下无难事'的直译），asal ditugal，adalah benih"。马来文谚语"asal ditugal，adalah benih"比喻"有耕耘必有收获"。他们结合了中文俗语及原有的马来文谚语，带出原文中"有志者事竟成"的意思。

除了原文本中的俗语谚语，在中马翻译中有许多词汇不能直接翻译，必须意译，读者才能明白原意。比如：宝玉听了，好似打了个焦雷，登时扫去兴头，脸上转了颜色。（第二十三回）"转了颜色"一词指贾宝玉听到父亲要见他时，吓得脸色大变。他们并不直译为"warna muka bertukar"（脸色大变），而是用了"keriangannya lenyap dan mukanya menjadi pucat"（他的快乐消失，脸变苍白），希望这样能更贴切、更忠实于原意。

再如，晴雯道："白眉赤眼，做什么去呢？到底说句话儿，也像一件事。"（第三十四回）。"白眉赤眼"这个成语是由颜色词和别的词汇搭配组成的，原指唱戏时演员化的妆，在这句话中的意思是"平白无故"。晴雯不明白贾宝玉为什么派她去林黛玉处，这个成语充分显示了晴雯心直口快的性格。若直译，就无法准确地让读者理解意思。因此，译成"Saya tak boleh pergi ke sana tanpa sebab"（我不能无缘无故到那边去），隐去了字面意思，翻译出它在特定语境中具有的超出其表层含义的文化内涵，传达给马来文译本的读者整个句子的原意。

翻译团队认为，翻译是一种跨国的交际与交流活动，因此必须站在译本读者的视角，考虑到读者的接受度与需求。在不破坏原著原创性和创作目的的前提下，希望译本读者在阅读时，能够与原著读者产生同样的阅读感受和审美体验，这当然是最理想的状态。

中文和马来文两种文字分别属于不同的文字体系：从产生的途径来看，马来文是从概念到语音再到文字，即语音是第一性的，文字是第二性的；而汉语是从概念直接到文字，文字是第一性的，语音是第二性的。因此，当没有对应的马来文词句时，他们会用到直译、音译、意译、加注等综合翻译策略来帮助读者理解原著。

与此同时，为了使译文读者能够跨越语言文化障碍，他们还会对文本中出现的历史典故进行异化（foreignization）加注。例如，曹雪芹为了刻画林黛玉的肖像，借用"比干"来说她的聪明智慧，又借用"西施"来说明她的娇弱美丽，因为中国传统典故中就有"心较比干多一窍，病如西子胜三分"的说法。他们进行直译的时候会加以注释，把比干的"玲珑七窍之心"及西施的"病态美"进行传达。这种翻译策略既不会在语义功能上有所损失，又保留了原著的中华文化特色，使译文读者对这一典故有了较为形象的了解，从而达到文化移植的目的。

谢依伦认为，在很大程度上，归化与异化的选择与文本功能直接相关。为了遵循文化翻译观，即译文需要忠实于原作，他们也采用直译和异化等翻译策略使译文符合原作的思维方式和表达习惯。因此也可看到，对于许多具有中国特色的典故和俗语，他们选择用异化直译法，目的是使读者能够最大程度地感受到中国文化的特色，领略其中的语言魅力。

因为语言和文化的差异不可避免，翻译本身一定会存在遗憾和缺失，单一的翻译策略有时并不能贴切或有效地传达源语言的含义与神韵，也会使译文语言的暗示作用和联想意义不能和原文保持一致，译文和原作的艺术效果也不能等同。因此通过运用综合的翻译策略，他们希望可以取长补短以趋于理想状态。

### 4. 有关《红楼梦》研究的文献整理

谢依伦看到，文献整理对学术研究而言特别重要，只有站在巨人的肩膀上才能看得更远，不至于做吃力且不讨好的重复劳动。大马中文研究所需要的参考材料本身就存在一定程度的局限性，更何况是想赶上红学这种热门的研究，因此这是一项很有挑战性的工作。近年来单是在中国，几乎每年都有近百部的新论著出版。

谢依伦在真正接触到红学之前，万万没料到单以《红楼梦》一本小说为主题的研究竟能达到那么庞大的数量。在着手整理书目时，他就想着要出版一本便于大马学人快速掌握《红楼梦》研究状况的工具书。最终，他和同事们依据红学的特殊性，将所有书籍分成七大类，即版本、译本、续书、红学研究中英文论著、改编创作、《红楼梦》著者研究史料及《红楼梦》题材作品。

《陈广才红学研究藏书目录及评价》这本书涉及 1934—2009 年间所出版的 989 种共 2 000 多册书。目前，他们正进行着第二阶段的书目工作，编撰的评介涉及多达 2 598 种共 5 000 多册书，涵盖 1814—2017 年出版的《红楼梦》相关书籍，预计会分设诗词、工具书、期刊学报、学位论文、"文革"时期出版物等类别。谢依伦坦言，他们也是边学边做，在红学书目分类方面确有不少的书籍供参考，但都没有特定的形式，因此最终还是得依据自己的编撰目的和目标读者的需求去做调整。

## 后 记

本次访谈历时半年，其中最大的困难在于，被采访人谢依伦的时间有限，我们的"时差"常常是一个月，即我上个月的问题，一般会在下个月得到回复。这一方面与他工作的繁忙不得间隙有关，另一方面也与他并不常用微信、邮件联系有关。因此他常常致歉不能按期提交访谈稿。

但本次访谈最大的优点在于，谢依伦做事非常认真，他对每一个问题的回答都经过认真的思考和审慎的用笔，可谓字斟句酌。这应该是一个学者惯有的态度。他每次把稿子反馈给我时，都会在微信上附加一句这样谦虚的话："您看有哪些不清楚的地方，告诉我，我再修改。"这让我倍感温暖，因此也就敢对他多番叨扰，每周都去催稿。

采访结束了，我们仍保持着良好的"时差"关系，我时常会给他发去中国的红学研究动态，他也给我发来一些近作，比如《〈红楼梦〉在马来文世界的译介与传播——以印度尼西亚、马来西亚和新加坡为例》，并分享了旧作《马来亚"华文蛮荒"时代的〈红楼梦〉传播史》被收入由刘跃进、刘怀荣主编，中国社会科学出版社出版的《中国文学史新论》等信息，可以看到他的《红楼梦》传播研究之路正越走越宽阔。

# "红学" 下南洋

◎孙之梅

　　2013年"新汉学计划"项目诞生，招收海外汉学和中国研究博士生，来我国进行系统学术训练。这一信息，鼓舞了不少有志于汉学研究的海外学子，一批又一批优秀的青年获得了不错的深造机会。教育部中外语言交流合作中心在全国博士点进行导师遴选，我有幸进入导师行列，并连续几年招到了学生。当时从教育部到山东大学都十分重视这一工作，记得当时的娄红祥副校长给导师们开会，陈述大义，提出措施，给予支持，老师们也颇得鼓励。2013年开始招生，我招的学生是韩国的金洙京君，第二年中心的王昕生老师与我联系，征求意见，说报考北京大学的马来西亚籍同学可否到山大跟我读书。因为之前和昕生老师有多次联系，便应了下来。其实心里有点勉强，心下还是想招那种一开始就报考山东大学的学生。后来我知道，海外的年轻人说到中国的大学，一般只知道北京大学、清华大学，而对于其他大学知之甚少。

　　谢依伦君秋季入学，一见面他带给我一个欣喜，就是他的汉语交流水平超过了我的预期。一个长相清俊、言谈举止礼貌得体的年轻人，给我留下了不错的印象。后来他就和我的其他学生一起上课，我不能因为照顾他的水平而降低教学内容，看得出来他听课的困惑。学习本身就是一个不断超越自我的过程，克服了困难，就达到了目标。我让他与同门师兄弟们多来往，有问题请教他们，多参加院里组织的学术活动，带着他参加学术会议，通过这些举措，促使他尽快熟悉环境，了解学术领域之广袤，开拓学术视野。朝三暮四、好高骛远、想入非非、眼高手低是人年轻时常有的状态，而依伦君是一个有笃定信念的青年。他吃素，据他讲，这并非从小的生活习惯，而是他发现自己性格中存在的问题后的主动选择，难能可贵的是他坚持下来，成为坚定的素食主义者，并以此为缘结识了美丽的妻子，他们共同砥砺，成为一个纯粹素食的家庭。在人生道路的选择上，他认准自己要做一个学者，心无旁骛，为实现这一目标做着各种努力。

我一直有一个观点，认为明清以来的中国文学应该放在东南亚文学圈中去考察，特别是一些经典作品与大作家。海外汉学博士的到来，为我去思考探讨这一观点提供了契机。2013年"新汉学计划"招收的韩国金洙京君的博士论文题为《"二话"在韩国的传播与影响》，依伦君的博士论文课题循着这个思路，基于对他已有学术背景的了解，我们共同商定他的博士论文课题为"《红楼梦》在马新地区的传播与影响"。其他海外的博士们陆续做过其他的课题，他们的开拓也在扩展我的学术视野，论证我的学术判断。这大概就是教学相长吧。

一个初进入学术研究领域的人面对课题，往往会不知所措，依伦君也有过这一阶段，记得他第一次交来的开题报告，其中不无惶惑和混乱，有时表现为语无伦次。后来在修改过程中我们或面谈，或通信函，他逐渐对论题要解决的问题、论文章节的安排有了比较明确的理解。此后的三年，他全身心投入材料的爬梳分析和论文撰写中。三年后他申请了2018年冬季的答辩，预答辩时，我忐忑的心放下了。士三日不见当刮目相待，他的论文除了一些细节问题外，整体上再一次超过了我的预期。我高兴地对他说：写得不错，可以答辩毕业了。他的脸上顿时绽放出红云和孩童般的笑容。答辩委员会和我的认识一样，赞叹一个海外留学生的论文有如此水平。

依伦君的博士论文题目是《〈红楼梦〉在马来西亚和新加坡的传播与研究》，这个课题首先要解决的是：《红楼梦》于何时、以何种方式进入马新？他的结论是马礼逊、郭实腊是马新地区《红楼梦》最早的传播者，其时大致在19世纪20年代左右。其根据是《红楼梦》程甲本出版时间与槟榔屿（1786）、马六甲（1795）、新加坡（1819）开埠的时间相去不远，马礼逊、郭实腊此期活跃于马新。马礼逊于1812年开始节译《红楼梦》，并在其编纂的《华英字典》中大量引用了《红楼梦》的词句。郭实腊是西方第一篇《红楼梦》评论文章的作者。1818年，马礼逊和米怜在马六甲创建英华书院，设立图书馆，其中有马礼逊的个人藏书。马礼逊《马礼逊手稿书目》著录有与《红楼梦》相关的书籍7种，其中有东观阁嘉庆辛未重镌《新增批评绣像红楼梦》、东观阁嘉庆戊寅重镌《新增批评绣像红楼梦》、后来失散的四卷本《红楼梦》3种，逍遥子《后红楼梦》、陈少海《红楼复梦》、海圃主人

《续红楼梦》续书3种，还有小说原著改编的戏曲脚本《红楼梦散套》1种。其观点虽无直接证据，这些旁证和论证过程还是令人信服的。在《红楼梦》的传播过程中，他关注到外交使节的作用，特设一节讲从1881年始领事官左秉隆、黄遵宪在马新创办教育、弘扬中华文化的努力，为华人社会培育了接受《红楼梦》的土壤，其中与黄遵宪交好的邱炜荽于1898年刊刻了《红楼梦分咏绝句》，标志着马新《红楼梦》研究的开始。他还注意到华人汉语教材中《红楼梦》节选的作用，其中引用材料丰富，论据扎实，表现出作者思考路径之新颖和求实考证之缜密。

论文的精彩之处不少，不便一一罗列。马新地区《红楼梦》研究不始于依伦，但他对两百年间马新地区的《红楼梦》传播进行了一次全面梳理与总结，为红学做出了创新性贡献。依伦君的学术志向很大，他对自己的研究有所期待，其目标是"呈现出《红楼梦》在某个时代如何传播，当时的传播主体是谁、传播了什么信息、其受众范围的大小，以及根据受众的反馈来探讨《红楼梦》传播的影响力。而后再对已出版的《红楼梦》相关文章与研究成果进行梳理和评述，为马新红学做一个概括性的基础介绍。最后，总结马新红学的特点及不足，参照世界红学的研究思路与方法，为未来马新的红学研究的拓展提些建议"。经过四年半的研究，依伦君的论文基本实现了这一愿望，取得了优秀的成绩，获得了山东大学2019届优秀毕业生的荣誉，也成为"新汉学计划"的优秀毕业生。现在依伦君回到马来西亚，效力于马大《红楼梦》研究中心，继续红学以及中国古代文学的研究，我为他学有所成、学有所用感到高兴。在依伦君的博士论文出版之际，我聊缀数语表达贺忱。我们远隔千山万水，但他读书时的情景历历在目。

**导师简介**

孙之梅，山东大学文学院教授，博士生导师，中国古代文学研究所所长。研究领域：中国古代、近代文学。主要著作：《钱谦益与明末清初文学》《南社研究》《钱谦益诗选》《中国文学精神（明清卷）》《明清学术与文学》等。

## 夏小雨

# 同"道"中人

**访谈人**：李爱侠，中国人民大学文学院汉语国际教育专业 2020 级硕士研究生

**访谈时间**：2021 年 2 月 5 日

**访谈方式**：视频连线

## 被访人简介

　　夏小雨（Sharon Yael Small），以色列籍，曾于特拉维夫大学（Tel Aviv University）东亚系获得哲学学士及硕士学位，其硕士毕业论文 "Zhuangzi, The Film: Visualizing the Riddle of One Body" 获得满分评价。本硕期间，于山东大学犹太教与跨宗教研究中心对比研究犹太教与儒家传统。2013 年作为首批被"新汉学计划"接收的留学生于复旦大学交流学习，次年又通过"新汉学计划"转学至北京大学哲学系攻读博士，师从王博教授，潜心研究道家哲学。现为华东师范大学哲学系博士后、中国现代思想文化研究所研究员。多次参加各种重要学术会议，翻译过杨国荣、王中江等学者的文章与著作。个人学术成果有《早期道家的宇宙生成模式及其实践——以出土文献为中心》、"Sexuality in Daoism"、"Creativity and Diversity: Generating a Universe in Early Daoist Texts" 等。

　　"道可道，非常道。"此次笔者与汉学家夏小雨试图谈论"道"这一玄妙的话题。受访者夏小雨在本科时走进哲学领域，研究生期间，在以色列特拉维夫大学东亚系学习过程中，被中国哲学所吸引，遂来到中国求学。然而，这段求学之旅并非一帆风顺，在多次试错后，她终于找到与自己相契合的"道家"哲学，并以"道"作为生活方式。于夏小雨而言，转学至北京大学攻读博士改变了她的命运，让她在亚洲大陆另一端找到了另一个"家"。正如她所述："对我来说，离开中国并不意味着一个外国人要回家了——它意味着，这个'外国人'的很大一部分，要离开家了。"[①] 夏小雨为中国道家文化所动容，笔者也被她的真情流露所感动。她对北大、对中国不仅是一种热爱，这种热爱中还包含着一份对"家""国"的责任，她是"道"中人，也是十四亿中国同胞的"同道中人"。

　　此次访谈通过线上视频连线的方式，用中文进行交流。视频中的夏小雨，衣着简单，装扮随性，在交谈的过程中，态度随和，十分健谈。对于笔者询问的每个问题，她都在认真思考后，流露出自己最真实的感受和想法。

# 一、偶遇哲学世界

　　2005 年，夏小雨在以色列特拉维夫大学开始了她的本硕学习生涯，也开始了她研究哲学的奇妙旅程，打开了生命中一扇崭新的窗。接触哲学伊始，她学习了古希腊哲学、中世纪欧洲哲学及当代德国哲学，但总归认为这些内容太过强调逻辑性，与鲜活的生命及现实生活并无直接的联系。"一次偶然的机会，我选修了一门关于中国文化的课程，从此，开始了和中国的不解之缘。"当她第一次在中国文化选修课上读翻译为希伯来语的《庄子》文本时，她感到耳目一新，豁然开朗。夏小雨欣喜地发现，《庄子》竟是在用一种讲故事的方式来讲哲学，是一种直接的、贴近生活的、可体验的哲学。如果说，哲学打开了她生命中一扇崭新的窗，那中国哲学即

---

　　① 夏小雨 . 在中国找到哲学的生活方式 . 孔子学院，2019（5）：20-23.

夏小雨 ── 同『道』中人

是这扇窗外最耀眼、令人瞩目的星光。正是这次偶然，让她从此选择将哲学作为一种生活方式，更具体地说，在她确定研究道家哲学后，是以"道"作为自己的生活方式。

而在夏小雨口中的这次"偶然"又何尝不是一种必然。儿时，她生长在美国的一个乡村，经常和小伙伴们在树林里、田野间玩耍，直到在北京大学读博士期间，每每看到未名湖，她还依然会忆起对童年时期家附近那片湖的美好情愫。那是一段自由自在、无忧无虑、可治愈一生的童年时光。听她的过往回忆，幼年的她，仿佛是个"大自然的孩子"：生在自然，过得自然。直到八九岁，她才随父母从美国乡间搬至以色列的一座城中生活。或许因为儿时的所见所感，如今，让她最为着迷的道家思想之一也是其中的"自然"观念。

2018 年 7 月，在北京大学未名湖边拍摄博士毕业照

笔者原以为，这样一个"大自然的孩子"接受的应该也是道家式家庭教育，然而，并不然。夏小雨直言："如果说我的家庭教育方式一定要在'儒式'和'道式'两者之间做出选择的话，我觉得还是更偏向'儒'。"她出生在犹太家庭，犹太家庭有其自身的犹太传统规约，如同大部分中国家庭受儒家传统规范制约一样。所以，随着她渐渐长大，她的父母也为她制定了严格的规定：遵从老幼秩序、努力读书、积极入世、夺取功名……小时候，夏小雨酷爱游泳，她的父母却偏强迫她学习她毫

无兴趣的钢琴，只因钢琴看上去更像是一种高雅的艺术。但也正是这样的经历，让当时的这个小女孩感受到了大人世界的复杂，从而激发了她在未来对自己所真正向往的、纯粹的、自由的生活和思想境界的追寻。

夏小雨的父亲是一名物理学家，受其影响，在接触到哲学领域之前，青少年时期，夏小雨痴迷于数学、科学、生物学等偏理论性的自然学科；而在最终找到与自己灵魂契合的老庄思想之前，她也曾涉猎过西方哲学、宗教学。在她看来，科学是关于宇宙规定的学问，宗教是关于人的生活的学问，它们分别从不同的角度观察和思考世界，而哲学是超越的、是升华的。"每个领域都有一个完整的系统，我渴望了解这些系统。科学有自己的系统，宗教学也有自己的系统，哲学是用跨系统的方式来思考问题，是一种超越的系统。"丰富的学习经历与开阔的视野，为夏小雨在后来更专一地探索哲学领域奠定了基础，同时，也为她提供了一种独特的思考方式。

2017 年，在法国参加道教研究年会

于北大攻读博士期间，当其他中国学生在解读道家哲学时，对《老子》《周易》等相关古代文化知识侃侃而谈、信手拈来，夏小雨却因没有土生土长在中国的缘故而不具备像中国学生一样深厚的中国文化背景。可也恰恰因为这一点，她对中国道家哲学的解读角度更为新颖："我最大的优势是读过犹太教中用古希伯来语写成的

《圣经》，就像中国学生从小就接触中国古代读本一样。犹太文明和中国文明都是古老的文明，所以有可能存在相似的历史观，这是两者之间能产生对比的基础。如果我是一个美国人，就未必可行，因为美国只拥有两百多年的历史，他们无法体味到千年文明的底蕴。"将自身文化背景与自己所研究的中国某一领域文化相联系、对比，从而开辟出一种不同于中国学者的研究思路，是海外汉学家所需具备的、基本的也是重要的能力之一，这正体现出夏小雨在做学问方面的专业素养。

如果说夏小雨初遇哲学是偶然，那找寻到安放灵魂的中国道家哲学则是必然。她所走过的每一步，接触到的每个领域，无形中似乎都在为她在未来研究道家哲学指明方向。"道"阻且长，行则将至。偶遇时的怦然心动，使夏小雨展开了追寻中国哲学的学术之旅。

# 二、追寻中国哲学

身在以色列的夏小雨，在硕士阶段着迷于中国研究，但由于地理位置的阻隔，加之先前对中国的了解极其有限，学习研究虽乐在其中，但也让她感到被紧紧地禁锢、束缚。"不得不承认的是，我是那一年特拉维夫大学中文课程班中最差的学生。"[1]面对这样的困境，夏小雨却越挫越勇："这跟我的性格有一定的关系，越是遇到不理解的问题就越不放弃，反而想更加努力地去迎接挑战。我不会中文，只学其皮毛我觉得还不够，如果想要真正地学好并掌握中文，那我就去一个外国人不多的地方专心学习，把这门语言学精。"于是，她踏上了前往东方的道路，开始了追寻中国文化的学术、生活的新征程。2010年，她终于到达向往已久的这片热土，来到孔子的故乡——山东，开启她对学术和生活的追寻。

可对当时的夏小雨来说，初次来到一个外国人寥寥无几的中国城市旅居绝非易事。除了生活习惯、日常起居等多方面的不适应，语言成了她生活上最大的障碍。一方面，在目的语环境中，因听不懂中文而难以开口说中文；另一方面，中文说得不好会更羞于用中文表达。谈起这段艰难的过往，夏小雨幽默地说道，说起来，其

---

[1] 夏小雨. 在中国找到哲学的生活方式. 孔子学院，2019（5）：20-23.

实还要感谢一位朋友给予了她说中文的信心和勇气。那时，她有一个美籍华裔同学，两人的中文水平相当，但华裔朋友长了一张东亚人面孔，却因说着一口蹩脚的普通话而被中国人误解。而当夏小雨本人，这样一个拥有浅色瞳孔、高鼻梁、白皮肤的外国人，说着同样水平的汉语时，却常被称赞："你的中文很好！"渐渐地，她开始突破开口说中文的心理屏障。回忆起这段与美籍华裔朋友的经历，她开怀大笑，用一种幽默调侃的语气道来，不难感受到两人亲近友好的关系。

在她心里，还有很多想要感谢的在那一年帮助过她的中国老师和朋友：带她参观校园的中国学生、帮她处理住宿问题的工作人员、为她解决学习及生活难题的老师……总之，"大家都很愿意帮忙，就特别好"。直到现在，夏小雨也对第一年来到中国的时光充满怀念，当提及她在一年后回到以色列时的变化时，她停顿思考了片刻，平静地微笑回答："就是感觉还要回中国，很想念中国的那种……"

那一年在中国的学习生活转瞬即逝，回国后，夏小雨拿到硕士学位。当时，她的以色列老师和朋友们都建议她去美国读博。因为，在大部分以色列人看来，美国拥有的是全世界最好的学术研究方法。可她心底有一个清楚的声音告诉自己："我要回中国。"只有身在中国，才能真实地、真正地、直接地理解中国。如今，她也在用实际情况证实："海外的汉学家确实应当从中国学者那里学到很多东西。作为一名汉学家，至少要懂中文，通过当时的时代和社会背景解读文本原文，而非仅仅依靠已有的翻译文本。"除此之外，一年的中国生活体验，让她感受到了在其他国家从未有过的一种安全感和归属感，她内心强烈的思念之情牵引着她不顾老师朋友的反对，回到中国。

在中国学习的那一年，夏小雨对犹太教和儒家传统进行了对比研究，而那段时间的求学经历，在一定程度上，是一次探索，也是一次试错的过程，此研究方向让她意识到这并不是她所希望追求的。正当犹豫和失落之时，山东大学的老师向她介绍了"新汉学计划"项目。从此，她的学术研究和生命的轨迹改变了。

# 三、钟情道家研究

2013 年，夏小雨成为首批被"新汉学计划"接收的博士生。当时她报考的志愿学校是复旦大学。然而，当她在复旦大学正式开始西方哲学及中西比较哲学的研究后，又略感失望，这似乎与她所想所求依然不符。再一次的试错，却让她感觉离自己的目标更近了一步，像是突然被点醒，她意识到：自己最渴望理解的内容是中国哲学中的"道"。

2013 年 10 月，夏小雨应邀参加"新汉学计划"首批学生座谈会，其间，项目负责人积极回应同学们提出的各种问题和困难。原本只想表达感谢的夏小雨抱着试试看的心态，提出了一个埋藏在心底已久的愿望："我想转学去北大，跟随王博教授潜心研究道家哲学。"她的愿望并没有得到即时的回应。但在几个月后，她接到参加北大博士生选拔的通知，这让曾经可望而不可即的梦想照进了现实。通过提交展示个人学术成果，夏小雨最终如愿转学至北大攻读博士学位。时隔多年后的今天，当再谈及这一过程时，夏小雨的喜悦与满足仍旧溢于言表。

"转学至北大改变了我的生命。"夏小雨自述。这种"生命的转变"源于两个方面：一方面是在这期间，学术上对道家更深层次的理解；另一方面是与北大人的相遇。而这两者都在有形和无形之中影响着，甚至重新塑造着她的生活方式。

2018 年 6 月博士学位论文答辩后，在北京大学校园内

在对道家哲学的理解中，夏小雨将生活解读为一种对生存的渴望，而非一个追名逐利的过程，对万事万物而言，"逍遥游"是最理想的生命状态，因为生命是自

由的、有无限可能性的。也正是这样的信仰，让夏小雨一直守着灵魂深处的一方净土，成为现在这样执着、纯粹的人。提起在北大遇到的人，夏小雨难掩心头的喜悦："我真的特别喜欢我的导师，我觉得跟王博老师学习真的很幸福，上他的课、听他的讲座、跟他聊博士论文……都很受启发。他真的特别聪明，每一次跟他见面、讨论博士论文，都会受益匪浅。他虽然很忙，但是一说话就特别有意思，每一句话都不显得多余。"在进入北大之前，夏小雨就拜读过王博老师的学术著作，对他无比钦佩。王博老师研究中国经学，精通中国古代经学思想及其文本。夏小雨在北大做出土文献研究时，王博老师指导她要以文本为主，以字来分析思想。比如，"道"这个字如何使用，何处使用了"无为"，应从哪一框架着手引入，等等。受到这样的指导，夏小雨对文本本身有了更为深刻、细致的解读，这为她以后独立研究道家文本奠定了坚实的基础。她的博士论文主题就是以出土文献为中心，研究早期道家的宇宙生成模式及其实践。

当然，在北大，除了王博教授外，其他老师的研究方法也各有特色，他们对于夏小雨来说都是人生道路上的"贵人"。不仅有良师，她还结识了一群北大的益友，一起在图书馆学习，在未名湖散步，如同儿时记忆里和小伙伴在乡间湖边玩耍一般。她形容道："舒服。大家都很认真，学习舒服，生活也舒服。像在家一样。"

2018 年 7 月 11 日生日当天，在北京大学书店

从 2010 年在特拉维夫大学研读东亚系哲学，几经周折，兜兜转转；到 2014 年"新汉学计划"项目终于帮她在北大找到最终的学术归属，改变了她的命运；再到现如今成为一名真正意义上的汉学家。一路走来，夏小雨曾在山东大学做过访问学生，在复旦大学做过交换生，读博期间师从北大王博教授，如今是华东师范大学杨国荣教授麾下的中国现代思想文化研究所研究员。从走向哲学，到走进道家，加入"新汉学计划"项目，从一定意义上来说，是夏小雨学术研究中一个重要的转折点。

考虑到研究人员在研究中国文化的某一领域时，一定要对中国的人文、地理、历史、社会环境有全面的认识和了解，"新汉学计划"项目也定期展开一些活动，组织带领参加此项目的留学生到中国不同的城市参观交流，让这样一批热衷于汉文化的外国友人感受到中国不同地域的社会现状、文化氛围，从而将这些见识投射到专业汉学研究上。同时，负责"新汉学计划"的工作人员及时与留学生们沟通，解决他们在学习生活中遇到的困难。夏小雨作为其中一员，曾在北京、厦门等城市参加活动，她是受益者，现在，她也正用自己道家研究的学术成果回报着中国政府的支持。对她来说，钟情道家源于热爱，而从加入"新汉学计划"开始，自己也担负起了一种责任，这是一种对"家""国"的责任。

# 四、痴迷老庄思想

夏小雨在本科期间初次阅读翻译版的《庄子》时，就被《庄子》的可体验性哲学思想所打动，硕士期间深度研读《庄子》时，又被"化"，即"变化"这一概念所吸引。她的理解是：生命会经历一个从"生"到"死"的变化过程，"生"非起点，"死"也非终点，于人于动物，都是如此，因为生命本身就是平等的。这种对生命平等的论述，牵引着夏小雨在老庄思想中沉迷。她认为，人并非世界的主宰，而应与万物达到一种和谐的状态，因此，在生活中，她爱护自然和动物。夏小雨在家里养了一条狗，访谈过程中，这位"朋友"无意中闯入了她的房间，与她进行了短暂而亲昵的互动。而后，夏小雨还和笔者分享了在观看《南极大冒险》这一电影时的感动。

她喜欢老庄思想中的自然观，这种自然观传达的是"无以人灭天"。她认为，现代社会的大部分问题都因违背了这一原则而产生，此次暴发的新冠肺炎疫情也是如此。她最喜欢《庄子》中的两部分内容。一为《天下篇》中的"独与天地精神往来，而不敖倪于万物，不谴是非，以与世俗处"。二为《列御寇篇》中的"庄子将死"一则：庄子将死，弟子欲厚葬之。庄子曰："吾以天地为棺椁，以日月为连璧，星辰为珠玑，万物为赍送。吾葬具岂不备邪？何以加此！"弟子曰："吾恐乌鸢之食夫子也。"庄子曰："在上为乌鸢食，在下为蝼蚁食，夺彼与此，何其偏也。"这两篇中所传达的无所偏向、无所倚、无所谴、无所束、平等且和谐的思想给了夏小雨一定的研究灵感。

2015 年，参观中国国家博物馆

夏小雨是善于思考并将学术研究应用于现实社会中的学者。她作为在学术上有所造诣的女性汉学家，还将另一社会问题与老庄思想相结合，即性别问题。因为"新汉学计划"为学生提供了许多实地考察机会，为她结合历史及当前中国女性社会地位提供了思路和实证，她开始深入分析道家思想中有关性别的阐述。2020 年，她先后发表了"Sexuality in Daoism"和"The Feminine Force of Cosmic Completion in Early Daoist Thought"两篇学术成果。

夏小雨说，《老子》里有"知其雄，守其雌"的观点，如果老子思想主导社会文化，社会就会以同等方式尊重男性和女性。女性有其独有的特质和优点，男性亦是如此，只是在社会中所扮演的角色不同、社会分工不同。夏小雨举了一个常见又很有说服力的例子，来说明语言现象反映的中西方性别文化差异：英语中"他"用"he"表示，"她"用"she"表示，而古汉语中"者"字不区分性别，能指代所有人。所以，夏小雨在翻译文本时，特定情况下，在人称上倾向于统一用"they"来指称。

# 五、回首"新汉学计划"

转学至北大改变了夏小雨的人生，而这也是"新汉学计划"为她提供的契机。如今，再次回首"新汉学计划"项目，除了表达对此项目的感恩之情外，在被问及对以后参加这一项目的留学生有何建议时，她只十分真挚地回答："希望他们都认真读书。"而后把头低下，补充道："有点不好意思说，有些外国学生来中国只是想来逛逛。就是希望他们都认真一点，没有什么别的。"在被问及对未来的"新汉学计划"有何期许时，她说："没什么特别的，只是希望也能为这个项目做一些贡献。"其实，她现在就正在担负着这份责任。

2015 年，参观中国国家博物馆

夏小雨将在以色列建立一个专门的中国研究中心作为自己的目标。目前，在以色列并没有专门研究中国文化的专业，中国文化研究被包括在东亚系内，一般将经济学的相关知识与简单的中文、中国历史相结合进行学习，或在东亚系里学习中国历史的同时也学习印度历史、日本历史、韩国历史，但大都浅尝辄止。因此，并没有条件做深入的、真正意义上的中文学习研究。在夏小雨看来，以色列地处亚洲，在地理位置上更靠近中国而非美国，在对外关系上，以色列应该要与中国友好相处，特别是在西方部分国家对犹太教存在偏见的情况下。所以，以方政府应该培养一大批能用中文交流的学习者来共同实现这一目标。

目前，夏小雨正在与一些以色列的高校进行沟通，但想达成这一愿望任重而道远，需要中以双方共同努力。她提出，希望得到中国政府的支持，让更多以色列人有机会来中国、了解中国、改变对中国的看法，让中以双方在互相尊重的基础上，以平等交流的方式成为朋友。当下所面临的最大障碍，可能是以色列普通大众因国内外各种新闻媒体的宣传而对中国产生的刻板印象。每当听闻本国人对中国的误解，夏小雨就会现身说法，向被误导的以色列民众耐心解释说明中国社会的真实样貌，但她个人的力量总归是渺小的，有时也是不被接受的。

夏小雨是个有"家""国"情怀的人，在求学过程中，她找到了自己的生活方式，也找到了自己的另一个"家"。走出一条让两个"家"相连的"道"，让分处于亚洲大陆两头的"家人"相互认识、亲近，这是她对"新汉学计划"最好的回报。

相遇即缘分，对中国文化的热爱让夏小雨与我们中国人成了"同道中人"。"天道无亲，常与善人"，也许正是她内心深处的"善"让她自然而然地与中国老庄哲学相遇、相知、相融。

## 后记

作为一名国际中文教师，当听到不同肤色、不同种族、不同母语的人用同一种语言——汉语进行交流时，就时常感到骄傲和感动。我有过在海外教授汉语的经历，有学生曾跟我说："老师，我真的很想去中国。""我的理想就是去中国读书。""中国"二字成为热爱中国文化的各地国际友人情感上联系的纽带。而在采访夏小雨的过程中，我所感受到的不仅仅是一个外国人对中国文化的兴趣，更是一种对"家""国"的情怀和责任。访谈时，给我印象最深的有两处：一是她表达希望外国学生拿到中国政府提供的奖学金要好好学习；二是面对对中国有刻板印象甚至有偏见的外国人时，她为中国树立正面形象。如果说与中国的缘分源于热爱，那么现在，她已将这份热爱融入自己的性格之中，如同将中国之"道"融入自己的生活中一般。愿未来中国能遇到并培养出更多像夏小雨一样真正的"同道中人"。

夏小雨——同『道』中人

# "新汉学计划"——让世界更好地理解中国

◎王　博

　　一位来自以色列的年轻学者，这是我对夏小雨博士的第一印象。她背后的这个国家既承载着悠久的历史，又弥漫着创新的精神。记得2017年访问以色列，听希伯来大学校长从三个方面讲以色列为什么有发达的创新基因：一是喜欢问为什么的质疑态度，二是周围敌对的环境带来的危机意识，三是军营经历塑造的团队精神。我想，也许还有第四个方面，那就是沉淀在以色列人生命之中的深厚的犹太文化传统。这让他们在感到骄傲的同时，也会更容易对其他古老的文化传统表现出好奇。

　　小雨本科和硕士均就读于特拉维夫大学，博士来到北大。本科阶段，小雨的兴趣最初集中于印度哲学，进而对中国哲学尤其是庄子产生了强烈的兴趣，并开始系统学习汉语。硕士阶段，她选择继续学习中国哲学，师从汉学家Galia Patt-Shamir教授。此间，为了能够更好地学习汉语并深入了解中国，小雨去往山东大学交流访问一年。小雨说，之所以选择山东，而非北京、上海等城市，是因为那里是孔子的家乡。她想更多地了解中国文化，也希望能亲身感受孔子家乡的生活与文化氛围。

　　在中国为期一年的学习生活坚定了小雨来中国攻读博士学位的信心。随后，她来到北京大学攻读博士学位，由我担任导师。北大的留学生不在少数，但来自以色列的同学并不算多，尤其是攻读中国哲学专业的同学。当然，即便是对许多中国的同学来说，用母语写就一篇博士论文都并非易事。对于留学生，这项任务的难度更是可想而知。但小雨拥有极大的学术热情，她的坚韧、执着和勤奋给我留下深刻的印象。除了修习相关课程之外，她也进行了大量的文献阅读工作，并时常与老师同学交流切磋，最终使用中文完成了一篇优秀的博士论文，讨论道家的宇宙生成论和政治哲学。

　　2018年，承蒙小雨的老师Galia Patt-Shamir教授邀请，我有机会去特拉维夫大学参加学术会议并做一个关于道家"自然"观念的演讲，小雨安排了包括学术和文化活动在内的行程，让我们近距离感受以色列的历史和人们的日常生活。此前，我们在中国也和其他老师及同学们一起旅行和讨论。她是一位非常有爱心并且热爱生活的女孩，对于老师和同学都十分真诚和友善，在中国也结交了不少朋友。她在中国先后收养了两只流浪狗和一只流浪猫，一直带在身边，包括随她一起回到以色列。

对于热爱学术的小雨来说，取得博士学位不过是一个新阶段的开始。她随后到华东师范大学从事博士后研究，前不久也拿到了一个中国大学的入职通知。我希望小雨可以继续她的中国哲学研究，并在中国和以色列的教育及学术交流方面继续发挥作用。我想，这也是"新汉学计划"的价值所在：支持和培养一批热爱中国文化和思想的年轻学者，使其成为中国和世界之间的友好使者，让世界更好地理解中国。

## 导师简介

王博，北京大学副校长，哲学系教授、博士生导师、系主任，教育部新世纪优秀人才。研究领域：古代中国哲学，尤其偏重在道家、儒家、早期经学和出土文献等领域。主要著作：《无奈与逍遥：庄子的心灵世界》《庄子哲学》《老子思想的史官特色》等。

**安然**

# 乐身亦忧国　何地不安然

**访谈人：** 王子琪，中国人民大学社会与人口学院人类学专业 2020 级硕士研究生

**访谈时间：** 2021 年 2 月 20 日

**访谈方式：** 视频连线

## 被访人简介

安然（Hend Elmahly），埃及人，上海外国语大学博士，现为埃及中国大学助理教授。研究方向集中在现代中国的外交政策、中非关系、中国与阿拉伯国家关系。2009年本科毕业于埃及的艾因夏姆斯大学（Ain Shams University）中文专业，2016年硕士毕业于山东大学国际关系专业。于 2017—2020 年参与"新汉学计划"，2020 年博士毕业于上海外国语大学中东研究所。主要学术成果：2018 年以第一作者身份发表《中国在非洲和平与安全领域对阿拉伯国家的军事外交：以吉布提为例》（China's Military Diplomacy towards Arab Countries in Africa's Peace and Security: The Case of Djibouti）；2018 年以第二作者身份发表《"同质化联盟"与沙特—卡塔尔交恶的结构性根源》和《北约与上合组织：外部势力在中亚及海湾地区军事存在的比较研究》（NATO vs. SCO: A Comparative Study of Outside Powers' Military Presence in Central Asia and the Gulf）。翻译作品：中国经济学家林毅夫著作《解读中国经济》的阿拉伯文版；农村研究专家陈文胜著作《论大国农业转型："两型社会"建设中转变农业发展方式研究》的阿拉伯文版；等等。

来自埃及的安然是一位专攻中国国际关系研究的新汉学学者。2005 年，安然在父亲的建议下于埃及的艾因夏姆斯大学开启本科汉语学习生涯，自此与中国结下了缘分；2020 年，她在上海外国语大学中东研究所完成博士学业，笑着说"我妈妈说我现在更像是一个中国人"。研习汉学十六年，她"乐身"——无论是在中国还是埃及，她都能找到此身安处；她"忧国"——以研究国际关系为业的她，时刻心系世界格局的变动。本次采访也希望能够与安然一起为读者讲述她的成长历程和学术追求，传递她"处处安然"的人生态度。

# 一、寓情于名："木兰魂"与"安然心"

安然的第一个汉语名字并不是安然，而是木兰。"木兰"是她在埃及学习的时候一位中国老师帮忙取的。那位中国老师为安然讲述了中国古代花木兰替父从军的故事，听完花木兰的故事后，安然颇受鼓舞，欣然接受了"木兰"这个名字。这个名字常常会为安然吸引到来自中国友人的注意力，但是这也成了安然后来更改名字的直接原因。2013 年，在孔子学院奖学金的资助下，安然在中国的湖南省学习了一年中文。那是她第一次踏上中国的土地，中国当地的老师们听到了她的名字后都会表达对她名字的喜欢，接着便会跟她聊起花木兰的故事。问的人多了之后，安然开始对讲述名字的故事感到厌倦。安然笑着说："其实，'木兰'这个名字我很喜欢，但是每次人们都要问我为什么选择'木兰'，我就要讲花木兰的故事。但是现在我用'安然'这个名字的话，就很少有人会去问我'安然'是什么意思，给我省去了不少麻烦。"

但是，安然还是饶有兴趣地分享了"安然"这个名字的来历。这个名字来源于她在山东大学读硕士研究生时看过的一部中国电影，那部电影里有一个主角的名字叫安然。虽然已经忘记了电影的情节，但是主角的名字却给安然留下了深刻的印象。她解释道："我觉得这个名字给我……怎么说呢，安静、稳定、安全的感觉。而且，也可以说'木兰'是老师给我取的名字，'安然'是我给自己取的名字。"

无论是"木兰"还是"安然"，安然的中文名字始终寄托着她作为一名埃及青年汉学家对自己的期待和勉励。接下来，我们将追随着安然从"初遇汉学"到"托身中国"的求学脚步，讲述安然的中国故事。

2018 年 9 月，安然于北京参加"青年汉学家研修计划"

## 二、初遇汉学：始于汉语，研于国关

安然的汉学之路是从汉语学习开始的，她从埃及的升学制度讲起了自己与汉学结缘的过程。在埃及，高中学习结束之后，大学会根据高中时期学分的高低来接收学生。安然在高中毕业的时候学分已经拿到了 95%，在当时的埃及已经是比较高的分数了。按理说，她能够根据自己的心愿选择埃及最好的大学、最热门的专业。此时，冥冥之中，命运之手将安然慢慢推向了汉语，这个在当时的埃及并不热门的专业。

在选取院校和专业的过程中，有两个大学主动向安然抛去了橄榄枝。这两个大学的招生组分别向安然介绍了她可以就读的专业：一个大学提供的是政治与经济学，另外一个大学提供的是语言学。陪同安然选择专业的父亲告诉她，"我觉得你这个时候要先学习语言，然后可以在未来读研究生的时候再选择你喜欢的专业"。

虽然父亲知道，此时的安然最喜欢的专业是政治和国际关系，但是他的建议却是，先学习语言，然后在研究生的时候，可以按照本科学习的语言再选择去某个国家留学，这样就可以去那个国家研究其政治和国际关系。安然最终听从了她父亲的建议，决定于埃及顶尖学府艾因夏姆斯大学学习语言。

接下来，安然需要在语言大类中选择自己想要学习的语种。她绘声绘色地讲起了选择学汉语的场景。当时，艾因夏姆斯大学的老师让她选择学习哪门语言，安然只是个高中生，并没有太多想法，只能再次寻求父亲的建议。事实上，在安然就读大学的第一年，也就是2005年，中国跟埃及的关系并不是很融洽，来往也不是很密切，但是安然父亲有一个长远的设想，他认为，在未来中国和阿拉伯国家的关系会取得飞速发展，所以他强烈推荐安然先学习汉语。与安然父亲的坚定不同的是，安然的三个辅导老师都对她的选择表示强烈怀疑，其中一个老师更是直接对安然说，"学习汉语没有你想的那么容易，甚至是非常难，你要做好不能按时毕业的打算"。听了老师的话，当时的安然也开始打起了退堂鼓，但她的父亲鼓励她说，"我相信，通过你的努力，你肯定会毕业的。你别顾忌别人的想法，你先报名汉语。如果这一年，你觉得对汉语不感兴趣，我们可以改学其他语言"。

然而，令安然自己都没想到的是，在学习汉语的第一年，她就爱上了汉语和中国文化。她认为，虽然汉字学起来很难，但正是这种"难"深深吸引了她。随着汉语学习的深入，她也慢慢感受到了汉语在当时埃及的"冷门"。大学期间，每当身边人听到安然的专业是汉语时，他们的第一反应通常是讶异。安然解释道，在2005年的埃及，大众普遍觉得学习汉语有点"奇怪"。首先，汉语在埃及不是一个有名的专业。其次，汉语的教学资源也非常匮乏。她在本科的时候，只学习了翻译、语法和中国的历史、文学，很少有机会锻炼自己的汉语口语。当时在埃及的中国人人数稀少，艾因夏姆斯大学只有一个中国老师并且只教了一个学期，其他的汉语老师都是埃及人。同时，赴中交流的奖学金也很短缺，安然本科四年里都没有等到出国交流学习的机会，口语训练的缺乏导致安然直到现在对自己的发音都不是那么自信。

本科毕业后，安然没有立即在埃及读研究生，而是选择去一家中资企业工作两年，这与埃及特殊的专业设置有关。安然解释说："因为在埃及，你的本科专业是语言，你的硕士研究生阶段就只能学语言，不能学国际关系。如果你改变了专业，就可能没有老师愿意接受你。再加上，埃及也没有合适我的研究方向的导师。当时，我的本科学的是汉语，研究生想要攻读的却是政治与经济学，所以我就想研究中国的政治经济。但遗憾的是，当时没有合适的老师，直到现在，埃及也没有相关的导师。"专业的限制暂时阻碍了安然的学习之路，但是没有熄灭她内心求学的热情。

工作了一段时间后，安然仍难以割舍自己的学术理想，毅然选择辞掉工作，在埃及的孔子学院再读一年汉语。她期待能够通过汉语水平考试拿到奖学金，走上真正的中国大地，切身感受真实的中国文化。经过了一年的努力，安然通过了 HSK（Hanyu Shuiping Kaoshi，汉语水平考试），达到了 HSK 的最高等级六级，顺利拿到了奖学金，远赴湖南师范大学继续学习汉语。到了中国以后，安然一边继续提升自己的汉语水平，一边计划着申请国际关系的硕士研究生。结束了湖南师大的学习后，安然报名参加了中国政府奖学金项目，拿到了山东大学国际关系专业的奖学金，开启了她延续至今的国际关系研究之路，并最终于上海外国语大学获得国际关系专业的博士学位。

回顾一波三折的求学之路，安然很庆幸当初听从了父亲的建议，没有直接在本科就攻读政治与经济学或国际关系学，而是选择了一门自己意向国家的语言先行学习。

她解释道："如果说你想要了解一个国家的政治经济、研究一个国家的外交关系，就应该先学它的语言，因为语言是非常重要的。如果你不能了解它的语言，就不能很好地做研究。比如说当我在读西方学者做的有关中国政治、经济、文化的研究时很容易就会发现，这些研究的质量也是参差不齐的。每当我看到其中有些非常好的研究时，我就会去看作者的简历。我的发现是，一般学习过汉语的作者研究就做得很好。另外那些做得不是很好的研究，看作者的简历，他们一般都没有去过中国，甚至有的也不会说汉语。如果想要做有关中国的研究，就需要学习中国的语言，要来中国看一看。"

就着语言学习与国际关系研究的联结，她也对当下中东地区的中国研究进行了探讨，她认为，现如今在中东地区，一个很大的问题就是，虽然已经有很多阿拉伯人学习汉语，对汉语没有当年那么陌生了，但是没有学者对中国的政治、经济有很深的研究。在最后，安然谈到，希望有朝一日，通过自己的努力可以成功补上这个空缺。

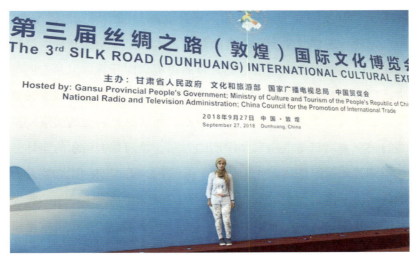

2018年9月，安然于敦煌参加第三届丝绸之路（敦煌）国际文化博览会

# 三、治学国关：论道中东，探寻中非

虽然安然硕博期间都在国际关系专业学习，但是她的具体研究方向却经历了不小的转变，即从中埃关系到中非关系的转向。硕士期间，听从山大导师的建议，安然主要的研究方向是中埃关系。但事实上，她对这一话题并不是很感兴趣，在她的内心中，一直深埋着对政治经济学的研究热情。后来，博士期间，安然下定决心要找到符合个人志趣的研究方向，她带着自己的问题与导师进行了多次深度交谈，最终找到了自己的研究兴趣——中国大国外交策略下的中非关系。

以博士期间发表的研究成果为线索，安然回顾了她研究方向的确定过程。

在入读上海外国语大学的第一年，安然沿袭了硕士期间的研究脉络，继续钻研中埃关系、阿拉伯国家关系的变动。在她入读博士的第一年，她便与导师孙德刚教授在国内知名期刊《西亚非洲》上发表了文章，运用传统联盟理论分析2017年发生的"卡塔尔外交危机"。她和孙教授发现，沙特和卡塔尔因为战略目标、资源的同质，难以达成传统联盟理论所认为的凝聚力和向心力，最终陷入了恶性竞争[1]。

---

① 孙德刚，安然．"同质化联盟"与沙特—卡塔尔交恶的结构性根源．西亚非洲，2018（1）：68-87.

然而，国际关系常常变幻莫测，在这篇文章发表后的三年后，也就是 2021 年，沙特和卡塔尔两国的"恶性竞争"似乎有所缓解，边境已经全面开放。谈到这个现状时，安然认为，虽然沙卡关系有所缓解，目前边境全面开放，但是它们的根本冲突还没有解决，即沙特和阿联酋对卡塔尔的外交政策还是没有发生根本转变。沙特和阿联酋的顾虑主要有以下四点：第一是卡塔尔和穆斯林兄弟会的关系，第二是卡塔尔和土耳其的关系，第三是卡塔尔和伊朗的关系，第四是卡塔尔的媒体——半岛电视台还是在干涉其他国家的内政。所以说，有些阿拉伯国家，比如埃及、阿联酋和沙特，还是会觉得卡塔尔外交政策在威胁它们的国家利益，卡塔尔的媒体在干涉其他国家的内政。如果这四个问题没有得到解决，卡塔尔的外交危机就很难说已经被破解了。

顺着对卡塔尔外交危机的分析，安然谈到了自己看待中东地区国家秩序的立场。面对中东地区纷杂的国际形势，安然常秉持发展的眼光，采用联盟的视角对其进行研判。她认为，中东关系可以说每天都是不一样的，尤其是有一些联盟关系的变化。比如说，以色列和阿联酋等其他海湾国家之前关系十分冷淡，但是现在海湾国家会觉得，自己和以色列的共同敌人是伊朗。由于面临共同的挑战，国家关系也会变得友好一些。安然紧接着说道："我们以前从来没想过以色列和阿拉伯国家能够关系正常化，更没有想到 2020 年以色列与阿联酋、巴林和摩洛哥三国相继建交。这就说明了中东地区的秩序越来越具有变动性，在中东变局下，我们都不知道明天会发生什么。如果要我提供什么建议的话，那就是，如果卡塔尔不改变自己的外交政策，它的危机就不会解除。因为卡塔尔这样的外交政策会让其他国家觉得它在对自己的国家产生威胁。但是我个人的预测是，卡塔尔会改变自己的外交政策，可能不是现在，但是会在未来。因为海湾国家之间的共同利益是一样的，比如说文化、饮食、政治、经济，所以从这个层面上来看，即使卡塔尔现在不改变外交政策，未来也一定会改变的。"

也是在 2017 年，中国人民解放军驻吉布提保障基地正式投入使用[①]，安然在其

---

① 中国人民解放军驻吉布提保障基地是中国人民解放军首个海外基地，这一基地位于吉布提共和国首都吉布提市，主要为中国在非洲和西亚方向参与护航、维和、人道主义救援等任务提供有效保障，也有利于中国更好执行军事合作、联演联训、撤侨护侨、应急救援等海外任务，与有关方面共同维护国际战略通道安全。参考：新华社解放军分社《中国人民解放军驻吉布提保障基地成立》，2017 年 7 月，新华网（http://www.xinhuanet.com/mil/2017-07/11/c_129652748.htm）。

导师的指导下，于国际知名期刊《当代阿拉伯事务》（*Contemporary Arab Affairs*）上发表了博士期间的第二篇文章①，探讨中国与非洲国家，尤其是与非洲之角②的伙伴外交。这一研究也最终成为安然博士论文的选题。上文谈到，安然内心深处一直都藏着对政治与经济学的研究热情，而且她本科学习汉语的目的就是为了到中国来，研究中国的政治经济。读了博士之后，安然内心研究政治与经济学的火苗再一次被点燃，她认为中国的外交政策正是在中国独特的政治经济背景下提出的，这其中必定有可以研究的话题。于是，她主动找到了孙教授，向孙教授说明了自己心中一直以来的困惑——她发现，中国和美国对非洲国家的态度差异很大，美国常常打着援助的旗号去干涉非洲国家内政，但是中国的态度一直是明确的绝不干涉内政，这背后究竟隐藏着什么样的外交之道呢？

　　在这一兴趣的驱使之下，安然主动向导师孙教授提出了自己学习国际关系专业后一直以来的两大困惑：其一，如果要去研究中非关系的话，该从非洲的哪个国家、哪个区域入手？其二，确定了区域之后，又该从哪个角度入手，解读中非独特的外交关系？针对第一个问题，孙教授给出的回答是，他认为，东北非是一个极具研究潜力的区域，理由有两点：一是目前学界关于东北非的研究较少；二是东北非地区既有阿拉伯国家，又有非阿拉伯国家，是中东与非洲研究的一个结合点，可以和安然硕士期间的研究形成良好的对话。在谈话快要结束时，孙教授明确为一直处于迷雾中的安然指明了方向："安然，非洲之角很重要，你或许可以从这个区域入手。"

　　确定了研究区域之后，安然开始进行大量的文献阅读，寻找自己的研究视角以解决自己的第二个困惑。在阅读文献的过程中，安然发现，专家们对中国与非洲之间的经济关系有研究，但是安全关系的研究很少，这就又引发了安然的问题意识。她再一次主动找导师请教，询问自己的博士论文题目可不可以是中国与非洲之角的安全关系。她给出的理由是，从经济角度来看，非洲之角已经成为中国的重要贸易伙伴，是中国提升国际经济地位的重要区域；从政治角度来看，中国对非洲的外交

---

① Hend Elmahly, Sun Degang. China's military diplomacy towards Arab countries in Africa's peace and security: the case of Djibouti. Contemporary Arab affairs, 2018, 11(4): 111-134.

② 非洲之角（Horn of Africa），位于非洲东北部，是东非的一个半岛，包括吉布提、埃塞俄比亚、索马里等国家。

政策从风险规避到主动塑造，从经济外交到全方位外交。综合经济和政治举措来看，中国正在成为非洲外交事务的积极参与者。以上两点，国内外的学者已经进行了较为充分的讨论，但是他们对于外交中安全关系的研究尚浅，这就造成了研究领域的空缺。与此同时，吉布提保障基地的投入使用正说明了中国与非洲之角建立长久安全关系的外交计划，所以中国与非洲之角的安全关系将成为中国国际关系研究的热点。

听完安然给出的理由后，孙教授对安然的想法表示赞同，并为她提供了大量的文献书籍供她阅读。最终在孙教授的指导下，安然于 2020 年完成了自己的博士论文《中国参与非洲之角安全事务的理论与案例研究》，为自己的博士研究生生涯画上了圆满的句号。

2019 年 5 月，安然于上海大学参加第五届"中国与中东北非"国际研讨会

## 四、幸遇恩师：授人以鱼不如授人以渔

在与汉学结识的十六年里，安然有幸遇到了诸多名师，其中对她影响最深的就是她的博士生导师——孙德刚教授。虽然安然博士毕业后就回到了埃及，但是她仍然与孙教授保持着密切的联系。在了解到安然想要回中国继续深造、工作的心愿

后，孙教授也在不遗余力地为她寻找合适的机会。在采访中，安然总是质朴地表达着自己对孙教授的敬意和感恩："在中国，我最好的阶段就是在博士。如果没有孙教授的帮助，我就不能获得现在的那些成就。老师的帮助不仅体现在学习上，如果我在生活中遇到困难，老师也会很热情地关心我。我们师门的关系也很好，同门之间存在着良性竞争，学习氛围都特别好。为了感恩老师的付出，我们经常会一起努力学习，一起进步。"

令她印象最深刻的是孙教授对学术研究的高标准、严要求。安然每次去教授办公室时心情都会像过山车一样经历"大起大落"。"起"在于，每次去办公室前，孙教授都会在微信或者邮件中指出安然近期学习上的问题并督促她进一步提高对自己的要求，这就让安然每次见他前都十分忐忑。"落"在于，到了办公室之后，孙教授总是面带笑容热情关心安然的近况，这就又让安然在心态上放松下来。

虽然孙教授对学术研究要求十分严格，但是他十分尊重学生个人的发展意愿，为他们提供了充足的自由发展的空间。在安然身上，体现为对她翻译书籍的大力支持。虽然翻译书籍会花费大量时间，不利于安然的博士论文写作，但是孙教授总是为安然提供无条件的信任，他常常鼓励安然要成为一个善于管理时间的博士生。他的激励和支持，常常成为安然前进道路上的动力。2018年，上外将一项外交部的文件翻译任务委托给安然，刚接到这个任务时，安然担心自己不能胜任这项任务，迟迟不敢接手。孙教授知道后对安然说："虽然这个报告是外交部给我们学校的翻译任务，任务很艰巨，但是我觉得，凭借你的能力，你是可以翻译的。"最终，在孙教授的鼓励下，安然圆满完成了任务，学校也表达了对安然的肯定与感谢。

回忆起师生相处的点点滴滴，安然激动地说："我很敬佩孙教授，很感谢他对我的付出。我在心里有很多话想对我的博士导师说，但是说不出来。"安然认为，埃及的大学导师跟中国的导师教学风格并不相同，而她对中国导师的授课方式更受用。她举了一个孙教授指导她写博士论文的例子。在写博士论文的时候，安然在研究理论方面存在不少问题，她不知道该用什么理论去分析材料。孙教授发现安然有这个问题后，并不会直接告诉安然该用什么理论、分析步骤是什么，而是会让安然去读某本书、去读某个材料，然后鼓励她对这个问题有自己的理解。安然在他的这种教育模式中受益良多。相比来说，在埃及，导师没有时间跟学生进行沟通，学生们大多数都是自己写博士论文，只会在答辩之前跟导师沟通。在整个博士论文的写作阶段，埃及的导师很少能够帮助学生，跟学生的关系也没有那么密切，也不知道学生学习和生活中遇到的困难。

中国有一句俗语，"授人以鱼不如授人以渔"。安然说，她觉得这句话说的就是孙教授和她的师生关系。她认为："如果没有孙教授，我也许能拿到博士学位，但是我的研究水平不一定会那么好。他能够帮助我培养起一种研究的思维，也会从我的事业发展、学业规划上帮助我，包括他现在也在帮助我找机会留在中国。希望疫情结束后，我能有机会尽快回到中国的怀抱，能够当面再次向孙教授表示我的感谢！"

## 五、亲人扶持：共助博士学业

博士期间的学习时光是"痛并快乐着"的，激增的学习压力有时也会让安然喘不过气。她的学习时间主要被划分为三大部分，一部分要用来完成博士论文，一部分是要用来翻译的，还有一部分要用来提高语言水平。为了疏解压力和排解思乡之苦，她几乎每天都在跟家人保持着沟通。其中，母亲、姐姐、弟弟是她联系最为频繁的亲人。

出于让老人安心的目的，在和母亲通话时，安然都会告诉母亲她在中国一切顺利，并没有告诉母亲她最近生活中的困难。但母亲永远是最了解儿女的，虽然安然不会主动提及，但是母亲每次和安然聊天时都会说："我知道你遇到很多困难，但是你不想告诉我。不过我相信你会毕业的，你会拿到博士学位的。"但是在姐姐这边，安然常常会毫无保留地表达自己的真实情绪。从图书馆十点钟关闭一直到临睡前，她几乎都在保持着跟姐姐的通话，姐姐总是能耐心地帮助安然厘清生活中繁杂的问题。安然的姐姐比她大两岁，在前几年拿到了法语的博士学位，她利用自己的求学经验帮助安然解决了很多问题。每当安然面对诸多学术任务不知从何入手时，她的姐姐就会耐心地帮她写计划清单。

安然的弟弟目前也正在中国攻读金融学的博士。虽然弟弟并不能像姐姐一样给出行之有效的建议，但是弟弟常常会化身为开心果，想办法逗姐姐开心，每次跟弟弟通完话，安然的心情都能得到调整。有一次，安然翻译完一本关于中国金融的书后向弟弟寻求建议，弟弟从金融学的学科视角出发，耐心地帮助安然进行校对翻译和删削部分章节。更为重要的是，他还会很诚恳地告诉安然，他觉得这本书一定会获得阿拉伯地区出版社和读者的认可。在弟弟这里，安然也会扮演起姐姐的角色。在弟弟遇到关于汉语和中国文化的问题时，他总是会第一时间求助"安然姐姐"，安然也会在这个时候及时给予弟弟相应的回复。

　　博士求学不仅是一场脑力战，更是一场体力战、心理战。为了能够在有限的时间内完成更高质量的学术任务，安然常常同时承担着来自学术论文、学位论文、书籍翻译、语言学习等多方面的压力。在家人的关怀下，她逐渐建立起自己的心理支持系统，挺过了博士期间接连而来的难关。她的辛苦也换来了一定的收获，除了发表多篇学术论文，安然还相继翻译出版了《解读中国经济》《创造性介入：中国外交的转型》等著作的阿文版。博士毕业后，她仍然孜孜不倦地从事翻译工作，完成了《论大国农业转型："两型社会"建设中转变农业发展方式研究》的阿文翻译。安然说，她将继续坚持翻译工作，为阿拉伯社会带来最新的关于中国政治、经济形势的解读："我希望能够将中国最新的研究带向阿拉伯地区，这不仅对阿拉伯是有益的，对中国也是有益的，我希望靠自己的微薄之力为中阿友好关系的建设做贡献。"

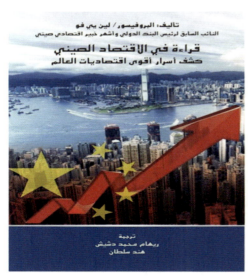

2017 年出版的《解读中国经济》阿文版

201

2018 年出版的《创造性介入：中国外交的转型》阿文版

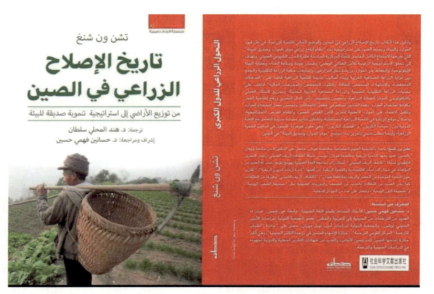

2021 年出版的《论大国农业转型："两型社会"建设中转变农业发展方式研究》阿文版

# 六、时疫当前：诚吁合作，全心向学

由于新冠肺炎疫情，安然的学业、就业都受到了一定的影响。在谈到新冠肺炎疫情对自己研究的影响时，安然认为自己目前遇到最大的问题，就是埃及的学术环境不利于她的进一步学术深造。在读博的几年里，安然在自己感兴趣的领域结识了很多专家朋友。在中国做研究时，安然可以很方便地找到她的研究材料，也可以直接跟中国专家进行交流，和他们合作，讨论问题，发表研究成果。同时作为一个语言学习者，安然认为，在中国比在埃及更好的一点是，她在中国能够跟中国人保持交流，锻炼自己的口语能力。

虽然不能立刻回到中国，但是安然并没有就此松懈学习和研究。就在接受采访前一个月，安然在埃及的知名期刊，由金字塔出版社出版的《国际政治》上发表了一篇文章，内容是关于中国在非洲的安全问题参与。她发现，中东地区的学者对中国的研究还不够深入，但也已经逐渐开始重视起这方面来，比如说在有些海湾国家，已经开始建立关于中国的研究中心。但是在安然的国家——埃及，还是没有相关研究机构，这也是安然之后努力的方向。为着早日实现这一目标，安然急迫地想要回中国进一步学习、提升，期望自己的研究达到一定水平后，再回埃及进行相关学科建设。

同时，作为一名国际关系学者，安然并没有沉湎于个人遭遇的困境而停滞不前，而是用专业的眼光时刻关注着疫情期间的国际关系走向。在疫情肆虐的这两年中，总结世界各国的抗疫经验，安然认为，在应对疫情时，国际合作是十分必要的。她举例说，现在有很多国家一起合作研制疫苗，也有一些国家，像中国、俄罗斯、美国等一些大国开始为发展中地区提供疫苗。此外，安然也一直在关注中非关系的走向。她观察到，新冠肺炎疫情期间，中国仍然与非洲国家保持密切的往来，并为非洲国家提供很多援助，包括医疗援助、经济援助等。这些都向我们说明，对抗新冠肺炎疫情，需要我们全人类团结一心。

# 七、托身中国：新汉学开启新篇章

在采访的最后，安然谈起了自己和"新汉学计划"的结识。其实，2016年自山东大学硕士毕业后，安然还没有十分坚定继续求学的决心，于是她选择暂时回到埃及。但是在中国学习多年的她心中已满怀"中国情"，在埃及，她常常会想起中国，想起自己还未完成学术志愿。机缘巧合之下，安然在网上看到了"新汉学计划"的招生通知，附件的文件里展示了"新汉学计划"提供的学校和导师，她看到该项目为学生匹配的都是中国顶级的学校和导师，这些优质的学术资源打动了安然，她也下定了继续在中国攻读博士学位的决心。

对比"新汉学计划"和之前的奖学金项目，安然认为，提前为学生分配导师和院校这一点体现了"新汉学计划"为学生考虑的贴心。之前，安然都是自己靠搜索引擎选择导师，整个过程中都没有老师进行指导，她常常会担心选择一位跟自己研究方向不切合的老师。而"新汉学计划"为学生提前选择导师的这一点可以说解决了安然一直以来的担忧。也是在通知的附件文件中，安然看到了上海外国语大学中东研究所组织的论坛和教授们取得的研究成果，这正是她的兴趣所在。皇天不负苦心人，安然最终于2017年成功申请到了"新汉学计划"的博士项目，前往上海外国语大学跟随孙德刚教授攻读国际关系的博士学位。

2018年，安然于上海外滩拍照留念

除了院校和导师的选择外，安然认为，"新汉学计划"给学生的学习安排也非常合理。在新学期开始时，项目组会督促学生们提交一个新学期学习计划，包括这个学期要做什么，博士论文要写什么，要发表什么论文。每个学期结束的时候，学生们就又要提交对上一个计划的总结。安然认为这个规定可以帮助学生安排时间，规划自己的学业，"因为如果这个学期你没有完成目标，你的学习成果如果减少的话，它就会停止对你的奖学金资助"。

在采访的末尾，已经接近埃及的午餐时间，安然告诉笔者，在回埃及的半年多时间里，她的一日三餐都是自己烹调的中国菜。安然笑称自己现在是完全的"中国胃"："因为我的胃口已经习惯了中国的饭菜了，而且我现在还是用筷子吃饭。我妈妈说我不是埃及人，我是中国人。我现在反而对我的国家不那么习惯。"所有的这一切都加深了安然对中国的想念，她在最后表达了自己对中国的感情："在中国，中国人教会了我很多事情。我希望疫情结束后，能够尽快回中国。"

## 后记

为了控制新冠肺炎疫情的国际传播，世界各国采取了不同程度的封闭政策，昔日的"地球村"被分割为一个个孤岛，我们的日常生活中也充斥着"逆全球化"的论调。在这个时候，能够有机会和专攻国际关系的学者安然进行一次深入的交流，于笔者而言，不仅是完成一次访谈任务，更是一次积极的"全球化"体验。

从本科到硕士、博士，几番机缘之下，安然的心和中国越来越近——她不仅精通中国社会文化，成为一位"中国通"，也从政治、经济、外交关系的角度为新汉学注入了新的血液。采访中，笔者问起新冠肺炎疫情对她研究的影响，与笔者预设的悲观叙事不同，因疫情无法返回中国的她耐心地解释了在埃及和中国做研究的利与弊，并告诉笔者虽然她现在在埃及从事研究有诸多不便，但她还是会积极尝试在当地知名期刊上发表文章——因为"这不仅对埃及有意义，对中国也很有意义"。在安然身上，笔者看到了"木兰"一般"走出去"的大无畏气概，也看到了四海"安然"的恬淡心境。停笔之时，回想起这次访谈，最难忘的还是安然在谈及中国研究时号召学者们都要来中国亲自看一看时的笃定——"如果想要真正了解中国，就要学习汉语，就要到中国去看看"。这也正是"新汉学计划"秉持的初衷。

安然——乐身亦忧国　何地不安然

# 学问虽远在中国，亦当求之

◎孙德刚

　　阿拉伯谚语说："学问虽远在中国，亦当求之。"安然从埃及艾因夏姆斯大学中文系毕业后，千里迢迢，只身一人来到中国攻读硕士和博士学位，体现了一种追求学术、追求真理、自强不息的精神。她欣赏中国古代的优秀女子木兰，并以"木兰"为中文名，而木兰替父从军体现的就是一种百折不挠、坚韧不拔的女性奋斗精神。安然在读书时以木兰为楷模，刻苦钻研，善于思考，把国际关系理论、发展中地区治理理论、中国外交实践、非洲之角区域和国别研究相结合，最终围绕中国参与非洲之角安全治理这一议题完成了博士论文，弥补了学术界在这一研究领域的不足。安然的研究不是从书本到书本，而是关注中国对中东和非洲之角政策的重大现实问题，把论文写在中国大地上。

　　安然总是严以律己，研究一丝不苟，但是生活中的安然活泼可爱，敬业乐群。她长期在中国求学，从山东到北京，又从北京到上海，领略了中国的大好河山；她热爱中国传统文化，了解中国风土人情，酷爱中国饮食；她在中国结识了很多中国朋友和一起留学的外国朋友，以至于很多人忘记了她的阿拉伯名字，只知道她叫安然或者木兰。中国和埃及都是文明古国，都拥有悠久的文明与灿烂的文化，都在探索适合自身发展的现代化道路。安然热爱中国外交研究，是因为她热爱中国这片土地，热爱中国人民，喜欢和中国朋友打成一片。

　　对安然来说，"青年汉学家"既是一种荣誉，更是一种责任。在中国崛起过程中，有很多重大现实问题值得关注、思考和研究。阿拉伯世界曾经有一批知华、友华的汉学家，有些还曾担任驻华大使，但大多年事已高。作为"后浪"，安然要进一步增强研究能力，努力成为名副其实的新汉学家。

　　首先，要认真阅读中国历史文献。中国外交战略和外交政策植根于中华大地，植根于源远流长的中国文化。要从五千年中国文明史的视角看待今天的中国对中东和非洲政策。唯有如此，才能跳出西方设置的学术概念、逻辑假设和分析方法，才能在研究中国中东外交过程中摆脱西方中心主义的影响，"不唯上、不唯书、只唯实"，培养自己的批判思维和思辨能力。

其次，要成为中国的阿拉伯学和阿拉伯世界的中国学的桥梁。作为研究中国外交的埃及人，作为青年汉学家，安然要立志成为中华文明与阿拉伯文明的传播者，超越西方的"文明冲突论"，倡导中阿文明对话论和文明交融论。文明只有类型上的差异，没有高低贵贱之分。安然精通阿拉伯文、中文和英文，可以推动在阿拉伯世界传播中国声音、中国文化，促进阿拉伯世界的中国学建设；同时，安然作为青年汉学家，在中国特色中东学、阿拉伯学和埃及学建设中，可以发挥自身优势，使中阿两大民族实现文明互鉴。

千里之行始于足下，相信安然一定会继承老一辈汉学家的优良传统，推陈出新，在百年未有之大变局和后疫情大背景下再出发，为促进中国外交话语的国际传播和人类文明共生互鉴，做出新的贡献。

## 导师简介

孙德刚，上海外国语大学中东研究所原副研究员，复旦大学国际问题研究院研究员、博士生导师，教育部新世纪优秀人才。研究领域：大国中东战略、中东地区安全、中国中东外交。主要著作：《冷战后中国参与中东地区治理的理论与案例研究》《美国在大中东地区军事基地的战略部署与调整趋势研究》《冷战后欧美大国在中东的军事基地研究》《准联盟外交的理论与实践——基于大国与中东国家关系的实证分析》《危机管理中的国家安全战略》《多元平衡与"准联盟"理论研究》等。

安然 — 乐身亦忧国 何地不安然

庄秀玉

# 源理·礼圆——一位泰国汉语
# 教师的中国情缘

**访谈人：**张艺潆，中国人民大学文学院汉语国际教育专业 2020 级硕士研究生

**访谈时间：**2021 年 2 月 11 日

**访谈方式：**视频连线

## 被访人简介

　　庄秀玉（Natchaporn Dechrach），泰籍，现为泰国兰实大学（Rangsit University）文学院中文系主任，任 *The Journal of Liberal Arts, Rangsit University* 编辑组内部评委。主要研究方向为跨文化交际、汉语跨文化语用失误。2016 年申请"新汉学计划"来华攻读博士学位项目，就读于上海外国语大学国际文化交流学院汉语国际教育专业。著有 "The Design of Intercultural Chinese Communication Course in Thailand"、"The Basic Idea of Improvement Intercultural Communication Competence of Thai Students"、*Mission, Role and Direction for Promoting Chinese Research of Confucius Institutes in Thailand* 等。

<br>

　　2019 年 6 月 12 日，上海外国语大学首位"新汉学计划"博士生——庄秀玉完成学业，成为上外众多博士毕业生中的一员。从 2016 年来到上外攻读跨文化研究方向博士，到毕业之后回归自己热爱的教师岗位，一路走来，庄秀玉与中国、与汉语的联系愈加紧密，情意也愈加深厚。

# 一、汉语之缘——从护理到中文

　　在泰国，汉语学习有着近三百年的历史，学习者人数众多，近十几年来学习汉语尤其蔚然成风。从 2002 年起，泰国教育部要求各级中学开设汉语课，并将其作为语言必修课，这对想学汉语的泰国人来说非常重要。实际上，这个政策在营造汉语学习环境方面，确实发挥了很重要的作用。在这样的背景下，对汉语充满兴趣的庄秀玉由理转文，似乎是一个必然。而由理转文，既是庄秀玉本科阶段一个重要的人生抉择，同时，也是泰国逐渐开放的社会背景下汉语学习快速发展的一个真实写照。

　　"了解中国文化很早，大概是在一二十年前吧。那时候年纪还小，所以没办法真正搞懂我感兴趣的究竟是中国文化，还是单纯的汉语（也就是中文）。

　　"在我小的时候，用的都是'中文'这个词。我之前不是读文科，是读理科，是护理学院的学生。泰国那时候正慢慢地开放，汉语教学机构很多，到处都能遇到汉语很好的人。我记得很清楚，我想要转读文科是因为受一个做汉语导游的学长的影响，慢慢就转了过来。"

　　庄秀玉的汉语学习之路，起源于对中国文化的浓厚兴趣，但当她真正开始学习汉语时，这条路走起来却并不是那么一帆风顺。在十几年前的泰国，想要系统学习中文并不容易。当她决定学中文时，她的爸爸、哥哥都反对。"那个时候汉语教学不是很发达，甚至可以说是少之又少，不像现在这么普遍。现在走到哪里都会有人说中文，到哪一个中小学都会有小孩学习中文。"

　　"我的本科学校当时是和北京外国语大学合作。虽然早期汉语教学在泰国并不普遍，但来自北外的外教对我们的学习起到了很大的帮助作用。所以尽管学习很困难，但幸好我们有中国外教，汉语教材齐全，最终还是突破了难关。教我们汉语的北外老师，都是教授以上级别，所以那时候的外教年纪都很大。但老师与学生之间的关系很亲近，当时班级人数不多，因此和老师接触的机会很多，学习效果自然不错。"提到本科期间的中文学习时光，庄秀玉充满感激，"在那个时候，我们学生能够感受到，我们学的都是真正的知识。"

"据我了解，其他学校也有这样的情况。比如我所知道的泰南的一所皇家大学，与我同届的学生也有很多交流和练习的机会，那样的话，学习就不会像现在这么表面。"庄秀玉满是感慨，"现在比较浅。大家（老师和学生）接触得也不多。因为现在教中文是比较普遍的，你想要找什么样的资料，找什么样的人来交流、沟通、训练，锻炼自己的口语，都是挺方便的。但也是因为这个方便，让有些人变得很懒惰，没法真正学到知识、学好中文。"

## 二、北京遇见上海——跨文化冲突下的<br>"新汉学"历程

### 1. 从上海开始的"跨文化"

庄秀玉是上海外国语大学首位"新汉学计划"博士生。2016 年来中国进行博士学习时，她已从业十二年，在过去的十二年中，她到过中国桂林工作，在北京读过三年硕士，毕业后又回到泰国工作，已经完成了从汉语学习者到汉语教师这两种角色间的转换。但再次到中国时，她仍然经历了漫长的适应期，其中不乏迷茫、失落。对于这段经历，庄秀玉在之前的一些访谈中曾多次提及，她曾直言："虽然曾经在中国有过学习经历，但上海对我来说完全是一个新的天地。"

"奇特"是上海给庄秀玉的第一个印象。

"我觉得北京对我来说，就是古典、传统，她是中国的首都，所以给我的感受是比较传统的，完全就是中国的。但是上海真的很奇特。"

当问及其中原因，庄秀玉这样说："读书时候老师会和我们说起中国的传统文

2018 年，庄秀玉与同届"新汉学计划"博士成员。左二为庄秀玉

化。但是我一到上海，感受完全不一样。在我脑海里，以前对中国的印象是落后、不发达。本科时我们有机会去中国留学，但当时我们班中的四个人，包括我，都不愿选择去中国留学。因为在我们当时的认知里，中国不怎么发达。但这次来到上海，哇，感受是完全不一样的。上海可以说一点都不像传统的中国。我选择的学校在市中心，也完全是西式的文化，认知产生了落差，需要有一个适应过程。"

此前的六年里，庄秀玉一直在泰国教书，给学生传授知识，所以她自己一时转换不过来，在以学生的身份来到上海后，她不知道应该怎么安排、怎么计划、怎么努力。尤其在上海这样的大城市当学生，她觉得在学习精神方面会有一些差别，很难形容，但是她能体会得到。"隔了五六年再到中国，五六年的时间，中国像是完全不一样了。而现在，我毕业回泰国了，离开了中国一两年，我真的想再回去。但我估计我现在可能还是很难衔接，时间一天一天、一年一年过去，中国在不断发展。"

### 2. "首位"之下的酸甜苦辣

作为"新汉学计划"项目中上海外国语大学招收的首位博士生，庄秀玉得到了很大的认可，但这同时也给她带来了不小的压力。

"一到上海，上课的那种环境、精神和在泰国上课完全不一样，再加上我所在的博士班几乎都是中国学生，我又是上外的第一个'新汉学计划'学生，你不知道前期我是受了多大的打击和压力，因为完全不知道自己在中国要怎么拼、怎么奋斗。我要自己做很多事情，比如说去联系学院，我导师不在国际教育学院，而我的身份是挂在国际教育这边的，信息资料完全都是新的，我什么都不懂。那时候加上学习也困难，真有些受不了。所以我就用那句话来形容，上海对我来讲真的是一个陌生的世界。我会想，是不是自己选择错了？

"我给你讲个笑话，虽然说是笑话，但也是事实。当时我有一个表需要签字，我们每个新生到学校报到都要签字。我那时候跑了三栋教学楼的办公室，三个单位都没人愿意给我盖章。研办说，你是汉语国际教育专业的，要到国际教育学院找领导盖章、签字。我去国际教育学院，他们又说我的导师是另外一个学院的，我得找那个学院的办事处，但去了那里，他们也说不能给我签字，因为我不是这个学院的。那时候我花了一个月的时间都没有办完那张表。一个外国人，又是女生，我不知道该问谁，这件事很长时间都没有解决。

"但是我觉得好的是，上外的老师和工作人员，他们办事都是超快的。虽然要让我自己跑几个地方，但他们每个小单位都答应帮我解决。所以我感觉挺温馨的。然后，其他一般的学习生活上的困难，我都能克服。一个新天地，完全是陌生的，不论你是要办公事还是处理个人事务。我那时候就告诉自己，你一定要坚强，一定要拿到那张报名表。不过最终还是过来了，都过来了。"

再次谈及这段经历，记忆里那个奔走在各个办公室间的慌乱的女学生渐渐成长，庄秀玉的语气中有感叹，但也有感激。

"可以这样说，我一直感到自豪。我觉得如果我选择换一个新的地方，换到另外一个学习环境的话，我可能不会体会到跨文化的难度，也就不会提高我自己这方面的适应能力。因为关于跨文化，我个人的体会是，如果你不亲自经历，是完全不能了解的。你光看书，看其他人写的文章，那是不真实的。所以为什么刚才我会提起这个真实的故事，是因为确实是那样，不只是前期阶段，三年学习生活的每一天中，我都能体会到，留学生的真实生活确实是不简单、不单一的。我也理解了为什么中国同学、中国朋友还有其他留学生，他们会常说这样一句话——'我容易吗？'

"我容易吗？真的，我体会到的是不容易。我经常跟几个留学生开玩笑说不容易，真的，到最后毕业那天也依然不容易。但我觉得我选择这个专业是非常对的，选择方向的过程当中，我真的好幸运。我的导师，她完全能理解我们的行为、思想，当我们遇到困难时，她会帮助我们。我觉得，我们之所以没有放弃，就是因为在我们的背后，有导师撑着。"

有了这样一段经历，庄秀玉对跨文化有了自己的理解。"跨文化，只有自己亲自体验、亲自体会了，你才能够把自己的经历传授出来。所以我毕业回国后，也给本科二年级同学开这门课。我觉得最重要的应该是把一些实际的案例、生活体验或者真实故事告诉学生，我不会单单讲一些理论什么的，我觉得我们用实际的情况来聊、来传授，这样学生们会更好领会。因为本科阶段有的人还是不怎么努力，他们的关注点不一定在学习上，也不是那么认真。他们对人生的看法还不是那么笃定，一些人只是在玩，对学习的热情也是一般般。本科

2019 年 4 月 29 日，RSUSSH 国际研讨会上。左二为庄秀玉

才四年，他们把精力放在交朋友、吃喝玩乐这方面，对实际的生活、自己的未来还没有意识到。但是我觉得我可以利用跨文化的知识，一点点慢慢地教给他们，慢慢灌输给他们。找一些跟他们的兴趣点比较接近的，和他们说，和他们分享。"

"跨文化"课庄秀玉已经开了两年，她个人认为效果还是挺好的。除了面向中文系学生之外，她还面向全校开设了一门"跨文化"的公共课，现在她还要给其他学院的学生开这门课，教他们到国外如何适应、如何学习。"跨文化知识也在学生中慢慢流行，这对学习汉语，对他们的将来，都是很有帮助的。"

### 3. 反复推敲的论文题目

度过适应期后，博士二年级期间，庄秀玉参加了很多国内外的学术会议，并在这期间逐步确立了自己的研究方向，完成了博士论文《泰国学生跨文化汉语语用失误研究》的开题。从选题萌生之初，到最后方向确立、论文完成，一路走来庄秀玉

满是感慨。

最初申请读博时，庄秀玉选择的并不是这个题目。"我们读博的时候需要自己带着题目。"庄秀玉那时候联系博导张老师，打电话跟老师沟通过博士论文的事情。来中国读博之前，她也不断在学术方面做准备，参加了很多国际会议，也发表了论文。"我申请博士的时候，给张老师看的题目是任务型教学，因为我作为老师，研究这方面的内容更有用，回国后我可以运用在我的学生身上，或者用在工作岗位上。"那时候，论文其实已经写得差不多了。后来入学，九月份到上海报到，十月份泰国兰实大学和三所单位合作办

2017 年，庄秀玉参加第八届世界儒学大会青年博士论坛

了一次国际研讨会，她把这篇任务型教学方面的论文投了出去，然后回国参加研讨会，宣读论文。那时候，她还搞不清楚，到底要不要在博士论文中继续往深的地方去挖掘，去研究任务型教学。

"张老师和我说，没关系，你不急的。我记得在泰国打电话给张老师的时候，她说：你读我的书了吗？我有这么几本书，你去读吧。我当时在泰国不方便买，就等到去学校报到以后，到图书馆借老师的书，用了一个月的时间认真读完。我觉得我的中文水平还不错，我很认真在读，但还是有很多地方读不懂。不过这并不影响我对它的感受，我当时就想，我为什么不专门在这方面进行学习研究呢？就这样，我慢慢把任务型教学这个想法先搁在一旁。说实话，我的博士论文，真的是张老师的书给了我启发。"

跨文化在中国发展起来只有一二十年，泰国的相关研究也十分有限。一开始，庄秀玉真的完全不懂，因为她从小学理科，即便到了本科阶段，也没有一开始就学中文，跨文化对于她来说属于新学科。在上海读书的时候，是从零开始去慢慢了解，慢慢对这一领域产生兴趣。

"但同时，我也不想放弃原来的论文题目。我肯定不会放弃汉语教学，这是我的饭碗、我的工作，因为我毕业回国后，还是做老师，做汉语老师。所以我想来

想去，什么样的题目好呢，要既能促进我在教学方面的深造，又能实现我在学习方面的深造。那时候张老师完全没有给我压力，她不逼我，就像读书，她也从不逼我们。每次她叫我们小组研讨，就找几个她带的中国学生和几个留学生一起聊聊。我觉得她用这种方式，让我对'跨文化'这个词有了自己的理解。"

慢慢地，在不知不觉当中，在上课的讨论中，在跟老师的交流中，在写作业的过程中，在一些国际学术会议上，庄秀玉有了信心，决定将汉语教学和跨文化这两个关键词结合起来。每一次放假她都回到泰国兰实大学给学生上课，课堂上既有泰国学生，也有中国学生。在上课的过程中，她发现师生双方沟通没有像用母语沟通那么顺畅，这让她更加重视交流沟通中的跨文化问题，也促使她决心研究中泰跨文化语言运用问题。最终的论文题目就是这样定下来的。

### 4. 良师益友

在上外的学习过程中，导师张红玲对学生无微不至的关怀、同门之间的协作是庄秀玉最难以忘怀的回忆。

2018 年，庄秀玉博士期间日常论文汇报。左一为庄秀玉

"我一去上海，就跟张老师学习。张老师是做跨文化研究的，她带中国学生，也带留学生。张老师跟其他导师不一样的地方，是她很懂得对不同的人采取不同的方法。就像我刚才说的，前期她是不断地约我们小组座谈，了解情况，让我们留学

生和中国学生互相认识，也不断增进感情。感情对任何人都非常重要，如果不交流，不经过这种小组讨论、研讨、交流、认识，是很难有收获的。所以我觉得张老师用这种方法教学对我们有很大的帮助。张老师同时带两个专业的学生，汉语国际教育专业的中国学生和留学生，还有英语专业的中国学生，但是我们都不排斥对方，我们都很好地融合在一起。张老师在座谈过程中或一般交流中，从不给学生任何压力，反而鼓励学生，促进我们互动。大家可以私下聊，有什么想法呀，一起去什么地方呀，这带给我们一种团体感，团体成员同心协力、互相帮助。前期老师经常约我们座谈，后来她忙，就没有时间组织我们，但我们私下也保持沟通，当我们有什么问题、有什么想法时，同学之间随时可以约出来谈谈、聚聚。有时候即便是闲聊，也会给我们启发。"

张老师对庄秀玉的帮助，既有在学习上的，在办事过程中的，在敲定选题过程中的，也有在论文写作、修改、答辩中的，是那种包罗一切的帮助。庄秀玉要交论文定稿的前一天晚上，半夜还在请老师帮忙修改论文。"论文截止时间是上午十点多，于是我八点去等张老师上班。老师一上班就帮我修改论文，一字一句地改。论文最终提交前那几天最是难熬，所以最后按下那个提交键，好像整个人的灵魂都飞走了。当时从导师办公室出来以后，我走到常去的那个咖啡厅吃早餐，好一会儿什么声音都听不到，真的像灵魂飞走了。所以我就和同门开玩笑，我说：咱们不用怕，咱们有张老师，张老师会帮助我们的，会撑住我们的。"

"三年的时间，说快也快，说慢也慢。但是，我觉得每一个时间段，每一个我最重要的关键时刻，张老师都在帮助我。其他的导师怎么样我不知道，但是我深深地体会到，在中国，指导老师就是这么指导学生一路闯关的，所以我真的没选择错。我也在努力向张老师学习，后来我也这样对待我的学生。"

### 5. 回望"新汉学计划"

2018—2019 年，庄秀玉参与到上外孔院工作处承办的"赴泰国汉语教师志愿者岗前培训"项目中，担任志愿者岗前培训泰语教师，这段经历同样也成了庄秀玉上外求学生涯的增色之笔。

回望这段经历，庄秀玉谈道："感受是开心。第一开心的是，我是上外'新汉学计划'的一名学生，我想为母校做出一些贡献。第二，我作为泰国人，如果有这样的机会，我为什么不开心呢？亲自传授地道的泰国文化、泰语，或者用我自身的体会，把泰国所有的语言文化生活告诉中国学生们，那是不是比其他传播泰国文化的方式更好？所以，这两个原因都让我真的开心，我也要对这个机会表示感谢。"

2019年夏天，庄秀玉完成了博士阶段的学习，重返兰实大学中文老师的角色。但她与中国、与上海外国语大学之间的缘分并没有就此画上句号。在庄秀玉的积极推动下，上海外国语大学和兰实大学的校际合作翻开了新的篇章。两校合作不断深入，兰实大学不断输送学生到中国参加夏令营，也有中文系学历生前往中国进修。在回国后，庄秀玉也参与到泰国汉语教材的编写工作中。

2018年，庄秀玉在上海外国语大学攻读博士学位期间，担任泰国兰实大学访问上海外国语大学翻译员。右三为庄秀玉

回顾整个经历，庄秀玉最大的收获是顺利拿到了博士学位，顺利完成学业。在被问及是否留有遗憾时，庄秀玉笑说："我对那些过去了的事是没有什么遗憾的。我觉得经历过的一切事情都是好事。我个人觉得，拿到'新汉学计划'这个奖学金是不容易的，你在这不容易的过程中，学会如何珍惜、如何把握，很关键。所以说三年的博士生活，我已经尽力了，我尽最大的努力，把握和珍惜，顺利地毕业回国。我可以用一句话跟学弟学妹们说——还是好好珍惜，也要感谢所有我们所经历的，每一件事情，无论大或者小，或者对你来讲不好的事，我觉得那都是我们成长的一个过程。"

# 三、终为育人——念念不忘的教育情怀

"每一阶段的学习过程中，我个人都会觉得收获是不一样的，是有所不同的。我可以这么说，学习的同时，我也在成长。"

本科毕业后，庄秀玉进入兰实大学教书，成了一名汉语教师，后又到中国桂林工作。在北京的三年硕士期间，庄秀玉依然肩负学生和老师的双重身份。在硕士毕业工作了五六年之后，她再一次选择走进校园，攻读博士学位。

关于工作了十二年之后再次选择读博，庄秀玉这样说："本科毕业后去中国工作，一年当中我学会了如何适应中国的社会环境。后来又转到一

2019 年，庄秀玉顺利取得博士学位

个学生身份，去北京读硕士，然后工作。每个阶段都完全是不同的世界。在身份改变的同时也是提升和成长。无论是在工作，还是做学生，都是要不断地学习，追求不同方面、不同范围的提升，不断提升自己。"

关于泰国汉语教学的特点，庄秀玉谈道："自我博士毕业回来，我发现，很多泰国的中文老师，包括之前的我，我们的研究是缺乏一些东西的。因为我们之前使用的是传统的研究方法，是完全传统的，定性、定量没有结合。研究方向也很单一，基本都是传统文化、文学方向，很少有教学方向的。专家们年纪普遍较大，没有新力量的加入。我们是给大学生教授汉语，那些摸不透、比较抽象的东西，现在的年轻人不喜欢。博士毕业回来，我选择以东西方结合的方式来进行教学，定性、定量相结合。我觉得我喜欢现在这种研究方式。我会慢慢地推动，慢慢推广。"

课堂中的庄秀玉

对于未来汉语教学在泰国的发展，庄秀玉也有着自己的看法。"我觉得在泰国，中文教学这方面，如果能发展一个比较好的团体，大家相互合作，那样会很好。目前我们泰国汉语教学不统一，以至于不能同步发展，或者说发展得很慢。泰国现在有十几所孔子学院，虽然说是全世界汉语教师最多的国家，但也没有满足泰国目前汉语学习的需求。另外，很多汉语教师也不是从中国教育部中外语言交流合作中心培养出来的，好像任何一个中国人都可以教中文，这一点我是完全反对的。通过一些中介公司，任何人都能来教中文，这也是汉语在泰国没有得到迅速发展的原因。"

"我看新闻中说，中国教育部和泰国教育部签约，派送汉语教师到泰国。但上万名汉语教师还是不能满足现在泰国的汉语热需求。泰国真的很需要汉语教师，这也就变成很多来自东南西北的汉语教师，没有经过系统的、规范的筛选，而是根据自己喜欢或者擅长的方式来教，缺乏统一性，各个阶段之间难以衔接。

"虽然我们没办法做很大的改变，但我觉得我们个人可以从自己负责的课程开始，去做一些改变。比如我们泰国的学校缺乏专门的教材，其实汉语教材应该统一性更强一些，适用范围更广一些，不然的话，兰实大学用自己的教材，法政大学（Thammasat University）用自己的教材，朱拉隆功大学（Chulalongkorn University）用自己的教材……各用各的，汉语教学很难得到发展。现在我所做的工作，除了上课以外，还和几个朋友一起合作，在编写教材，应该很快就会出版。"

经由泰国、中国几个阶段的学习，庄秀玉对中泰教育在培养体系、方式方法等方面的差异也深有感触。"目前我们泰国教育还是比较落后。主要问题是教育资源和关注点全都集中在中部首都这一块，偏远地区仍然很落后。中小学之间差别较大，泰国是个小国家，也不像中国有统一或者一致的政策。在泰国，教育的机会是不平等的，如果我是在乡下，说不定我也没有机会得到'新汉学计划'的奖学金。所以如果谈到发展，泰国要从基础教育开始加大重视，不应该只在大城市，偏远地区的孩子也应受到全方位的教育。另外，需要给教师足够的保障，让大家真正把心思用在教育上，这样才能达到教书育人的目的。"

"在这一方面，没有任何国家可以和中国相比，中国发展很快。我毕业回国后一直在说，我很羡慕中国的发展，我也很自豪能够在中国学习。"

## 后记

经事先商定，庄秀玉博士的访谈定在 2021 年 2 月 11 日。这一天，是中国的除夕。打开摄像头，屏幕另一端的背景里满满都是春节元素，对联、福字、灯笼……庄秀玉笑意盈盈，向屏幕这端的我道了声"过年好"。

从最初的护理专业，到跟随着兴趣的指引学习中文，成为一名汉语教师，庄秀玉的十几载求学路显得格外独特，也格外丰富。以一名理科学生的身份踏上文科学术之路，无论肩负何种身份也不忘一名教师的职责所在，这是庄秀玉学习工作经历中最动人之处，也是题目"源理·礼圆"的来由。

受我自身所学专业的影响，庄秀玉博士在我眼中不仅是一位访谈对象，也是一个汉语习得范例。庄秀玉的汉语水平很高，这使得访谈能够全程以中文进行，让本篇采访得以以口述贯穿，最大程度地保证了真实性。

"青山一道同云雨，明月何曾是两乡。"这是当年庄秀玉博士站在中泰讲台之上的真实心境，也是我眼中一位泰国汉语教师对于汉语教学情怀坚守始终如一的最好诠释。

# 徜徉在中泰语言和文化之间

◎ 张红玲

　　成为庄秀玉的博士导师是我学术生涯中的一件幸事。她勤奋好学、乐学善学，作为一名国际留学生，用中文写出高质量的博士论文，三年完成学业，足以说明她的优秀。为了更快更好地提高汉语水平，她与中国同学打成一片，经常与他们交流学术思想，分享生活体验，向他们虚心请教，就连春节联欢晚会小品节目中出现的各种笑话和包袱，她都决意弄懂弄通，因此经常可以看到她跟中国同学一起有说有笑。对于不可避免的文化休克带来的困难和不适，她能通过与我或其他老师谈心、跟同学朋友倾诉，来消减负面情绪，给大家带去满满的正能量，因此她一直是我团队中的"团宠"。

　　从与她的相遇相处相知中，我深切体会到教学相长的意义。她谦虚礼貌又不失大气开朗的品性，让我认识到今日泰国年轻人的风貌。她在给赴泰国孔子学院汉语志愿者教师进行培训时，徜徉在中泰两种语言和文化之间，游刃有余，展现出渊博的学识和深厚的跨文化对话功力，不愧为中泰人文交流大使。我对泰国文化的认知基本来源于她。

　　庄秀玉是首批入选"新汉学计划"博士项目的学员。作为一名青年汉学家，她不仅学业有成，以娴熟的汉语和丰富的中国文化知识，教育培养了很多泰国汉语学习者，还积极牵线搭桥，多次组织和参与了中泰高校的学术交流活动，促成了多个合作项目。毕业回到泰国后，她与我们继续保持密切联系，与昔日的博士同学一起，克服疫情影响，开展中泰学生同上一门课的线上教学合作，促进了中外青年之间的相互理解和友谊。

　　2019年9月，我利用参加学术会议的机会与秀玉在泰国曼谷重聚。再次相见，热情、温暖的秀玉多了几分成熟和知性，得知她被重用，成为兰实大学文学院中文系主任，我为她的快速成长感到欣慰和自豪，也为"新汉学计划"在世界各地开花结果点赞。

我衷心地祝愿庄秀玉博士继续深耕中国语言文化，培养更多汉语专业人才，产出更多汉学研究成果，在泰国汉学界发挥更大作用，为中泰学术交流合作和人文交流做出更大贡献！

**导师简介**

张红玲，上海外国语大学教授、博士生导师。现任中国跨文化交际学会副会长、上海外国语大学跨文化研究中心副主任、上海外国语大学对外合作交流处处长。研究领域：跨文化交际、外语教学、跨文化教育。主要著作：《跨文化外语教学》、《网络外语教学理论与设计》（合著）、《大学跨文化英语综合教程》（合著）等。

**寿酣**

# 与中国的不解之缘

**访谈人：**谷明睿，中国人民大学文学院汉语国际教育专业 2020 级硕士研究生

**访谈时间：**2021 年 2 月 4 日、2021 年 5 月 18 日

**访谈方式：**视频连线、文字采访

## 被访人简介

　　**寿酣**（Johan Rols），法国人。研究方向为汉代、魏晋南北朝道教信仰、思想体系的历史，中国古代环境历史以及西方汉学历史。2009—2012 年就读于法国里昂第三大学（Université Jean Moulin Lyon 3），获汉学学士学位，其间于 2011—2012 年在中南民族大学进行交换。2012—2014 年就读于法国国立东方语言文化学院（Institut National des Langues et Civilisations Orientales），获中国思想史专业硕士学位，其间于 2013—2014 年在中国人民大学哲学系进行交换。2014 年，就读于法国高等研究实践学院（École Pratique des Hautes Études），并参与"新汉学计划"中外合作培养博士项目，就读于中国人民大学。主要学术著作有《"不得妄伐树木"禁令对道教戒律的影响》《〈通报〉与西方汉学研究的发展，1890—2016》以及 La question du maintien de l'ordre cosmique face à la destruction de l'environnement dans la Chine ancienne，并参与国际国内多项学术活动。

## 引言

　　寿酣，一位着力于探求中国古代思想史与环境史的研究者，自踏出学术研究道路上的第一步起，他就与中国结下了不解的缘分。寿酣博士对于中国本土宗教——道教了解颇深，并且对于汉代、魏晋南北朝时期的信仰、思想体系的历史进行了深入的研究。自硕士阶段开始，他就曾多次参与各项会议及论坛，不断关注道教文化的发展。其间他曾在《老子道文化研究》《全真道研究》等公开出版物上发表过相关文章，参与首届国际道教文化前沿论坛、"中古早期东亚的信仰与文化流动"论坛以及"Theorizing (Im)material Cultural Heritage in China"国际学术论坛等，并在论坛中多次发表相关主题演讲，在学术道路上一步一步踏实前进。同时，他还凭借个人出色的中文水平，承担了多项会议翻译工作，并受法国高等研究实践学院社会·宗教·世俗主义研究所（EPHE-GSRL）以及中国外语教学与研究出版社委托翻译论文和书籍。纵观寿酣博士学术生涯的画卷，无论是道教还是中国古代环境史都占据了浓墨重彩的地位，彰显了其与中国不解的缘分，"新汉学计划"更是让寿酣与中国的联系更加紧密。那么他与中国的缘是如何开始又不断发展的呢？就让我们跟随他的脚步，来追寻他的学术之梦。

# 一、怀好奇之心初识中国

　　俗话说"读万卷书，行万里路"，从小时候起，寿酣就在父母的带领下走在世界各地的土地上，体验不同的风土人情，去过的每一个国家都给他带来了不一样的人生经历。在前往各个国家旅行的过程中，寿酣多次听闻中国的故事，这让他对中国这个神秘的东方之国产生了浓厚的兴趣。

　　其间，寿酣也曾多次寻找前往中国旅游和学习的机会。终于，在 2008 年，他有机会来到中国，他选择了武汉这座素有"九省通衢"美誉的城市，开始了在中国的居住生活。在问到寿酣为何是武汉时，他提到，武汉的地理位置更便于他四处走走，感受更多不一样的中国。初到武汉时，他还给自己起了一个中文名，音译 Johan Rols，采用有飘然之意的"酣"字，名为寿酣。

到武汉之后，寿醂没有只通过旅游的方式来感受中国，而是四处寻找打工的机会，为自己的旅游积攒经费。在多次寻找之后，他最终在一家法国餐厅得到了厨师的工作。这份工作不仅让他有能力去更多地方游览，也让他得以深入了解中国的生活。在工作之余，他还努力学习中文。寿醂利用这一年在中国生活的机会，前往各地进行参观游览，在交流中不断提高自己的中文水平。

提到这一年在中国的居住经历，寿醂说："这一年给我带来的不仅仅是中文能力的提升，更重要的是能够与中国的普通老百姓打交道，更多了解真实的中国社会。"正是在这种接地气的环境中，寿醂积累了对于汉学的兴趣，也为他后来在大学中选择汉学专业打下了良好的基础。

# 二、以探索之意结缘汉学

在武汉结束了一年的生活后，寿醂回到法国，进入里昂第三大学就读汉学专业。法国的汉学研究起源于12—13世纪，当时蒙古人到达欧洲，由于当地人对蒙古人的陌生和害怕心理，他们开始对蒙古人进行一些研究，同时也派遣一些人前往亚洲进行研究，汉学研究由此开始。在如今的法国，汉学研究正蓬勃发展。而寿醂选择汉学专业也受到了多方因素的影响，一方面是因为在中国一年的居住经历让他更真实地接触了中国社会，另一方面也是因为他对中国的浓厚兴趣。在里昂第三大学就读汉学专业期间，他还曾前往中南民族大学进行了一年的交换学习，在这一年中对汉学有了更进一步的了解。

在硕士阶段，寿醂就读于法国国立东方语言文化学院的中国思想史专业，也曾在中国人民大学哲学系学习过一年。在此期间，他被中国本土的宗教——道教所吸引，明确了自己的研究方向并不断进行深入的学习。其实他对于中国的思想史关注已久，最早在法国时，他对于佛教、道教等方面的研究均有涉猎。而由于道教带有中国本土宗教的特点，因此道教的相关研究在法国开展得相对较晚，早期法国的研究主要是从思想史的角度对道家进行探索，相关的研究数量不多。来到中国后，寿醂发现中国国内有非常多的学者着眼于道教的研究，相关的学术作品数量较多且学术资源丰富。在此基础上，他着眼于道教的戒律及其历史发展开始了更进一步的研究。

寿酲在研究道教文化时，并不是只着眼于单一思想史的研究，而是将思想史与环境问题相结合，用道教的戒律来思考诸多环境问题。但值得注意的是，他并不是运用以前的戒律去探讨现在的环境问题，而是以历史性的观点，通过对当时的戒律研究，去探求那个时代的环境问题。在谈到这一点时，寿酲特别强调，需要先区分环保主义和环保意识，环保主义主要关注的是现代社会的问题，可能会用现代的观点去看待古代所存在的问题，但是由于其中涉及多年的变化和发展，因此这种讨论并不一定是有用的。而从19世纪70年代开始，出现了新的研究方法，强调从当时的环境出发，研究人对待环境的态度。由于时代背景相同，因此这种研究方法更具价值。寿酲就是着眼于战国到周朝时期，主要研究当时的人们对于环境问题的一些看法，以及国家政策和祭祀如何影响环境等问题。他的关注点在于当时的人们对于环境问题的看法是好是坏，强调其中的变迁史研究，并在这个过程中进一步明确了其下一步的研究方向。

无论是本科阶段还是硕士阶段，寿酲都曾来到中国进行交换学习，这两段不同的学习经历给寿酲带来了不一样的体验，也更彰显出其学术生涯与中国的紧密联系。寿酲回顾了本科与硕士期间在中国的两年求学经历，也谈到了一些不一样的感受。本科期间，他进行交换学习的中南民族大学作为培养民族人才的摇篮，吸引着各个少数民族的同学前来学习，校园文化背景丰富，在其中，寿酲也感受到了中国文化的多样性。在与这些不同文化背景的少数民族同学交流的过程中，寿酲以校园为依托体会到了中国多民族文化的魅力和差异。同时寿酲也积极参与各式各样的校园活动，在交往中接受差异，提高自身跨文化交际的能力。

而硕士阶段，寿酲提到在中国人民大学求学的日子时，却谈到了不一样的感受。人大相较于中南民族大学来说，没有那么丰富的文化背景，更多追求的是学术上的发展。人大作为中国一流高校，有着浓厚的学习氛围，多样化的学术活动和学术资源都使得寿酲更加专注于自己在学术道路上的发展，在与同学交流时也更多是进行学术问题的探讨。两段截然不同的求学经历丰富了寿酲的学业生涯，也为他的学术之路铺就了基石。中国、汉学和思想史已经成为寿酲学术研究中必不可少的部分，在他的学术之路上熠熠发光。

2016 年寿酢在北京游览观光

# 三、于联合培养下奋发前行

硕士阶段结束后，寿酢想继续攻读博士学位。在这时，美国教授推荐给寿酢"新汉学计划"的中外合作培养博士项目。经过努力，寿酢成功获得了该项目的攻读资格。自 2014 年起，寿酢在法国高等研究实践学院攻读博士，在中国人民大学进行访学研修及论文撰写。博士期间为双导师制，他同时接受法国的高万桑以及中国的何建明两位教授的指导。在谈到两位教授对于自己学术研究的影响时，寿酢提及了其中的不同之处。高万桑教授在法国教学时，除了带博士生以外，还教授本科生经济学的相关课程。受到经济学思维的影响，他在指导寿酢时特别强调对于数据的分析以及基础研究方法的学习，要求十分严格，曾多次告诫寿酢在做研究时不能随意发表意见，而是要在进行调查研究的基础上再去表达自己的看法。在高万桑教授的指导下，寿酢在学术研究中时刻保持严谨的学术态度，注重对于分析问题的基础方法的学习，从不在未知事情全貌时随意发表自己的看法和观点。

而何建明教授在学术研究方面，给了寿酢更多符合中国研究者思维习惯的建议和指导。在何建明教授的指引下，寿酢不仅强化了对于基础分析方法的学习，还增加了对中国历史、文化等专业知识的学习，对于中国传统文化有了更进一步的了解。同时寿酩也注意到，中外学者在论文写作中是具有一定差异性的，而这种差异会影响到其文献学习的效果，因此寿酩在跟随何教授学习的过程中，对如何研究中文文献、如何有效理解中国学者的写作思路等问题进行深入探索，为能够成为一名优秀的研究者而不断努力。在进行更多的本土化知识学习后，寿酩的学术研究能力不断提升。

除了导师之外，寿酩博士还提到了中外高校在学生培养模式上的不同。他谈到，法国博士的培养一般不

2017 年寿酩在北京学习

需要进行考试，只需制定一个培养计划并接受导师课程的教学。在完成导师课程之后，可以按照培养计划去进行相应的学习和研究。导师对于学生不会有很多要求，学生可以自由去选择研究不同方向的文献以及不同的学术观点。导师一般只帮助学生学会如何分析和学习文献，对于学生的整体培养要求是比较宽松的，整体来说就是希望学生在问题上一定要进行深入、透彻的研究，因此在博士阶段，学生有充足的时间可以完成博士论文的写作。而中国高校的博士培养，一般需要考试才能获得入学机会，此外也要获得导师的选择，这一步也是十分困难的。同时中国高校的博士培养依旧有非常多的课程学习，导师也会对文献阅读提出一定的要求，因此博士期间的文献阅读和研究计划的推进会受到一定的限制，博士论文的写作时间相对较少。寿酩表示，中外高校在博士培养方面对于学术要求存在不同之处，并无优劣之分，但希望两者可以相互借鉴学习彼此的长处，进一步完善博士培养计划，成功培养更多的学术人才。

正是"新汉学计划"，让寿酩能够站在两种不同的博士培养模式的交汇点，为博士培养计划提出更多建设性意见，为更多博士人才的培养建言献策。而"新汉学

计划"给寿酢带来的影响，却不仅仅止于此。在六年的博士学习期间，"新汉学计划"也给寿酢带来了非常多的帮助。一方面，项目给寿酢提供了基本的资金支持，让他能够在两所高校的联合培养下完成自己的博士梦想。另一方面，项目组还在寿酢的生活中提供了多样的帮助。例如，"新汉学计划"项目组给博士生在国学馆提供了专门的办公室以供他们进行学习和交流，这就极大地减少了他们在学习生活中的不便，为他们在学术之路上取得更多的建树提供了基本的物质保障。这也是寿酢提到的非常感谢"新汉学计划"的地方。

2018 年寿酢在北京参加中国传统文化活动

# 四、在严格要求中提升自我

博士期间的不断学习，让寿酢在学术研究方面对自己的要求越来越高，他坚持学习最新的理论，走在学术的最前端，从不人云亦云、随意跟随他人的观点。在思想史与环境相结合的研究领域，寿酢结合自己在中国的实际生活和学习经历，提出了很多不一样的看法。例如，对于剑桥大学伊懋可（Mark Elvin）的著作《大象的退却：一部中国环境史》，虽然该书针对思想史与环境的互动关系进行了论述，被称为中国环境史开山之作，但寿酢仍提出了自己不同的看法。他认为，虽然这本书中的观点在出版当时算是一种非常新的观点，但是随着时间的推移，其中一些研究和看法已经落伍了。尤其是书中提出的"胡人不种菜是保护环境"等看法，是非常缺乏事实支撑的，因为胡人也需要生火、砍柴、做饭等日常生活活动，不可能不对环境造成影响。目前在该领域内，也有学者提出支持"环境的改变不一定全都是因为人"的观点。因此寿酢尤为强调研究需要与时俱进，研究学科内最新的理论进展，才能不断促进个人学术水平的提升，创造出更多更优秀的学术作品。

正是在这种对自我的严格要求下，寿酲的学术之路不断延伸。除了在校读书以及进行学术研究以外，寿酲还探索多样化的学术之路。他通过参与多项实践调研以及论坛活动，不断提升自己的学术能力，并在活动之中逐渐学会以包容的态度对待文化差异，成为更具包容性的跨文化交际人才。

2017年，寿酲就参与了由加拿大不列颠哥伦比亚大学（The University of British Columbia）亚洲研究系"From The Ground Up: Buddhism & East Asian Religions"项目组组织和资助的"Cluster 2.1 Authenticity and Authority"活动，在活动中，他被分配到了国际石碑小组，于5月25日至6月3日在中国河南省济源市王屋山、济渎庙进行田野调查。这对寿酲来说是一段有趣而又充满挑战的经历。深入中国乡村进行田野调查，让他不管在学术上还是对中国的认知上，都有了更进一步的发展，但是这样的实地调查也给寿酲带来了一些困难。由于外国人身份的限制，当外出进行走访调查时，住宿方面多有不便。需要挑选价格合适、能够接待外宾的宾馆住宿。如果到偏远山村进行走访调研，则需要借住在一些老乡家里，这时按照法律规定就必须前往派出所进行登记备案，完成一系列烦琐的登记手续。这些都给寿酲的实地调查带来了一定的限制。同时实地调查的困难也不仅限于这些硬性条件上，在一些观念和文化方面，也会给寿酲带来困扰。在前往一些山村进行田野调查时，老百姓由于不常接触外国人，往往就会对他们产生好奇，会围观他们的所作所为，这些"关注"的目光一开始确实让寿酲感受到了一丝不适应。同时，借住在老乡家里时，在生活习惯方面也会有诸多不同，也需要花费一定的时间去接受这种差异。但这些困难并没有打倒寿酲，相反更提高了他在跨文化交际过程中的适应能力。在他看来，这种客观存在的差异是十分有趣的，它可以帮助留学生进一步了解真实的中国社会与文化，同时促使在中国的留学生们调整自己，尽快去适应这些差异和文化，成为更符合全球化趋势的复合型人才。

同年，寿酲参与了首届老子与道教文化国际学术研讨会并在会上提及了所

2017年寿酲在进行田野调查

发表的论文《"不得妄伐树木"禁令对道教戒律的影响》，从生态的视角讨论了道教思想的影响，展示和讨论了"不得妄伐树木"这条古老的道教戒律与砍伐树木禁忌之间的联系。2019年，寿酣在中国人民大学参与了"物质与非物质文化遗产对话与融合"国际研讨会，在第五场主题为"自然地理的宗教归因"的演讲中，做了题为《中国思想中的自然保护：中国古代的信仰实践与环境规制》的报告。在报告中他以非物质文化的视角来看物质文化，讨论了古代中国基于信仰的原因对环境破坏的反对，提出对祭祀及仪式使用的资源管理是皇家颁布禁令的主要原因之一，皇家还会通过政令来控制神地、禁苑及其自然资源。他还从汉代文献中"以时"的概念来讨论祭祀、经济等实践活动，展示了汉代日常禁令在中国文化中对自然环境感知的影响[①]。

2019年寿酣在中国人民大学参与"物质与非物质文化遗产对话与融合"国际研讨会

2019年寿酣在"古代晚期与中古时期东亚的信仰与文化流动"论坛中做了题为《汉代魏晋南北朝"于吉"及"干君"的传说文献：从方士到神仙的故事过程》的报告。报告讲的是与"于吉"及"干君"有关的生动故事。"于吉"和"干君"实际指的是同一个人，不同的名称来源于不同地方对这个形象的称呼。寿酣首先通过研究与他们有关的传说，按照历史过程对故事进行了整理，其次着眼于这些传说故事对当时社会产生了何种影响，从法律、信仰等方面分析是否有不同的影响，随后进一步将故事与环境问题结合起来进行研究，例如春天不能砍树，要到秋天才能砍树等戒律。这些故事一方面与塑造出来的"土地公"的形象有关，算是一种信仰，另一方面也与农业发展的规律有关。寿酣将故事发展整理为一次非常有趣的汇报。

---

① 常璐. 中国人民大学"物质与非物质文化遗产对话与融合"国际研讨会纪要. (2019-08-09). http://www.cssn.cn/kgx/kgdt/201908/t20190809_4954707_2.shtml.

在报告的最后，寿酣还从佛教以及道教的角度进行了一些相关的分析。

这些多样化的学术活动，无一不彰显了寿酣的学术能力，而寿酣本人则一直保持谦逊的态度，期望在学术之路上有着更进一步的发展。

## 五、用感恩之心回望"新汉学计划"

纵观寿酣博士的整条学术之路，都与中国有着不解的缘分。在其中，"新汉学计划"更是占据着重要的地位。"非常感激'新汉学计划'给我提供了一定的资金支持，也让我遇到了非常好的负责人。项目给我博士期间的生活提供了很多帮助，在人大的国学馆还提供了专门的办公室，让我可以有地方安静读书，进行学习和研究。"

"新汉学计划"培养了一批又一批在中西文化间穿梭的高端复合型人才，使学习者在立足自身文化的同时，极大地提升了全球文化观念。寿酣博士作为"新汉学计划"的优秀代表，他的学术之路也体现了中法文化与历史问题的完美结合。最后，在谈到未来计划时，寿酣也提出会在中法两国寻求更多的发展机会，力争成为更加优秀的学术人才。

### 后记

有幸采访到寿酣博士，是我在研究生生涯中的一次宝贵经历。在与寿酣博士的访谈过程中，他一直以认真、严谨的态度回答我的每一个提问，也会以风趣幽默的回答活跃我们访谈过程中的气氛。在我看来，寿酣博士是非常积极的，在谈到他实地调研过程中遇到的困难时，他总是以正面的思维来思考，认为自己在其中有收获、有进步，主动接受而不是抱怨一切，这是我们应该也必须学习的地方。同时，寿酣博士也是具有一定复合型思维的人才。在回答访谈问题时，他总会以辩证的态度来看待问题，从多角度去回答，让我在其中受益颇多。我是一名不太熟练的访谈者，而寿酣博士总以包容的态度对待我的每一次访谈，并在成稿过程中不断鼓励我。稿件的最终完成也得到了张靖老师、林丹老师、王昕生老师、张晓京老师以及胡敏师姐的帮助，在此向各位老师以及寿酣博士表示衷心的感谢。

# 为中法高等教育友好合作和学术交流
# 共谱佳话

◎何建明

寿酾是在"新汉学计划"的资助下，由我（中方）与高万桑教授（法方）合作指导的博士研究生。事实上，寿酾在法国国立东方语言文化学院攻读硕士学位期间，就曾获得中国的奖学金资助，来到北京我所在的中国人民大学哲学院宗教学专业交流学习，由我担任他的中国导师。这里不仅有普通的宗教学专业的研究生，还有来自全国各地的道教、佛教、基督教、天主教和伊斯兰教等五大宗教的宗教界的研究生，寿酾与他们一起学习和研讨，建立了良好的友谊。他后来考上法国高等研究实践学院中国宗教研究专业的博士研究生后，获得"新汉学计划"的资助，又来中国人民大学学习和生活。其间，他不仅积极参加中国人民大学的相关课程学习和学术活动，也积极参加了北京大学等其他高校的相关课程学习与学术活动，并与各高校的老师和同学们结下了深厚的友谊。在中国期间，他还应邀参加了由我主持的分别在湖南岳阳和安徽涡阳举办的道教国际学术研讨会，并发表了论文，受到了学者们的关注。他还与国内外学者，特别是年轻学者建立了学术友谊。回到法国后，寿酾一直积极推动中法和中欧学者之间的交流与合作，赢得了各方的好评。他与秦国帅既是中国人民大学的同学，也是法国高等研究实践学院的同学，都是我与万桑教授合作指导的博士研究生。他们的成长和已经取得的成绩，已经成为中国与法国两国学者在高等教育和学术交流方面友好合作的范例。

正如我在寿酾博士学位论文答辩会前的致辞中所说，寿酾受"新汉学计划"的资助所进行的学术交流，也使得我与他在法国的导师高万桑教授结成了深厚的友谊，并进行了多年的富有成效的学术合作。我们不仅联合培养博士研究生，还共同举办国际学术会议，并一起主编具有国际性的《道教学刊》（2018 年创刊）、《道藏集成》(已出版五辑，共 300 余册)等，取得了显著成绩，为中法高等教育的友好合作和学术交流谱写了一段佳话。

在此，我衷心希望"新汉学计划"能够根据新形势下中外学术交流和汉学发展的需要不断改革创新，尤其是在联合培养和资助欧美日等发达国家和地区的年青一代新汉学人才方面，突破固有的局限，采取一些更加有效的方式，使国际汉学能够新人辈出。我也衷心祝愿寿醂等年青一代的欧美发达国家的新汉学家在国际新汉学交流中不断谱写新的华章！

**导师简介**

何建明，现任中国人民大学佛教与宗教学理论研究所专职教授，哲学院宗教学教研室教授、博士生导师。研究领域：道教与中国社会、近现代中国佛教史、基督宗教来华及其与儒释道的相遇和对话。主要著作：《道家思想的历史转折》、《佛法观念的近代调适》、《澳门佛教——澳门与内地佛教文化关系史》、《隋唐道家与道教》(合著)等。

**胜丽**

# 寻迹丝路——一直在路上

访谈人：王诗琦，中国人民大学文学院汉语国际教育专业 2019 级硕士研究生

访谈时间：2021 年 5 月 4 日、2021 年 9 月 22 日

访谈方式：邮件采访

## 被访人简介

胜丽（Victoria Almonte），意大利汉学家，曾任罗马大学（Sapienza Università di Roma）孔子学院汉语教师、eCampus 远程教育大学教师，现任图西亚大学（Università degli Studi della Tuscia）资深研究员。2004—2009 年就读于罗马大学，获得东方语言学学士和硕士学位，2014—2015 年通过"新汉学计划"中外合作培养博士项目赴北京外国语大学学习，并于 2016 年在罗马大学取得博士学位。她致力于翻译宋元时期中国学者的地理著作，研究中文与阿拉伯文作品间地理知识的传递及在阿拉伯地名影响下汉语地理词汇的形成。其主要学术著作包括《伊本·白图泰的中国北部之行》《中文与阿拉伯文在印度洋的交流——以 12—17 世纪斯里兰卡地名的演变为中心》《周去非〈岭外代答〉的历史价值》等。

## 引言

　　海上丝绸之路是古代人们利用传统航海技术开展东西方交流的海路网络，也是一条东西方不同文明板块之间经济、文化、科技相互传输的纽带[①]。从 2013 年习近平总书记提出"21 世纪海上丝绸之路"的倡议后，越来越多的人开始关注海上丝绸之路的历史影响与现实意义。事实上，作为一个有着两千多年历史、覆盖了大半个地球的交流载体，海上丝绸之路在不同的历史阶段都闪耀出了不同的光芒。

　　胜丽作为一名东方语言学的学者，也将目光聚焦于这片人类历史宝库。她致力于从词汇演变历程中窥见历史社会的发展变革，于是，在海上贸易最为繁荣的宋元时期出现的地理著作成了她主要的研究对象。不同著作中的地名、动植物名称等地理词汇出现的相似性及这些词汇的源流演变都有助于复原出当时的文化互动网络，并从中发现东西方国家通过海上丝绸之路产生的千丝万缕的联系。她如同一位行者，跟随着前人的足迹，试图揭开历史的神秘面纱。

　　学无止境，一路前行。从接触汉学到深耕于此，胜丽已走过了十几个春秋，她的身份也从求知者转变为传道者。但在汉学研究的道路上，她从未停下脚步。对中华文化的热爱促使她加入"新汉学计划"，在华夏文明的发源地上开拓视野、潜心积淀。如今，她正探索搭建中文地名数据库和资源共享平台，推动现代知识共享网络的发展，让更多人接触到中华文化的独特魅力。

# 一、踏上中国古代地理著作研究之路

## 1. 始于好奇

　　意大利的汉学发展历史十分悠久，从以罗明坚（Michel Ruggieri）、卫匡国（Martino Martini）等传教士为代表人物的早期汉学，到第二次世界大战后兴起的以杜

---

　　[①]　燕海鸣，朱伟，聂政，等．古代世界的海上交流：全球视野下的海上丝绸之路．中国文物科学研究，2016（2）：17—22.

齐（Giuseppe Tucci）、白佐良（Giuliano Bertuccioli）为代表人物的专业汉学，一位位学者沉淀出意大利汉学浓厚的学术氛围。但是，19 岁的胜丽在选择大学专业时，对意大利汉学的发展情况知之甚少。她既不知道白佐良[①]是谁，也不知道意大利汉学界有哪些成绩斐然的大师。仅仅出于好奇，胜丽便选择了汉语作为接下来四年的学习目标。

当然，这份好奇并不是没有缘由的。胜丽对学习语言很感兴趣，高中时期便掌握了英语、法语、德语等多门在欧洲应用广泛的语言，但是这些在她看来既传统又"老派"，去接触一些新鲜的、从未了解过的语言成了她最大的期待。就这样，与印欧语迥然不同的汉语成了胜丽的首选，由此她便和汉学研究结下了不解之缘。

好奇是胜丽身上最重要的特质之一，这不仅体现在专业选择上，也贯穿了她的整个学术和教学生涯。在谈到从学汉语到教汉语的身份转变时，胜丽着重强调"要对事物保持好奇的眼光"。她认为，一名优秀教师的目标是持续分享自身所有的知识以及对知识的热情，而一个好学生的目标便是吸收这些知识和热情，不断用越来越好奇的眼光看待中国的语言和文化。在她看来，最优秀的学生并不是那些只学"是什么"的学生，而是思考"为什么"的学生。"人非生而知之者，孰能无惑？惑而不从师，其为惑也，终不解矣。"那些能够不断提问的人，既不害怕表达自己的疑惑，也不怕亲身探寻解决疑惑的办法，只有这样才能不断解锁未知、拓宽知识面，这是她对学生的期许，也是对自己的要求。

在教授汉语和中国文化的过程中，胜丽也逐渐领悟到"教学相长"的内涵。正如唐朝学者韩愈在《师说》中提到的："是故弟子不必不如师，师不必贤于弟子。"即便胜丽已从事汉语教学十余载，她也一直认为自己是一名学生，每天都需要获取知识、提升自己。在汉语课堂上与学生的思维碰撞已经成为她和学生之间互相学习、共同进步的途径，更让她"好奇的眼光"越来越明亮。

### 2. 勤于坚持

对学习东方语言学的胜丽而言，学习伊始最大的挑战莫过于阅读晦涩难懂的古

---

① 白佐良，意大利罗马人，1923 年出生，2001 年逝世。意大利外交家、汉学家。1946 年至 1981 年，白佐良先后于意大利驻中国、日本、韩国、越南等国大使馆工作，并于 1980 年起担任罗马大学中国语言与文学专业教授。主要著作有《中国文学史》《意大利与中国》（与现任罗马大学孔子学院意方院长马西尼合著）等。

籍。如今能够对古诗文信手拈来的胜丽也是从零起步："我读古籍并没有那么容易，对于包括我在内的所有研究者来说，根本没有什么灵丹妙药可以让我们毫无困难地阅读中国古籍，唯一的办法就是不断地学习、练习、反思，比如抄写古文、大声朗读甚至把自己读书的声音录下来并通过回听发现问题所在。"通过日复一日的大量练习，胜丽的古文水平终于达到了质变。

具有丰富语言学知识的胜丽在练习的过程中也摸索出了独特的学习方法，比如她将学习印欧语的方法触类旁通到汉语学习中去，利用文言文和现代汉语之间的内在联系取得事半功倍的效果。"学习拉丁语对学习意大利语、法语或英语都很有帮助，同样地，学习文言文也可以使学习现代汉语变得更加容易。文言文和现代汉语一样，句子的功能决定了具体的词类归属，词类是明确词的用法的途径之一，而词的用法往往由词序决定，这些相通的语言机制都可以帮助我们规避很多常见的语言学习问题。有时只需要列出汉字的简化形式、部首来源、多音节词的含义或者词类和句法规则，就可以迅速掌握它的用法。"

在研究中遇到困难时，胜丽会通过和中国文化"重新接触"来获得前进的力量。这种"接触"指从现有的学习和工作中短暂抽离出来，把自己沉浸在一本汉语书籍里。它可以是古典小说、当代小说，抑或是一本新出版的汉语语法书、关于中国人日常生活的讽刺漫画等。在胜丽心中，无论何时汉语都能为她的灵魂源源不断地充电。手指抚过一个个方块字，不仅能让她重新找到接近中国的方式，也能帮助她满怀激情地重新开始研究。

有方法、肯坚持，掌握了这两点的胜丽在古籍研究的道路上披荆斩棘，在不断学习的过程中激发出对中国文化和汉学研究的极大热情，正可谓"学而时习之，不亦说乎"。

### 3. 陷于热爱

如果说最初的坚持是由于好奇心的驱使，那么之后不断深入了解中国古代地理著作、探索宋元时期海上丝绸之路上中阿文化的交流历程则源自热爱的力量。于胜丽而言，学习汉语并从事汉学研究不仅意味着汲取和消化复杂的知识，更意味着用像老师们那样充满激情的眼光看待中国文化。

其中，马西尼（Federico Masini）教授和保罗（Paolo De Troia）教授[①]给胜丽带来了很大的影响，她回忆道："两位教授常会讲述自己在中国生活的故事，每次听的时候我都会想，以后我也要给学生讲我在中国生活的故事。但令人印象最深的还是两位教授惊人的语言切换能力，在各类学术会议上他们总

2015 年 6 月胜丽与保罗教授和宋岘教授在北京合影

能够自如地从汉语转换到英语，再转换到意大利语，反之亦然。在座的听众每每都会大为震惊，我也希望能够成为这样优秀的语言学家。还有在罗马大学孔子学院任教的张彤冰教授，她在课堂上表现出的那份镇定和从容也是我一直钦佩和学习的。"前辈和同辈们卓然的学术实力以及对传播汉学的热情深深感染了胜丽，她决心让更多的人体会到汉语的珍贵和迷人魅力。

这份热情之火也成功点燃了她的研究热情。她发现地理著作有着不可替代的独特性，因为它通常不仅包含地理方面的内容，还包含众多与当地风俗、历史和语言有关的信息。通过对地理著作的研究，学者们可以获得有关中国（也包括其他国家）历史发展和国际关系的重要资料。汉语和阿拉伯语如此不同又同样古老，它们承载了两种千年的文化，也彰显着世界的历史。被这两种语言深深吸引的胜丽由此踏上了从地理著作中寻找中阿文化关联的研究之路。

激情可燃一时之火，热爱可抵岁月漫长。从《伊本·白图泰游记》（*The Travels of Ibn Baṭṭūṭah*）[②]到《岭外代答》[③]，从地名研究到动植物词汇研究，胜丽经历了研究视

① 马西尼，罗马大学东方学系中国和东南亚语言和文学专业教授、罗马大学孔子学院意方院长。保罗，罗马大学孔子学院意方执行院长。

② 《伊本·白图泰游记》由 14 世纪摩洛哥旅行家伊本·白图泰口述、穆罕默德·本·朱赞笔录成书，记载了伊本·白图泰在北非、中亚、南亚、东亚诸国的旅行见闻。其中，伊本·白图泰于 1346 年来中国游历的部分是研究宋元时代中国与阿拉伯国家关系的重要资料。

③ 《岭外代答》由南宋周去非编写，记载了宋代岭南地区（今两广一带）的风土人情及当时岭南地区与海外诸国的交通、贸易等情况。周去非曾任桂林通判，归乡后因询问岭外事者甚多，书以代答，故名《岭外代答》。全书共 10 卷，20 门，录存 294 条，是研究岭南社会历史地理的重要文献。

角和研究重点的转变，却始终围绕着古代中阿文化交流这一主题展开研究。在长久的坚持下，她终于走向了更加广阔的学术平台，亲手揭开古代中国的神秘面纱。

# 二、复原宋元时期的海上丝绸之路

## 1. 阿拉伯人看中国

古代中国与阿拉伯作为亚洲两大异质文明的载体，通过贸易上的相互弥补，器物文明层面的彼此借鉴，宗教文化方面的交流融通①，同时为世界文明和海上丝绸之路的发展做出了巨大贡献。关注中阿交往的胜丽试图从语言层面找到相关佐证，她的本科毕业论文就将重点放在了阿拉伯语和汉语之间的词汇联系上，侧重强调有多少汉语词汇来自阿拉伯语，它们属于哪一类、哪种语义阵营，以及这些词汇是如何到达中国，又是如何被纳入汉语系统的。之后，她将视线放在了《伊本·白图泰游记》这部著作上，考察古代阿拉伯旅行者引导下的语言交流。书中主要描述了 14 世纪旅行家伊本·白图泰（Ibn Baṭṭūṭah）从北非经印度洋到东方的旅程，不仅讲到了元朝时期中国的情况，而且用大量篇幅描述了伊斯兰教在中国的发展。据不完全统计，游记中提到了地名 961 个、动物 102 种、植物 93 种、河流 51 条、湖泊 4 个、谷地 25 个②，这些地理词汇成了考察当时中阿文化互动的第一手资源。

随着研究的不断深入，胜丽开始调查中国学者对伊本·白图泰抵达中国的可能性的不同看法。经过详细查证，她发现伊本·白图泰的描述中有许多不一致的地方，也有许多日期是不准确的。这导致一些学者认为他从未到过元朝，就像人们对马可·波罗的旅程也有诸多疑问。由此，胜丽认为伊本·白图泰是否到过中国北方（甚至是中国）仍然是个未知数。但这些疑问并不能磨灭伊本·白图泰对于亚非文明交流与互鉴的纽带作用，其足迹也是古代海上丝绸之路的重要记忆。

---

① 王铁铮. 历史上中国与阿拉伯国家的交往及其影响. 智慧中国，2018（7）：79-81.

② 李光斌. 游历天下 700 载：纪念伊本·白图泰诞辰 700 周年. 中外文化交流，2004（5）：48-49.

2015 年 3 月胜丽在北京外国语大学分享对《伊本·白图泰游记》的研究

## 2. 东南亚的中阿文化碰撞

随着历史的前进，海上丝绸之路的中心也发生了转移。在唐宋时期中国就渐渐从阿拉伯人手中接过了主导权，尤其是宋朝开始全面推进海上贸易，朝廷比以往更加重视中国人在东西方国际贸易网络中的分量，不断打开国门、拓宽海路。这时，一直是东西方海上交通枢纽和宗教融汇之地的东南亚地区就成了中阿文化碰撞的典型代表。

胜丽介绍道，宋朝时期东南亚和印度洋地区已经建立的穆斯林社区对华人社区的发展起到了重要作用，并扩大了印度尼西亚、马来西亚、斯里兰卡和中国之间的商业网络。这些社区的发展也得到了宋朝统治者的重视，朝廷会提供官职给那些有助于促进中国与伊斯兰世界间贸易的穆斯林以及阿拉伯和波斯商人。例如蒲寿庚，在南宋度宗咸淳年间以"蕃客"的身份在泉州担任南宋的市舶司提举，在元世祖忽必烈时期则官至闽广大都督兵马招讨使、江西行省参知政事，同时主政泉州市舶司，招抚海外各国与元通商[①]。在伊斯兰教在中国不断传播并走向本土化的同时，从中国东南沿海移居到东南亚的华人群体也在不断扩大，华人文化与当地穆斯林文化激烈碰撞后又逐渐趋于融合。

---

① 魏德新.回商蒲寿庚的历史功过//杨怀中，张少明.首届中国宁夏回商大会文化论坛论文汇编.银川：宁夏社会科学院回族伊斯兰教研究所，2008：15.

纵观宋元历史，胜丽谈道："一方面，由于海上贸易的繁荣，中国对外国的兴趣不断增加；另一方面，最早的一批旅游杂志和地理著作激发了人们的旅游热情，并拓展了中国在印度洋及其他地区的海上贸易网络。可以看到，在古代海上丝绸之路上发生了一个巨大的互动过程：来自不同国家的商人、旅行者、水手和翻译人员等展开了卓有成效的货物和信息流通。"这是一个宏大的交流网络，因此胜丽选择将多条贸易路线在印度洋上的交汇地，也就是东南亚地区作为研究对象，从一个个地名的变迁中窥见其蕴含的历史图景，这也为她之后的学术旅程铺垫了前行之基石。

### 3. 中国人看世界

从追寻伊本·白图泰的中国之行到探究东南亚的文化碰撞，胜丽的学术视角也逐渐发生了由外向内的转变。2014 年，胜丽通过"新汉学计划"博士项目，远赴中国开始寻找新的中阿文化交流的历史痕迹。在这里，她接触到了更多古代中国作家撰写的地理著作，逐渐尝试站在古代中国人的角度去看待当时的外部世界。其中南宋时期周去非于 1178 年成书的《岭外代答》成了她博士阶段的主要研究内容，也是她至今为止学术道路上浓墨重彩的一笔。

随着宋代科学技术水平和经济发展水平的迅速提高，地方志呈现出多样化和专业化的态

2014 年 11 月胜丽在西安化觉巷清真大寺寻找中阿文化交流印记

势，《吴郡志》《诸蕃志》等成为百科全书式的"一方之总览"。面对如此丰富的史籍资料，胜丽发现了《岭外代答》的独特之处。这部长 10 卷、共计 294 条的著作记载了宋代岭南地区（今两广一带）的社会经济状况、少数民族的生活风俗，以及物产资源、山川、古迹等情况[①]。同期虽有颇为相似的地理著作（如范成大的《桂海虞衡志》），但是《岭外代答》中讲述了南海诸国与

---

① https://baike.baidu.com/item/岭外代答/2062854.

西亚、北非一带的风土人情，并涉及了当时宋朝与海外诸国的交通、贸易等情况，这也成了胜丽关注的重点。

在介绍自己的研究过程时，她强调，和之前研究的伊本·白图泰不同，《岭外代答》的作者周去非是一名朝廷官员而非旅行家，这种作者身份的变化也为之后的研究带来了新的角度和发现。从 2015 年起，她开始着重将《岭外代答》中关于外国的内容筛选出来，并发现书中提到了许多当时在中国鲜有人知的国家，这些国家里有许多是阿拉伯帝国的领土，或处于阿拉伯帝国的统治之下。由此，两个相距遥远的地区又被联系到一起，胜丽也开始了跨越山海的研究旅程。

# 三、奔赴一条跨越山海的求学之路

## 1. 有梦为马，赴约华夏

从 2004 年到 2014 年，胜丽已经在研究古代地理著作和中阿交流历史的道路上前进了十个年头。在此期间她不仅顺利完成了本科和研究生的学习，取得了发表会议论文 5 篇、出版论作 1 篇的成果，还开始在罗马大学孔子学院担任汉语教师。从学汉语到教汉语，她获得了教授汉语的乐趣，也更加确信向更多人传播中国文化是一件值得且有意义的事情。但是，她也逐渐意识到，各种烦琐而忙碌的工作占据了大部分的时间，自己已经没有精力像从前那样专注于古代地理著作的研究。当知识的输出远高于输入时，胜丽开始寻找一个能够让自己重新汲取知识、获得更大提升的机会。

2014 年，胜丽终于得偿所愿。她成功申请了"新汉学计划"博士项目，并获得了孔子学院青年学者奖学金，可以赴北京外国语大学进修一年。在得到这个宝贵的机会后，胜丽深感欣喜，也满怀期待。她说："其实我 2006 年就来过中国，那时的我一踏上中国的土地就面临着语言的阻碍。当我坐在出租车上试图告诉司机我想去哪里时，他却笑了起来。从那天起，我就开始努力学习汉语并且争取学到最好。现在，我终于有机会用普通话告诉他们怎么走了。"

在留学生活中也有许多令人忍俊不禁的回忆：刚到北京就要开始找房子，房地产经纪人带着她跑了大半个北京城才找到一间满意的公寓；和身为武术达人的姐姐一起去河南少林寺游玩时，酒店经理说要请来一位厉害的中国武术教练互相切磋，虽然最后没有成功见面，但这成了胜丽人生中的新体验，也加深了她对探索中国文化的好奇。

2015 年 5 月胜丽在中国感受广场舞的热闹氛围

"独在异乡为异客"，在中国求学的胜丽却并没有为此困扰，而是视困难为挑战，"一个为了学习新事物而需要克服的新挑战"。如此乐观的心态离不开她参加"新汉学计划"的初衷："在参加'新汉学计划'和来到中国之前，我最大的目标就是能够全身心地投入研究当中，不像在罗马一样因各种工作分身乏术。"而被问到目标是否实现时，她十分肯定地答道："不虚此行，不负期待。"

### 2. 潜心笃志，钻研新知

在漫长的学术生涯中，一年时间可能仅是轻描淡写的一笔，但对于胜丽而言，在北京度过的这一年成了她学术道路上的一个新的里程碑。参与"新汉学计划"不仅使她产生了新的研究重点，还给了她"完成博士研究和撰写论文的可能"。在北外求学的一年里，她主要研修了文言文、中国古典文学、文献研究和实地调查等课程，这些课程为后来的资料搜集和论文的撰写打下了坚实基础。

重新恢复了学生身份的胜丽带着对中国文化强烈的探知欲，开始潜心研究宋代地理著作中阿拉伯文化的痕迹。面对浩如烟海的史籍资源，研究什么、怎么研究成了非常棘手的问题，已经在这条路上前行已久的老师们则成了胜丽的引路人。她回忆道："在中国求学的一年里，我很幸运能够遇到那么多激励我、帮助我的人，是他们让我的热情之火不被浇灭。我在北外的导师柳若梅教授以及和我交流颇多的宋岘教授一直在鼓励我探索新的研究道路并给予了很大的支持。尤其是宋教授，如果要特别感谢一个人，那个人就是他。"

2014年12月胜丽与宋岘教授（左二）和柳若梅教授（右一）在北京合影

宋岘教授曾任中国社会科学院世界史研究所研究员，中国海外交通史研究会副会长、顾问，一直致力于挖掘古代阿拉伯和中国间的经贸往来和文化交流情况。两个人学术联结的建立也是一次非常奇妙的际遇："在一次学术交流中，我告诉宋教授我读过他的书并且非常欣赏他关于中阿交往史的研究，宋教授十分吃惊，一个西方人竟会读过、研究过并评论过他的著作，就这样我们两个开始探讨这方面的想法，拓宽各自的研究视角。"

作为从事中阿文化交流研究的重要学者，宋岘教授对中阿文化相互借鉴、相互融合的历史有着深入而全面的认识，也为拥有相同学术目标的胜丽提供了诸多帮助，成了她的良师益友。"宋教授会解答我的许多困惑，也会一针见血地指出我研究中的问题、给我许多建设性的意见，并会不断抛出一些有趣的问题让我仔细思考，然后交换想法。所以，我真的非常感谢他。"

与此同时，胜丽面临着研究题目的抉择。自在大阪的学术会议上接触到《岭外代答》以来，胜丽就开始阅读地理词典，试图研究《岭外代答》中蕴含的各种地理名称。宋岘教授得知后，对胜丽的工作给予了很高的赞扬，并认为这是一项具有创新性的研究。在学术前辈的点拨和帮助下，胜丽明确了研究重点，决定将视线聚集在这部资料翔实、叙述客观的著作——《岭外代答》上，并开始了查证之路。

### 3. 读万卷书，行万里路

"书山有路勤为径，学海无涯苦作舟。"远赴中国的胜丽终于有机会全身心地沉浸在学术研究中，但这里如矿藏一般的史籍资源在为她带来学术滋养的同时，也对资料搜集和文献阅读的能力提出了更高的要求。胜丽提到，宋岘教授向她推荐了很多经典著作，甚至给她买了一些对研究非常有用的书籍。老师的帮助使胜丽信心倍增，也让她迅速进入研究状态。

做学术是苦并快乐着的。在北京的日子里，国家图书馆成为胜丽收集资料的重要根据地。早上九点背着一个空书包出门，下午五点背着一个装满书的包回来，里面或是租借的书或是影印的书，满满当当，每一本都是她的心头好。这样一待就在图书馆里待上一天，胜丽却非常自得其乐，觉得能够全身心投入研究去寻找对自己有用的书籍非常幸福。因为经常去国图，她甚至和前台的工作

2014年10月胜丽参加"21世纪中韩两国中国学研究论坛"

人员成了朋友。就这样，胜丽在大量的文本中寻找着蛛丝马迹，试图复原古代中阿交往的历史图景。

参与"新汉学计划"的博士生们并不只是为了学术研究，他们立志成为具有国际学术视野、通晓国际学术规则、能够参与国际学术交流与研究的青年汉学家。通过"新汉学计划"，胜丽结识了更多来自中国和世界各国的青年学者，与他们共同探讨海上丝绸之路上的穆斯林文化。胜丽也在参加一个个学术研讨会议的过程中，对中国产生了更深的感情。2014年10月，胜丽应邀参与郑州大学举办的"全球视野下的中外关系史"学术研讨会，为大家讲述了汉语和阿拉伯语在印度洋上的交流；2014—2015年，胜丽多次参与北京外国语大学举办的中国学研究论坛，与来自中、日、韩、意等多个国家的学者交流观点，享受思维的碰撞。通过这些学术活动，胜丽也在中国留下了自己的足迹，向世界分享以地名变迁为线索的中阿文化交流历程。

她充满怀念地说道："我在'新汉学计划'中最大的收获就是有机会和其他年轻学者、前辈学者交流看法，能够通过参加一些研讨会，和大家就一个主题分享不同的观点、碰撞思维的火花。"每一次的交流都是为思想注入新鲜血液的过程，也

激发起更多角度的学术思考。由此，她也对"新汉学计划"博士项目提出了一个真挚的期望："这次机会让我成为一个思维更加开放的研究者，因此我希望这个项目能够一直持续下去，继续支持更多来自世界各地的青年学者相聚在中国。"

# 四、探索文化交流和知识分享之路

## 1. 文化互融是古今的共同主题

人际互动是一种相互作用，长久的互动必定会带来文化的互融。古代各国通过官员、商人、探险者、传教士等构筑起海上丝绸之路，这片东西方的交流网络彰显了当时伟大的信息互动过程。21世纪的今天，在互联网和科技的推动下，这个网络的更新速度不断加快，传播的信息量也大大增加，不变的是地区间的文化仍在不断融合。从这个角度上讲，文化互融是古今的共同主题，从不同角度研究远距离国家之间的文化交流是一项有价值的工作。

对比古今的信息交流形式，可以发现，在古代建立信息交流网络是非常困难的。一队旅客经过几个月的旅行也很难到达目的地，且时间、金钱、人力成本昂贵，使得信息变得异常珍贵。现今，伴随着信息技术的发展，我们只需一封邮件、一条微信语音就可以交流和沟通，只需几天就能收到从世界上的另一个地方寄来的物品。但是技术发展在带来高效、便捷的交流模式的同时，也使信息变得廉价，这种简单的交换让信息互动变得平庸，失去了本身的活力。因此，研究古代信息交流的发展可以使更多人理解今日人类之幸。

古往今来，无论是知识网络还是商品网络，其本质都是信息交换。交换就意味着至少包含信息传递者和信息接收者两个主体，重要的是双方在接触对方时采取了怎样的方式。胜丽认为："交换需要从根源上进行反思。我们应该始终明白，交换源于人类内在的好奇心和求知欲，在交换的过程中好奇心和求知欲得到不断的丰富和滋养。古代人对这个过程的感触应该比我们更深，毕竟现代人可以毫不费力地用多种形式与他人发生信息互动。"

胜丽的学术生涯经历了几次研究重心的转变，但中心仍聚焦在文化互通互融的主题上，且这些转变的研究重点之间是相互联系的，都是在中阿文化互融的大方向上突显出来的重要方面。胜丽总结说："网络和互动是我研究的关键词。在某些情况下的比较可以揭示一些相似之处和一些共同的方面，比如中国作者和外国作者使用相似的术语来表示印度洋地区相同的动植物或领土，这就说明人们通过海上丝绸之路展开了一个伟大的互动过程。而将外国游客对中国的描述与中国作家对外国的描述进行比较，可以让我进一步开阔视野、拓展眼界。"因此，胜丽在探寻中阿文化互融上还有更远、更宽的路要走。

### 2. 知识共享是汉学的传播助力

除了将古代文化交流的历史清晰地展现在众人眼前，胜丽还意识到当今世界是一个传播迅速、互动频繁的信息网。在意大利多年的汉学研究和在中华大地上的耳濡目染使她做出一个决定：身体力行地成为一名汉学知识共享网络的建设者和推动者。目前，她正致力于搭建一个基于网络的动态平台，这个平台以中国古代地理著作为样本资源，建立起中文地名的响应数据库，并通过搭建开放式的研究环境，促进全球研究者之间的知识共享。

目前，胜丽建立的中文地名数据库[①]仍处于第一阶段，包含了在11—15世纪里完成的五部地理作品[②]的地名数据。这些地名用于识别国家边境以外的外国领土，推动关于文化交流和国家关系的历史研究。在搜索过程中，研究者可以发现地名中蕴含的诸多相似性，如不同作者在某些特定情况下会使用相同的地名，而这些地名又与民族学、动物学有着千丝万缕的联系。为了提升数据库的使用效率，胜丽为地名标注了拼音、英文翻译、所属作品、所在章节、所处的前后文本等，并根据现有文献指出该地名所标注的地区在当前的地理位置，为使用者提供翔实的参考资料。

除了搜索和下载所需信息，胜丽还在努力实现数据库的互动功能，以吸引更多的专业人士在这里分享汉学知识。她认为，建设中文地名数据库不仅是她将一直坚持的工作，更需要遍布全球的汉学爱好者们共学共享："这个平台的宗旨就是让世

---

① 中文地名数据库，即 The Chinese Toponyms Database，简称 CTD，数据库详情见于 http://www.chinese toponyms.com/。

② 五部作品分别为南宋周去非所著的《岭外代答》、南宋赵汝适所著的《诸蕃志》、元代汪大渊所著的《岛夷志略》、明代费信所著的《星槎胜览》以及明代马欢所著的《瀛涯胜览》。

界各地的学生、研究者和专家都能够输入和获取信息，提升内容的数量和质量，从而实现最大程度的信息共享。未来，数据库也将不断扩充古籍数量，并尽快实现动植物名称的搜索，使它发挥更大的作用。"

这一推动现代知识共享网络发展的有益尝试是她"知行合一"的重要体现，同时她也希望自己这份对汉学研究的热爱和对知识分享的热忱能够传播得更远。"现在数据库主要面向的是汉学家，也包括研究丝绸之路沿线国家的历史学家、民族学家，我希望在不久的将来可以设计出一个分层级的社区架构，让世界上所有的研究者和汉学爱好者都可以在这里搜索和分享知识。"

现在，胜丽仍在罗马大学孔子学院下设的图西亚大学孔子课堂担任本土教师。在图西亚大学工作的几年里，胜丽参与了几十次文化交流活动，用生动有趣的形式向意大利的青年学生及当地居民介绍有关中国传统节日、传统技艺的故事，讲解汉字的起源和发展，使更多人感受中华文化的魅力。当中国传统节日来临时，罗马大学孔院常举办大型的庆祝活动，太极、气功、中国结、春联等中国元素的新奇体验吸引当地居民感受中国节日的乐趣；同时也会注重中西文化的融合，举办以西方节日为主题的剪纸体验活动，在动手的过程中帮助当地的汉语爱好者了解中国传统技艺、学习相关的语言表达，提升学生对汉语的好感度。

伴随着孔院的不断发展，胜丽看到了越来越多对汉语抱有好奇、对中华文化求知若渴的面孔，这极大鼓舞了她的教学热情。从讲解节日由来到介绍甲骨文和现代

2019 年 1 月胜丽向意大利学生介绍甲骨文和现代汉字

汉字，胜丽正帮助更多的青年学子打开汉学之门。她也将自己赴华留学的经验分享出来，向学生们详细介绍中国的奖学金项目，将近距离接触中国、体会中华文明之美的机会带给想要进一步了解中国、研究汉学的意大利学子。

回溯这段追古寻今的学术探秘之旅，胜丽对自己的学术选择十分坚定，也非常怀念在中国潜心钻研的那段时光。从古代文化互动网络的揭秘者到现代知识共享网络的助力人，胜丽始终在探索和传播中国文化的道路上初心不改、步履不停。

## 后记

作为一名汉语国际教育专业的学生，我曾在许多教学实践中感受到学生们对汉语的热情，但是我从未像这样深入地了解一个人从汉语初学者到专业汉学家的成长历程。最初开始接触胜丽的时候，我曾以为她在孔子学院的教学经历会是最吸引我的部分，但随着她慢慢地将自己的学术道路展现在我面前，我发现其实她对中华文化和知识分享的巨大热忱才是她身上最大的闪光点。

对古代地理著作抽丝剥茧，并追本溯源出词汇演变背后的历史，是一项艰巨且复杂的任务，但胜丽怀着对中华文化的热爱坚定地前行了十几载。在她的学术旅程中，通过"新汉学计划"来到中国的一年是她最为珍贵和难忘的记忆。在这里，她有机会最大限度地贴近中国、感受中国，向中阿交流领域的前辈请教疑惑，和中国的学界同人们碰撞观点，这些都是她学术道路新征程上功不可没的力量。

从《伊本·白图泰游记》到《岭外代答》，从扎根意大利到远赴中国求学，无论是研究视角还是学习地点，她的脚步都离中国越来越近，她也在不断复原中阿交流历史图景的过程中，将所学、所知、所得通过现代信息网络分享给更多人。我想这正是一位学者的终极追求，也是"新汉学计划"不断推进的原因和目标。挖掘汉学新知、传递中华文化，我们一直在路上。

# 寻找中外语言在"地名上的汇通"

◎柳若梅

2014 年，意大利罗马大学东方学院博士研究生胜丽在她的导师保罗教授的推荐之下，利用"新汉学计划"中外合作培养博士项目来到北京外国语大学学习。胜丽的汉语语言基础较好，同时还有阿拉伯语基础。由于中西文化交流史上最重要的人物之一利玛窦就是意大利人，所以意大利汉学界在中西文化交流史研究上用功甚勤，胜丽在罗马大学东方学院的汉学教育熏陶之下，对于这一领域有比较浓厚的兴趣。

明末清初来华传教士留下的大量中文著作和手稿中、他们绘制的中国地图和世界地图上，在介绍世界各地的地理、民族等信息时，不可避免地涉及大量地名。这些中文地名的出现，甚至有些地名沿用至今，体现了中外语言在"地名上的汇通"。这一领域也是胜丽在罗马大学的导师保罗教授的研究主题。为此，我和保罗教授一起决定，让胜丽发挥她兼通汉语、阿拉伯语的优势，将她的博士论文研究主题确定为揭示明清来华传教士著作以及他们绘制的地图中出现的汉语地名所反映的来自阿拉伯语的影响，揭示体现在中西文化交流中的中国与阿拉伯地区的文化交流。

1582 年意大利传教士利玛窦进入中国，向中国人展示他带来的世界地图，后来又在中国绘制了中文的世界地图，使中国人第一次看到了世界的基本面貌，冲击了中国传统的地理观念。1610 年来华的意大利传教士艾儒略所作《职方外纪》是欧洲传教士用西方宗教地理学观点写成的第一部中文的世界地理宗教著作，在中国广为流传，可视为对中国传统地理观念的第二次冲击，对后来中国地理学的发展，特别是世界地理观念的形成，产生了深远的影响。胜丽的研究选出艾儒略《职方外纪》中不确定词源的地名，通过比对中国早期旅行家周去非、赵汝适、马欢游记著作中的地名，比对阿拉伯旅行家伊本·白图泰、伊本·马吉德著作中的地名，分析所选中国地名的形成及其固定化过程。研究过程中涉及的中外典籍较多，胜丽来华学习的一年可以补充中文典籍的阅读和学习，在此基础上系统整理不同时代各类资料，形成支撑其研究的史料体系。通过分析古今中文地名的演变，比对中国早期旅行家、阿拉伯旅行家作品中的地名，钩沉中文地名的成因，考察重点在于阿拉伯地名对汉语地名的影响，并进一步发掘其中所体现的中外文化交流意义。为了提高胜丽对接中外文献的能力，我又邀请了中国社会科学院世界历史研究所专事中国与阿拉伯文化交流史研究的宋岘先生为胜丽解难释疑，宋先生细致耐心的指导扩大了胜丽的学术视野，对她回国后博士论文的写作意义很大，宋先生也多次在不同的场合对胜丽刻苦钻研的学习态度赞不绝口。

功夫不负有心人，胜丽回国后顺利地通过了博士学位论文答辩，成为罗马附近一所大学的汉语教师，并于 2020 年 2 月迈出了她学术生涯成功的第一步——在罗马出版了专著《周去非〈岭外代答〉的历史价值》（ *The Historical Value of the Work LINGWAI DAIDA by Zhou Qufei* ）。对此我感到非常欣慰。

透过胜丽的成长可以看出，"新汉学计划"所资助的各国青年汉学家已经逐渐成为在世界范围内传播中国语言文化、沟通中外文明的友谊使者，他们知华、友华、爱华，正在以他们的亲身经历和成长过程向世界展现真实、全面、立体的中国。我为自己有幸参与"新汉学计划"的实施而高兴，祝愿"新汉学计划"越办越好。

## 导师简介

柳若梅，北京外国语大学国际中国文化研究院教授、博士生导师。研究领域：中俄文化交流史、中俄比较文学与比较文化研究、俄罗斯汉学史、中外关系史。主要著作：《沟通中俄文化的桥梁——俄罗斯汉学史上的院士汉学家》（合著）等。

**凯琳**

# 漫步于建筑与历史间

**访谈人**：钟今瑾，中国人民大学教育学院高等教育学专业 2019 级硕士研究生，清华大学教育研究院教育学专业 2021 级博士研究生

**访谈时间**：2021 年 2 月 8 日、2021 年 8 月 12 日、2021 年 9 月 13 日

**访谈方式**：视频连线

## 被访人简介

    **凯琳**（Khasnulina Karina），俄罗斯人，新西伯利亚国立大学（Novosibirsk State University）孔子学院教师，圣彼得堡欧洲大学（European University at Saint Petersburg）研究工作者，研究方向为中国当代历史。硕士期间就读于新西伯利亚国立大学，博士期间就读于圣彼得堡欧洲大学。2019—2020 年，参加"新汉学计划"。著有评论"*Forging Global Fordism: Nazi Germany, Soviet Russia, and the Contest over the Industrial Order* by Stefan J. Link"，会议报告"Old and New China as Temporal Categories in Periodization—from Gap to Continuity"、"Creating Urban Modernity in Maoist China: The Transfer of Komsomol Practices to Chinese Soil"、"Co-producing of the Soviet Image in China"。

俄罗斯女孩凯琳于 2019—2020 年间参加了"新汉学计划"，其间她就读于南京大学社会学院，师从周晓虹教授。凯琳出生在一个建筑师家庭，除了她以外，父母和姐姐都是建筑师。虽然没有以建筑师作为职业，但是凯琳研究的主要方向还是建筑与城市史。在中国学习期间，她跟随导师参加了口述史项目，通过采访参加过 20 世纪 50 年代中国工业建设的老人们，深入了解了那段历史。此外，凯琳也对中国的传统建筑、中苏在工业建设方面的合作以及在建筑方面的相互影响等进行了研究。作为一名青年汉学家，凯琳一直在孜孜不倦地开展汉学和中国历史的相关研究，下面就让我们走进她的故事。

# 一、学萌：在建筑之家中成长起来的女孩

凯琳出生在新西伯利亚。它是个工业城市，是仅次于莫斯科和圣彼得堡的第三大城市。她的父母 20 世纪 80 年代从苏联格鲁吉亚移民到新西伯利亚。他们之前在第比利斯生活过，凯琳觉得那是个非常好的地方，并且她亲自去看过一次。

凯琳家一共有四口人，爸爸、妈妈、姐姐和她。除了凯琳之外，其他家庭成员都是建筑师。所以可以说，凯琳是出生在一个建筑师家庭。她的父母对文化很感兴趣，这一部分源于他们的建筑专业与文化有着比较深的渊源。在凯琳小时候，她的父母一直忙于工作，所以很多时候凯琳是和外祖父住在一起。但父母每逢有空的时候，就总会带姐姐和凯琳一起去国外旅游。旅行期间，父母带着她们走过了很多欧洲国家，了解了很多如意大利文化、希腊文化等欧洲文化。正是通过这样的方式，凯琳的父母带着姐妹二人逐渐认识了世界。由于在凯琳小时候，父母不曾带她来中国旅游，所以当时的她对这一国度还不了解。

在她上小学和中学的时候，学校的教学中对文化素养的培养尚且不很重视，所以凯琳觉得自己学到的很多文化知识，都来源于家庭而非学校。事实上，在凯琳成长的过程中，有很多人都给了她很深的影响，比如她的爷爷、她的父母。此外，凯琳父母有很多朋友是建筑师或画家，所以在成长过程中能够与他们相处，对她的影

响也很大。在小时候，凯琳和姐姐常常会跟随父母去参观各种各样的展览，虽然当时她们的年纪较小，对那些展品也看不太明白，但是凯琳始终觉得这些经历对她后来的生活有着潜移默化的影响。

在凯琳从小到大的求学过程中，让她印象最深刻的一件事情就是来到中国，接触和了解到了中国文化。凯琳的硕士专业是东方学，并且在来到中国之前也学习了七八年的汉语，换言之，她过去与现在的研究领域一直都与中国历史和中国文化有着很深的关系。来到中国，深入了解与研究了中国的建筑历史与社会文化之后，凯琳收获颇丰。这也让她更加坚定了未来在汉学领域继续学习与深耕的信念。

2018 年，凯琳在北京 798 艺术园区参观展览

凯琳认为："一个人在不断地发展和成长，所以成长不仅仅是在童年的一段时期。在一定程度上，中国这个国家和其人民，我的中国朋友和老师，也对我世界观的形成产生了积极的影响。"所以，在她看来，正是在中国的这段经历，让 28 岁的凯琳成为一个真正的成年人。

## 二、学思：求学过程中的收获与思考

在硕士期间，凯琳就读于新西伯利亚国立大学的东方和非洲研究系。在博士期间，凯琳就读于圣彼得堡欧洲大学的历史系。当跨学科研究已经成为现代世界的常态时，凯琳也选择了三个不同学科——建筑（城市研究）、历史和社会学来作为自己的主要研究方向。

谈到专业选择的考量时，凯琳表示这主要是兴趣使然。她之所以选择较为冷门的历史与建筑，而不是相对热门的经济与管理，主要是受到来自父母的影响，因为他们让凯琳从小就做自己喜欢做的事情。凯琳并不关注经济类或管理类专业有多大名气，或是可以挣多少钱，因为她对这些专业都没有兴趣。相反，她对人文类学科比较喜欢，因为她觉得历史或者是文化可以让我们了解自己。虽然她也很想把社会学作为自己的博士专业来攻读，但在俄罗斯就读社会学专业的话，其研究内容并不涉及 20 世纪的中国社会。

据凯琳介绍，她的硕士论文主题为"中国皇室的建筑与实践"。文章的主要内容与中国传统的建筑学著作《营造法式》有关。在《营造法式》这本书中，作者提到了很多与建筑相关的规则与规定。所以，凯琳在她的论文中，主要进行了两个方面的工作：一方面，凯琳主要介绍了《营造法式》一书中具体有哪些建筑规则，以及为什么当时的中国政府会制定出那样的规定；另一方面，由于在此之前没有人将这本书翻译成俄文，所以凯琳将书中涉及建筑词汇较多的第一部分的内容译成了俄语。她认为，自己之所以选择这样的主题，既是由于她

2018 年，凯琳在清华大学参加建筑学院的研究生座谈会后留影

自幼对建筑的喜爱与了解，也是希望通过研究建筑规则，反映出那个时代的经济政治状况。

在博士期间，凯琳的研究方向依然是中国历史。由于这个研究方向设在圣彼得堡欧洲大学的历史系下，因此她就选择了这一院系来攻读博士学位。凯琳目前的主要研究方向是 20 世纪苏联和中国的历史，尤其是这两个国家 50 年代的历史和社会。凯琳现在的研究不仅包括历史，还包括建筑研究，她通过跨学科的方式来研究与对比中俄的建筑变化、社会发展和现代中国工业城市空间的现代语境等内容。

在凯琳看来，我们生活的空间，包括建筑、城市规划等都会影响到我们的思维与行为方式，所以说都市主义对人类的生活有着巨大的影响。在 20 世纪 50 年代，中国已经有非常大范围的工业建设，但是在工业建设之外也有很多的生活区建设。

比如，在大工厂周边，需要为工厂内的工作人员设计新的小区或社区。以洛阳第一拖拉机制造厂为例，那时候在那儿有很多苏联风格的小区，集体居住的建筑设计理念在一定程度上影响并改变了人们的生活。这些苏联风格的小区缩短了人们去工厂上班的时间，同时大工业化的建筑风格也给过去生活在农村中的人们带来了视觉上的冲击。在每个小区中都有一个集体活动的空间，比如小广场之类的地方。在中国传统建筑——四

2020 年，凯琳参观洛阳第一拖拉机制造厂

合院中并没有这样的集体空间。除了集体活动的空间之外，也增加了一些公共的空间与设施，比如幼儿园等。在 50 年代的小区中都设有幼儿园，这样的话，妈妈就可以将孩子送往幼儿园托管，然后自己再去上班。凯琳认为，这在一定程度上有利于妇女的解放。

"20 世纪的中国开始转向规划建筑和城市环境，那时不仅是行政建筑，而且住宅建筑都在国家的控制之下开始建造。同时，这也是人们在塑造空间方面获得最大自由的一段时期。著名的马克思主义哲学家亨利·勒费弗尔（Henri Lefebvre）称此为空间产生。建筑将人与空间连接起来，通过空间的确定性也可以将建筑与人们的生活条件和日常文化联结起来。所以总结来说，我认为城市空间包括建筑，与人类生活有直接的关系。在 50 年代以后，随着工业化时代的到来和建筑行业的快速发展，人们的生活质量大大提升了。"

## 三、学行：参加"新汉学计划"期间的难忘经历

在参加"新汉学计划"期间，凯琳选择去南京大学，师从周晓虹教授继续开展学习与研究。凯琳觉得，能够去南京大学学习，特别是认识她的导师周教授，完全

改变了她自己的人生。周晓虹老师在学术方面有着很深的造诣，凯琳在南京大学学习期间，跟随周老师参加了一个名为"新中国工业建设口述史"的项目。这个项目中包括了采访一些1920年左右出生的老人等内容。这些老人都参加过中国50年代的工业建设，他们的故事很有意思，都与中国50年

2020年，凯琳在洛阳采访王金科老师（洛阳老工人）

代的建设有关。在对这些老人的生平有所了解之后，凯琳对当时中国的历史和苏联的历史都有了更加充分的认识。当然，最让凯琳感兴趣的部分，还是关于建设方面和城市规划方面的内容。在那时，除了工业化建设不断推进以外，城市化的发展节奏也十分迅速。凯琳有计划在以后做一个比较研究，详细比较两国在那个时期的社会情况。她谈到，中国学者费孝通有一句话说，做跨文化研究要有一种"进得去、出得来"的心态，这句话的意思就是，如果你想要了解自己本国的文化就必须要走出去。所以费孝通先生也在他自己的日记里写到，如果他不曾去过国外的话，就不能更好地了解自己国家的历史。

她的导师周晓虹教授也是费孝通先生的学生，然而凯琳对先生的这句话还有一些自己的理解，她认为，最好要了解两个国家的历史，才能够更好地比较中国和苏联在社会方面和文化方面的主要内容。"比方说，我来中国之前对苏联历史的了解也只是课本上学到的那一点内容。但我来到中国，参加了'新汉学计划'项目之后，通过田野调研，通过采访老人们在50年代日常生活中的方方面面，了解中国的工业建设。这些内容其实都与苏联有着比较紧密的联系。我可以给你打个比方，就比如在电影方面。电影艺术在50年代的中国刚刚发展起来，对每个人的生活都有着很大的影响。但是那个时期的电影有着很强的社会主义风格，有着很强的苏联特色。"因此，凯琳觉得，她的研究既要了解自己国家的历史和文化，也要了解中国的历史和中国的社会。

除了跟着周老师参加的口述史项目之外，凯琳的其他研究内容主要与建筑有关。她会到中国的各个地方，比如去昆明和洛阳寻找50年代的建筑遗产。凯琳以实地研究为主，去往不同的地方进行考察，并且拍摄一些各地建筑的照片。除此之外，她也在进行论文写作的工作。她会在当地的档案馆查找档案、收集资料。凯琳所去的档案馆主要是南京的第二历史档案馆与北京的外交部档案馆。在南京的第二历史档案馆里，她主要是收集民国时期的材料，在外交部档案馆里，她主要是收集关于苏联和中国在经济和政治方面合作的资料。参观档案馆需要提供

2020年，凯琳参观南京博物院

较多的文件来证明参观是为了学术研究，所以并不是一件十分容易的事情。

在学校活动方面，参加"新汉学计划"期间，她的导师每个星期或是每两个星期都会开一次组会，在会议上凯琳和她的同门会谈到自己的研究过程。除此以外，凯琳还和四位博士生一起组成了一个研究小组。因为他们的研究对象都主要集中在50年代，所以他们小组每月也会安排一次小组会议。在会议上，大家互相交流研究进展，也会提出自己所遇到的研究困惑。凯琳觉得，这对她的研究有着很大的好处，在听取大家提出的批评意见的同时也能够逐步完善自己的研究成果。

凯琳提到，还有一个活动虽然与她的研究主题关系不大，但也十分有意义。这就是周老师安排的每个月两次左右的读书会。在读书会上他们会阅读一本书，并上台去做报告。读书会的书目主要是理论社会学和历史社会学方面的经典著作，比如《现实的社会建构：知识社会学论纲》《大转型：我们时代的政治与经济起源》《江村经济》和《社会科学方法论》等。凯琳的研究活动大致就是如此。所以她每个星期都有着自己的研究活动，同时也会参加学校的活动。此外，每周余下的空闲时间，凯琳主要用来撰写论文或整理材料。

师门秋日聚会：站在周晓虹教授（二排左三）和大师姐黄菡（二排左四）中间靠后的
就是可爱的凯琳

　　在参加"新汉学计划"期间，凯琳也写成了一些论文，并正在发表的过程中。其中有一篇就是关于洛阳工业建设的建筑和建筑过程的。这篇论文的主要观点是：第一个五年计划期间，在工业方面，可以说中国主要采用的是苏联模式。但是在洛阳的建设情况是，在苏联模式上进行一种改进，形成了工业建设的"洛阳模式"。在阅读其他文献的过程中凯琳形成了这样的观点：在那个时代，不仅是苏联影响到了中国的工业建设和文化，同时，中国对苏联也有一定的影响，比如在文化和建筑保护方面，再比如在时尚方面。这虽然是一个日常生活的简单案例，但是其实很重要。那个时候在苏联，与时尚相关的纺织工业并不发达。但是在 50 年代，中国有 15 000 多名苏联专家，这些苏联专家带妻子一起来到中国，而妻子们会在中国购买衣服和一些漂亮的东西。所以，从 50 年代开始，苏联的时尚发生了比较大的改变，那时她们所使用的丝绸都是进口的，裙子上也有着东方化的特征，等等。

　　另外，在艺术方面的影响上，凯琳找到了很多材料。当时苏联的艺术专家会去北京和一些别的城市，在那里待一两个月的时间，他们会参观展览，跟当地的艺术家在一起合作、学习。所以，50 年代以后，苏联在艺术方面可以找到比较多的东方的印记。

　　而在建筑方面，凯琳认为这种影响与中国传统建筑工程的建筑技术有关。她提到，中国传统建筑技术有一个很重要的部分叫"斗拱"。斗拱是一个很漂亮的建筑部分，但也有比较复杂的结构。在 50 年代之前，苏联人从来没有看过这种构造。所以苏联专家在中国的时候研究这种结构，并在苏联发表一些关于斗拱的文章，同时，在向中国学习之后，苏联专家也能够对远东地区有着类似结构的建筑进行修复与改造。

# 四、学悟：未来研究计划与学术生涯展望

当谈及她是如何走上学术研究这条道路时，凯琳提到自己并不是马上就选择了学术研究这种道路。因为在 2015 年大学毕业之后，凯琳选择了工作三年。在此之前，凯琳从未想过继续从事研究工作，或是有什么学术发展。但是，也正是作为历史老师和汉语老师的这三年工作经历，让她开始重新思考她的职业选择。

虽然凯琳热爱教师这份事业，但是她更喜欢当大学生的老师，而不是小孩子的老师。因为她觉得，大学生能够批判地听取，并更好地理解老师所讲授的知识，在这样一个过程中，她自己也能够逐渐得到发展和提升。但是在俄罗斯，如果要给大学生上课，最好能有博士学位。另外凯琳也觉得，做研究是一个很好的生活目标，对社会的发展有着一定的贡献。这时，凯琳认识了她的先生，一名科学家。凯琳认为丈夫对自己的影响很大。在认识他之前凯琳并没有觉得自己会做研究或是会成为一个好老师，但是"他相信我、支持我，所以我就开始想要攻读博士学位并从事科研工作"。慢慢地她开始发现，做研究的过程虽然并不简单，但是很有意思。能够得到先生的支持与信任也让凯琳觉得现在这种研究者的生活很好。

凯琳对建筑学、历史学、社会学乃至社会心理学等学科都有所涉足，所以她觉得自己更像是一名通才。在生活方面，凯琳认为，这样的跨学科研究的确拓展了她的社交范围，她能够因此认识更多有着不同学科背景的朋友和伙伴。凯琳笑言："在刚来中国的时候，我身边的很多朋友不是博士生就是大学老师。你也许会好奇这是为什么，这是因为我的知识储备能够支持我在各方面和他们进行交流，能和他们保持对话。其中，不仅有社会学院的老师，还有其他学院的老师。我觉得这是一种很有意思的生活体验，比方说，如果你对考古感兴趣，那么我就可以在考古方

面与你保持对话。所以，我觉得这是我的一个优势，就是我能够与专业人士谈论各种各样的问题。那么在研究方面，我认为多学科的学习经历能够让我的文章内容变得更加生动丰富。"

2019 年 12 月，凯琳在昆明国立西南联合大学旧址参加"'魁阁'80 周年暨中国社会学恢复重建 40 周年"学术研讨会

在研究方面，凯琳认为，只有当你了解各种各样的东西的时候，你才能够找到这些东西中对你最重要、令你最感兴趣的一样或几样。比方说，她试着研究过考古、研究过一些中国的现代政策等。但是，现在她已经找到自己想要研究的一个具体方向了，所以她会按照这个研究方向一直坚持做下去。

即便已经有了确定的方向，凯琳还是认为之前所学的多种学科知识依然有着用武之地。比方说，在她所写的一篇有关拖拉机厂的小文章里，提到中国洛阳的拖拉机厂是在一个有很多考古点的地方开始建造的。当苏联专家来洛阳建拖拉机厂时，他们挖土动工后发现了很多骨制品。那么这些考古得来的骨制品，就可以让她从考古学的角度入手来分析这一现象，即洛阳发展工业、建立工厂对考古事业的发展也有着很大的影响。

在 20 世纪 50 年代之前，涧西区只是洛阳的一块空地，但是在中国工业建设开始之后，这个地区被选择作为工业区。因此，现在涧西区有非常多的工厂，除了洛阳第一拖拉机制造厂，还有矿山机械厂和几个别的工厂。专家来到这里的时候，一开始并不知道土里有些什么。但是随着对这片地区的慢慢发掘，从这个区域找出来的物品居然足够建成一个洛阳博物馆，展品的年代从周代、汉代到清代都有。"我在我的文章里介绍过这个区域的历史，工厂的建设对于考古事业的发展和博物馆的建立，以及对中国历史都有着影响。50 年代的考古工作者根据洛阳那时发现的考古物品，开始重新完善中国历史，中国周代的历史就是这样逐步丰富的。"凯琳认为，每个研究者，不管你是研究宋代、明代还是任何一个时代，只要你想成为一个很好的研究者，就必须对中国的每个方面，包括政策、历史、文化等都有所了解。

"在部分研究中，我们或许可以尝试着从多种学科的不同角度入手。不过在进行博士论文写作的时候，我们还是需要选取一个特定的方法和视角，将其他类别的知识作为辅助，帮助我们来了解一些历史进程。"凯琳举例道，她写过一篇文章，《费孝通与中国社会学的中国化》，写作原因是，虽然这段时期的历史对于中国学者来说是比较熟悉的，他们能够知道费孝通是谁，能够了解到中国社会学的发展情况是什么样的，但是对于国外而言，包括俄罗斯，或是其他一些欧洲国家，并不是每个人都知道费孝通先生，也并不是每个人都知道中国社会学的发展历史。所以虽然就时代而言，凯琳所写的这些不是十分前沿的内容，但是从研究的角度来看，这些内容对于俄罗斯的汉学家来说都是很新颖的材料。

鉴于这种原因，每当凯琳在中国学到一些内容之后，她都会看一下国外有没有这个信息，如果没有的话，她就会写一些文章，以满足国外学者的研究使用。虽然费孝通先生的著作很多，但是目前只有《江村经济》这本书被翻译成了俄文，国外学者了解中国社会学的资料和文献就不是很充足。所以在有些时候，凯琳想充当这样一个介绍者的角色。

中国建筑的独到之处深深吸引了凯琳。当谈论起俄罗斯的建筑时，凯琳说，幸存至今的俄罗斯

科洛缅斯科耶

传统建筑是由外国建筑师设计的。比如，凯琳最喜欢的地方——科洛缅斯科耶（Kolomenskoye），是古代莫斯科的一个寺庙和宫殿的结合体，它是由意大利建筑师设计的。在 18 世纪的彼得大帝之后，俄罗斯的建筑吸收了许多欧洲国家的元素。而在中国，建筑保留了其传统，大多数传统建筑都没有被外国的建筑风格所影响，依旧保留了自己独特的风格特征。这就是凯琳会被中国建筑吸引的原因。基于上述观点，她认为中国建筑对中华民族有着特殊影响，其中首要的是中国建筑对社会认同的形成和转化的影响。在这种建筑风格的影响下，中国的民族认同和健康的爱国主义要比西方强得多。

对于中国文化，凯琳想说的是，她觉得大部分外国人不太了解中国的真实面貌，他们有自己想象出来的中国文化面貌，但这通常与中国文化没有什么关系。通过了解中国文化，她了解到了东西方文化的不同，也能够看到西方文化中一些缺失的地方。

凯琳聊到，在与中国朋友交流的时候，虽然她的汉语不太好，在交流的过程中也会夹杂很多英文，甚至有时候她的朋友们不是很能够理解她想表述的准确含义，但她能够感到，在中国与朋友交流时有着某种隐性的连接。

她觉得，有很多中国朋友对于命运和生活有着哲学家一样镇定的态度，而西方人在这些方面有时会比较紧张。比如凯琳的导师周晓虹教授常常对她说："凯琳，其实你不用那么紧张。虽然中国人的生活也很忙，压力也很大，但是这对他们的思维方式并没有太大的影响。"在采访的最后，凯琳笑着说道："所以，我也希望在日后的研究和生活中，能够变得更加平和与淡定。"

2020 年 9 月，北京的黄昏

## 后 记

　　刚看到凯琳简历的一刻，我略微感到有些难以把握本次访谈的主要方向。因为凯琳所涉猎的研究领域非常广泛，并且在这些领域中，她都有所建树。正如凯琳自己所认同的那样，她更像是一位通才。但在与凯琳深入交流之后，我决定将本次采访的主题定为"漫步于建筑与历史间"，而她所学习涉猎的其他学科已然成为培育、支持她现有研究茁壮生长发展的土壤。家庭对凯琳的教育与影响无疑是巨大的，在她之后的求学与研究道路中，凯琳一直坚持着自己的兴趣与理想。"建筑是凝固的历史"，这两门学科之间的天然联系也令凯琳更加坚定了自己的研究方向。在采访的过程中，凯琳在学术上这种一以贯之的热情与韧性给了我很多感动。参加"新汉学计划"期间，凯琳在中国传统建筑文化、历史学以及社会学上的研究逐渐深入，并逐渐充当起中国学术研究成果翻译者与推介者的角色。共进互促，不断交流，凯琳为"新汉学"研究贡献出了自己的一份力量。

# 我的学生凯琳

◎ 周晓虹

　　2019 年南京大学按教育部部署，推广"双一流"学科建设计划，我申请了"社会学理论与中国研究"项目并获批准。紧接着，我将计划的后半部分"中国研究"分为两大块便于操作的课题：一块是新中国工业建设口述史，另一块是新中国人物群像口述史。之所以没有选择新中国农业建设口述史，只是因为农业、农村和农民即所谓"三农"研究在社会学领域获得了相对广泛的关注，我自己的博士论文《传统与变迁：江浙农民的社会心理及其近代以来的嬗变》（三联书店，1998）就是以苏南昆山的周庄镇和浙南（温州）乐清的虹桥镇为田野基础写成的，因此我希望这次能够以工业建设为研究主题。2019 年又恰逢中华人民共和国成立 70 周年，而正是 1949 年以后，中国最初在苏联的援助下，开始了大规模的工业化建设。

　　说来真巧，虽然原先我也带过留学生，但还没有带过来自俄罗斯的学生。而 2019 年，当我带领团队大规模地采集新中国工业建设口述资料时，凯琳来了。虽然凯琳自己说她的汉语不够好，但其实她的汉语在中国学习和交流完全没有问题。记得 2019 年秋季开学不久，我们团队的老师和学生一起去昆明，借参加抗战时期成立的云南大学"魁阁"研究室成立 80 周年纪念会之便，顺访 1968 年下乡的云南知青，其中有一些人年轻时还参加过缅共游击队。他们年轻的时候正是古巴革命的领袖切·格瓦拉的理想主义盛行于世的年代，因此大多数人对过去的苏联也都有浓厚的兴趣，会唱许多苏联歌曲，像《莫斯科郊外的晚上》或《红莓花儿开》，自然也对来自俄罗斯的凯琳有一种"自来熟"的感情。我记得，大概是我们住的那家酒店不能接待外籍人士，所以凯琳一个人住在另一家酒店，每天早上赶到我们的酒店吃早餐，然后去不同的地方参加访谈、记笔记、整理录音，当然也包括旅行、参观，晚餐后再回自己的酒店，每天忙得四脚朝天，但她却在美丽的昆明生活得如鱼得水。她喜欢中国，喜欢中国人民，就像我们也喜欢她一样。

从昆明回来后不久，她的几位师姐要再去洛阳涧西区的几家工厂补充访谈资料，那里有 20 世纪 50 年代苏联援建的 156 项大中型工业项目中的 7 项，包括大名鼎鼎的第一拖拉机制造厂和焦裕禄工作过的洛阳矿山机械厂。凯琳想去，年初我们第一次去时她还没有来，我就把她托给了几位博士生。凯琳没有想到，在洛阳，尤其是在第一拖拉机制造厂，她受到了已经进入耄耋之年的那些老人的由衷欢迎。他们中的有些人 20 世纪 50 年代去过现在属于乌克兰的哈尔科夫拖拉机厂见习，另一些人即使没有去过，但都见过苏联专家，甚至在他们的指导下学习或工作过。第一拖拉机制造厂向她敞开了大门，凯琳也在那里见到了和哈尔科夫拖拉机厂的建筑一模一样的"孪生兄弟"，见到了一拖生产的各式各样的新型拖拉机，见到了那些曾令中国人激动过的"结束了耕地用牛的历史"的红色铁马。回来以后，她对我说："周老师，我这次去洛阳又高兴又难过。"我以为她在那里遇到了不快，就问："为什么难过？"凯琳告诉我："我高兴的是当年我的祖国援建中国的拖拉机厂还在高效地生产，但我难过的是哈尔科夫拖拉机厂却关门了。"在那一刹那，我理解了凯琳，也理解了全世界每一位爱国者的感情，谁不希望自己的国家兴旺发达？

凯琳和她的先生在南京待了整整一年，一直到 2020 年的夏天，她对我说："周老师，我想回家看妈妈了"。我理解每一位游子的思乡之意，也理解这位 20 多岁的小姑娘对母亲的思恋之情，尤其是那时新冠肺炎疫情也开始在俄罗斯蔓延，她不能不担心家人的健康。当时，我痛快地对她说，"那就回家看看再来"，还请她选一两件中国的东西带回去送给她的妈妈和婆婆。凯琳选了中国的茶叶和茶具，她相信那是中国文化的最佳象征。记得是 2020 年的 9 月 8 日，他们夫妇回到了新西伯利亚城，到家后她给我来了微信，还发了照片，告诉我两位妈妈谢谢我的美意。她知道那年的秋天我们要去鞍钢做口述史访谈，专门和我说：是否可以在访谈大纲中加一两个有关苏联专家的问题？凯琳告诉我，她对鞍钢有兴趣，她刚刚读到一本介绍马钢的书，这个马钢就是毛泽东反对"一长制"时提到过的苏联的马格尼托哥尔斯克钢铁公司。凯琳告诉我，一如马钢支援过鞍钢，其实，20 世纪 30 年代美国的钢铁专家也帮助过马钢。她希望有机会能够做一个比较分析。

令人遗憾的是，自那以后疫情继续蔓延，它隔断了凯琳回南京的路。不过它却没有隔断凯琳对中国的关注。2020 年 11 月，她又来信告诉我，她去了圣彼得堡欧洲大学，在那里完成了博士论文的开题，这个原本以建筑史为主业的学生，这次开题的题目是：《第一个五年计划期间中苏文化与技术的交流》。我知道，中国已经在这个俄罗斯女孩子心里生了根。

2021年2月，我们合作的有关费孝通与社会学中国化的论文在俄罗斯出版了，我没有让她寄给我，因为我们的文章虽然只有10余页，但这本杂志足足有700页！只让她发给了我论文的电子版。凯琳虽然不能回中国，但她却和我、和她的那个研究小组一直保持着密切的联系。有意思的是，那个研究小组的四位中国同学在留学基金委的支持下，有三位几个月前刚刚去了德国弗赖堡大学访学一年，而凯琳也告诉我她将有机会去德国莱比锡大学短期访问。我不知道，在莱比锡冯特做实验的实验室里，或是在弗赖堡韦伯发过呆的哲学系大楼里，这些年轻的学子是否还有机会来一次异国重逢，重弹他们的中国"老调"？

我想，也许可能。因为这是一个新冠肺炎疫情也无法阻挡的全球化时代。而我，依旧在南京，在古都六朝的松柏下和城墙边，等着这些游子归来。

**导师简介**

周晓虹，现为南京大学人文社会科学资深教授、当代中国研究院院长、博士生导师，兼任中国社会学会第十一届理事会学术委员会副主任、国家社会科学基金学科规划评审组专家。曾任国务院学位委员会第七届社会学学科评议组成员。研究领域：社会学理论、社会心理学、中国研究。主要著作：《现代社会心理学史》《现代社会心理学》《传统与变迁：江浙农民的社会心理及其近代以来的嬗变》《西方社会学历史与体系》（第一卷：经典贡献）、《文化反哺：变迁社会中的代际革命》等。

## 廖朝骥

# 将学问植根于现实

**访谈人：** 申乐云，中国人民大学文学院汉语国际教育专业 2019 级硕士研究生

**访谈时间：** 2021 年 2 月 4 日、2021 年 5 月 10 日、2021 年 7 月 5 日

**访谈方式：** 视频连线、文字采访

## 被访人简介

　　廖朝骥（Joe，LIAW Siau Chi），马来西亚华人学者，现任马来西亚新纪元大学学院（New Era University College）助理教授、媒体传播与影视演艺学院院长，马来西亚国营电台 AiFM《爱谈天下事—国际焦点》栏目常驻评论员，八度空间（8TV）电视台、NTV7 电视台、CITYPlus FM 特约新闻时事评论员，并担任马来西亚唯一一档论学类电台栏目《博士来聊》嘉宾主持。1998—2003 年相继就读于台湾政治大学、香港中文大学，获得哲学学士及硕士学位，2014—2018 年于厦门大学国际关系学院/南洋研究院参加"新汉学计划"博士项目，获得国际关系专业博士学位。其主要学术著作及论文包括《马来西亚发展论坛（2019）》《马来西亚史纲》《追求公正：马来西亚华人政治走向》《马华公会党内改革分析（2014—2018）》等。

## 引言

东南亚地区对中国而言是有着独特情感纽带的近邻，许许多多华人华侨在这里繁衍生息，为东南亚国家的繁荣发展做出了重大贡献。自 2013 年习近平提出"21世纪海上丝绸之路"倡议构想后，世界对快速发展的东南亚地区投注了更多的目光。马来西亚作为该地区发展最为迅速的几个国家之一，其民族多元、文化多元的国情影响着自身的历史发展及现实决策，这也正是廖朝骥近年尤为关注的领域。

廖朝骥作为马来西亚华人学者，不仅在学术领域不断深耕，更尝试打破学术壁垒，与社会各界交流思想。自他从严耕望先生的《治史三书》中读到"工作随时努力"这句话，便将其作为自己的座右铭，时时激励自己。廖朝骥常常在报刊上撰写专栏，在媒体节目中与各界学者畅聊，积极为社会议题发声：或是反思马来西亚高等教育弊病，或是讨论恐怖主义苗头成因，又或是普及"小众"专业知识。借由广阔多元的媒体平台，他与大众实现了良性且频繁的互动。

德国哲学家约翰·戈特利布·费希特（Johann Gottlieb Fichte）曾指出："学者阶层的真正使命：高度注视人类一般的实际发展进程，并经常促进这种发展进程。"在华求学期间，导师李一平教授也教导廖朝骥，"作为学者不应将视野局限在象牙塔内，而应保有对现实的关怀以及对国家民族的责任感"，这给廖朝骥带来了最深刻的触动，也敦促他不断探索将学术研究植根于生活的前行之路。

从选择专业到选择研究方向，廖朝骥始终将目光投向马来西亚所关切的领域，并为之砥砺前行。如今廖朝骥已成为新纪元大学学院的助理教授，如何将自己在中国获得的感悟融入大马社会发展的前进洪流中，成为他近年的关注重点。

# 一、求学道路

廖朝骥先后三次转变求学道路：就研究领域而言，他从法学到哲学，最终投身国际关系领域；就求学地点而言，他从台湾到香港，最终奔赴厦门。不同阶段的人生体验使他逐渐明确了自己的心之所向——将个人的前进方向置身于社会整体的发展洪流中。

### 1. 初次调整，港台求学

中学毕业后，他在吉隆坡一所法律专业学校修读了法律预科，立志成为一名律师。那时有许多华人社团举办与社会课题相关的讲座，邀请了很多有海外求学经历的马来西亚学者前来演讲，其中一位学者就哲学议题发表的演讲，使廖朝骥对哲学领域产生了强烈的好奇心。对自小热爱阅读的廖朝骥而言，学习哲学的过程是求真的过程，也是探索世界终极问题的过程，因此哲学这一学科本身便具有强烈的真理召唤感，带有深奥而不食人间烟火的魅力。廖朝骥提到，当时自己对专业选择的概念比较模糊，不清楚学法学专业是否可以辅修或是旁听他感兴趣的哲学课程，就干脆"一刀切"，转到了哲学专业。

1997 年廖朝骥获得了复旦大学、吉林大学以及台湾政治大学的录取通知，但复旦大学和吉林大学都是以美金收取留学生学费，另加每日一美金的住宿费，这使他面临着极大的经济压力，所以最终他选择了台湾政治大学。本科毕业后，廖朝骥获得了香港中文大学的奖学金，便借此机会在哲学领域继续深造。本硕阶段他的研究方向偏向希腊古典哲学，一直在探讨与亚里士多德相关的哲学问题，这一研究方向对原典的阅读能力要求很高，因此他一直在接受介于哲学史和古典文献学之间的学术训练。

### 2. 最终选择，再次返华

硕士毕业后，二十几岁的廖朝骥走到了人生的重要路口——是否要读博？如果读博，他的第一选择是去德国攻读古典哲学方向的博士学位。但这样一来，未来的生活将常与一千多年前的古书相伴，与自己的现实生活相距甚远，恐怕难以与学术领域以外的人沟通。这种象牙塔式的人生规划让他开始重新考虑未来的生活，慎重思考后，他决定先回马来西亚工作。在之后十年的工作生涯中，廖朝骥体验了多个领域的工作，从政府机构到新闻媒体，从做时事评论到自己创业，这段人生经历使他越发明确国家发展的需求对个人道路选择而言至关重要，最后他决定重返校园，投入国际关系领域的研究中。

廖朝骥说，由于地处东南亚，马来西亚对区域内的大国崛起非常关注，但国际政治相关课题的严重匮乏，也是马来西亚不可忽视的现状。中国的崛起将是主宰接下来半个世纪的核心因素，虽然马来西亚的华人华侨在语言方面有一些便利，但本国的很多教材只提及中国1949年之前的事件，所以马来西亚民众对当代中国知之甚少，非常缺少相关的直接经验，因此他决定再次返华。厦门大学的东南亚研究中心（为国际关系学院/南洋研究院下设机构）学术资源尤其丰富，无论是材料、师资还是专题的拓展，都对他的研究很有帮助。借助"新汉学计划"博士项目的东风，他恰好可以近距离观察中国外交政策的变化，尤其是中国对东南亚政策的变化。廖朝骥认为，这一研究领域将会是影响公众舆论的重要阵地，这使得他最终选择将区域研究中的东南亚研究作为自己的研究方向。

## 二、学术钻研

虽自称"大叔"，但廖朝骥并不认为在学术钻研上会有任何年龄限制，反而是百味的人生体验，更促使他在求学过程中追寻学术研究的现实意义。如何才能将研究内容落实于社会生活中，成为他读博期间最为关注的命题。

### 1. 勤勉奋斗，反思现实

在厦门大学，廖朝骥时刻都能感受到中国同学奋发向学的精神。去图书馆需要提前占座，否则就没有座位，这令他很是惊讶。在图书馆中，每桌都坐着五到六名同学，放眼望去，许许多多学生都在肩并肩为自己的学业奋斗着。直到如今，廖朝骥都认为这是他读博期间印象最深的几个画面之一。也正是这浓厚的学习氛围，促使着他在求学时不断奋斗。

2016年于浙江师范大学，参加第四届
环东海与边疆论坛

读博期间，借助"新汉学计划"提供的资金支持与研究环境，廖朝骥获得了许多在中国各地参会访学的机会。他说，如此一来，自己在心态上就发生了转变，不会仅把自己视为普通的学生，而是看作一名成长中的研究者。读博期间他始终都在鞭策自己，也产出了一些令人满意的学术成果。另外，在参会的过程中，廖朝骥也认识了许多来自中国与其他国家的青年学者，结交了许多志同道合的学界好友。正是借由"新汉学计划"提供的宝贵机会，廖朝骥在参会时结识了来自中山大学的范若兰教授，两人在研究目标和方向上一拍即合，之后便合作了许多研究项目。2015—2016 年廖朝骥有幸参与了范若兰教授《马来西亚史纲》的编纂工作，得益于这项工作，他跳出了原有的研究局限，逐渐拓宽了国际研究视野，对之后博士学位论文的撰写有了更加深刻的认识。

廖朝骥补充道，历经十年重返中国，自己不仅感受到了中国青年求学时昂扬的斗志，也深刻体会到中国社会蓬勃的生机与活力。他在厦门大学读博时，十分留意观察中国在各方面的相关举措。2014 年入学后，廖朝骥便深刻感受到中国已经踏上发展的高速列车，无论是随处可用的手机支付，还是飞速提升的政务服务态度和质量，又或是方便快捷的公共交通网络，都让他拥有了大开眼界的生活体验。

2016 年于北京大学，《马来西亚史纲》三位作者合影。
右起：范若兰教授，李婉珺博士，廖朝骥博士

在生活中，廖朝骥对中国政府部门的窗口服务印象尤为深刻。许多服务窗口在周末依然开放，无论何时工作人员都非常专业耐心，这让他对中国政府的利民举措有了更加切实的理解，也让他不禁反思马来西亚官僚体系的服务态度。近几年，廖朝骥对马来西亚政府的政务服务质量及办事效率等方面十分关注，在《中国报》刊载的专栏文章中也时时可见其犀利的评论。

此外，廖朝骥也观察到，正是在他读博的这几年里，身边的中国朋友开始注意到马来西亚的猫山王榴莲。之后就如雨后春笋一般，中国商家推出了各式各样的相关食品，他数了一下，当时就有接近二十种完全不同的品类。这与马来西亚的情况完全不同，马来西亚的居民自小就吃榴莲果肉或榴莲糕，但这方面的开发也就仅限于此。廖朝骥认为，现在的中马文化交流，已经发展到产业互动的阶段，可以预见，这将是一个全新的交流领域，中马人民都将受益。

廖朝骥 —— 将学问植根于现实

## 2. 豁然开朗，植根现实

诚然，工作十年后重返校园，势必要经历较为煎熬的磨合期。工作时只需运作时效性较短的业务，一两个月内就能完成，但学术撰述需要长时间的投入，所以前期廖朝骥需要重新适应这种节奏。不过，正因为他具有丰富的工作经历，再次回到学术领域，会有更加切实的现实关怀以及生活经验反刍后的思考。先前并不平坦的十年，使他再次感悟到将生活经历和学术问题结合的重要性。

廖朝骥在厦门大学时拜在李一平教授门下，如今回想起来，李一平教授对他的影响非常深刻。李教授向学生们展示了一位知识分子应有的风范，让廖朝骥对研究者应有的治学态度有了更深的认识，也让他坚定了一种信念：学者不应将研究视野局限在象牙塔内，而是需要具有对现实的关怀以及对国家民族的使命感。

李一平教授常和学生们交流，分享他们这一代学者为什么选择外交领域，又为什么选择做印尼研究。东南亚各国和中国的关系非常关键，然而那时东南亚研究还属于历史学研究领域的华人华侨史研究，这也意味着东南亚研究在中国的国际关系研究领域中较为冷门，关注的人很少。如今正是因为习近平主席提出了"一带一路"倡议，大家才意识到原来东南亚国家与中国的关系如此紧密，对东南亚国家的研究具有如此重大的意义。所以学术和社会是无法分开的，作为学者，就应具备一定的社会使命感，做学问不以跟风为目的，而是要坐得住冷板凳，立足于时代需要。

2018 年于福建省泰宁县，师门同游。左四为李一平教授

廖朝骥还强调，对现实的关注会促使我们思考。有些问题比较简单，能够直接取得答案，有些就需要长时间的研究才能有所得，这种长期的坚守就需要研究者一直保有内心的现实关怀。在廖朝骥做东南亚研究期间，马来西亚发生了"伊斯兰国"恐怖袭击事件，而袭击地点正是他常去的酒吧。他非常感慨，想不到这些在电视屏幕另一端的新闻已经离生活如此之近。人们常习惯用旁观者的心态看待国际新闻，理所当然地做一名普通观众，只有新闻与自己的生活轨迹息息相关时，我们才会意识到问题的严重性。经过长期的研究，他又发现这个情况与自己一直观察的马来西亚国内思想的变化有关——"伊斯兰政治化"和保守主义崛起两股思想潮流一直在国内蔓延，二者会不会有一些联系？保守主义的崛起是否受到"伊斯兰政治化"的影响？马来西亚民众对"伊斯兰国"的意识形态是否具备防卫能力？这一事件促使廖朝骥在做博士论文期间增加了研究课题，抽出时间研究"伊斯兰国"在马来西亚的相关问题，从问题分析到论文发表，他在这一课题中投入了近一年的时间。

### 3. 孜孜以求，回馈现实

随后几年，廖朝骥步入了撰写学位论文的阶段。作为有多段来华求学经历的大马华人，他希望将个人经历与优势体现在学术研究中，对中马关系做出更加深入的讨论。只是很遗憾，因种种原因，无法获取足够的资料，他先后考虑的两个选题都无法进行深入研究，但这漫长的资料搜集和整理工作又给他带来了新的启发。

20世纪60年代，越南战争是重要的国际事件，大量中美学者深入研究了这一课题。然而印马对抗作为同年代的国际事件，改变了东南亚地缘政治，却鲜有人关注。因此他决定深入"盲区"，探索印马对抗这一课题。印马对抗所涉及的内容是全方位的，因此李一平教授和他商议用专题的形式来呈现。廖朝骥先前研究过左翼政治的相关内容，这启发他以左翼政党的变化作为研究视角，由此讨论东南亚局势如何影响本土政治的发展。得益于独特的研究视角和学术积淀，博士论文成稿后广受学界好评。

2018年廖朝骥博士毕业，求学生涯告一段落，但这对他来说不是结束，深入钻研的号角依然吹响。左翼政党只是一个切面，更关键的是印马对抗对地缘政治的持续影响。他从多角度出发，在多领域对这一课题做出了深入的讨论。廖朝骥说，回顾2014年以来马来西亚政治局势的发展，他发现一些历史遗留问题又浮现出来，例如东马与西马的关系。原先东马与西马结合时，人们可以从历史档案里清楚看到东马民众有很多顾虑，从民族构成到东马民众的参与程度，再到政治资源的分配，这些如今依然是东马民众讨论的热点话题。换句话说，从国家整合的角度来看，马来西亚还没有完成全方位的整合。直到现在，廖朝骥依然在不断地完善印马对抗这一课题，以便为马来西亚的当下发展寻找答案。

"欲知大道，必先为史。"将历史与现实交融，这正是国际关系领域的研究想要扎根现实的根本。除了地缘政治方面的研究，廖朝骥也在以中国对马来西亚的影响和马来西亚与其他国家之间的政党政治互动做参照，着重分析印马对抗这类国际态势对当地政党的影响。他强调，学界提供的研究和分析判断都可能成为当下一些事件的参考点，因此学者需审慎对待学术研究，让学术成果从现实中来，回馈到现实中去。

# 三、家国之思

廖朝骥作为华人，一直密切关注着马来西亚华人的生存现状。来到中国，在与导师及诸多学者的交流中，他对这一课题形成了更加深刻的理解。

## 1. 直言不讳，针砭时弊

2018 年，时值马来西亚政党轮替，《世界知识》恰好邀请范若兰教授主稿，廖朝骥便和范教授合作撰写了《追求公正：马来西亚华人政治走向》一文。他认为，过去华人族群一直沉浸在受害者的情绪中，这正是族群政治在过去长期传播的信息——华人社会是被打压的，所以需要马华公会来为华人争取权利。这种论述不断复现，一直在把各族群拽入相互竞争、相互对立乃至于相互猜忌的旋涡，而族群政党却从这种猜忌中谋取最大的利益，这就是马来西亚族群政治过去的实况。他越发感觉族裔政治已经是国家的禁锢，公开的种族歧视已经是国人忍耐多年的隐痛。

基于在中国所做的大量研究，他回到马来西亚后，明显感觉到马来族群社会整体强烈的不安定感。华人族群只是少数强势族群，马来族群占据了二分之一以上的人口，在文化、宗教以及语言上都占据主导地位，但为何马来族群仍有强烈的不安定感？他认为，这正是由于长久以来各族群都被族群政治的面纱相隔，彼此之间的互动极少。过去马来西亚民众把族群互动都交给了族群政党，各族群更像是生活在平行社会之中，看似其乐融融，实则互不关心，彼此之间被所谓的"尊重""多元"隔开了。简单来说，马来西亚的国族构建还没有完成，多元对话的空间很少。

### 2. 提出倡议，呼吁自省

在进行大量研究，并与社会各群体广泛交流后，廖朝骥得出了结论。他提出倡议，华人社会若想扩大生存空间，首先需要在三个方面保持内省：第一，华人社会自身就是一个相当保守且排他的社会。华人社会有固定的论述模式，而且常常妖魔化其他族群。第二，华人社会的文化本身就存在很多问题，无论是教育理念、宗教、社会或是所谓的国族认同感，问题都很严重。但是华人社群内部对于这个东西的批判力度还不够，而且常常陷入"骂别人容易，讲自己很难"的境地。第三，民族之间的互信沟通需要长期的磨合，现在民众需要迈出第一步了。

廖朝骥强调，马来西亚华人再也不能说族群的互动是政党人士的事，这应该是全员的行动。从与不同族群邻居的交流，到对不同族群语言的掌握，再到对其他民族宗教文化及传统习俗的了解，这些应成为生活的常态。

如今，他已观察到一些可喜的现象。马来西亚是多语言国家，所以学术论坛常根据语言划分，但是现在跨族群的民间论坛越来越多了。华文小学也开始和其他族群的小学，更多是国民小学，举办以互通友谊为目的的合作项目，而且有越来越多的马来儿童来华人学校接受教育。此外，华人民间社会开始自发理解伊斯兰教及其文化。过去华人社会对伊斯兰教的理解非常刻板，甚至连到底有没有马来文版的《古兰经》都不了解。如今受社交媒体的影响，华裔穆斯林在马来民众中的影响力日益扩大，有几位用马来语讲经的华裔穆斯林传教士成了知名网红，拥有几百万的穆斯林追随者。这些对于国族构建都是有利的基础。

# 四、传道授业

廖朝骥不仅在做学术研究时力求反映现实现象，而且他相信，学者若要具备现实关怀，就更需要肩负起传道授业的责任。

## 1. 教学相长，明确授课意义

在中国的求学经历，使廖朝骥对教师这一身份有了更深的理解。李一平教授等中国传统型学者，做学问时从不囿于书斋，而是身体力行地走入社会；面对学生时，除课上严谨细致的讲解外，也会和蔼地关怀学生生活。他在李一平教授的指导下，深刻感受到中国教师的魅力，也对中国细致入微的博士培养计划产生了更多的思考。

廖朝骥说，在与学生相处这一方面，自己深受李一平导师的影响。借助"新汉学计划"的支持，自己与导师有很多一对一交流的机会。李一平教授作为学界巨擘，面对专业相关的内容非常严肃，但和后辈交流时却时刻保持着学者的谦逊与包容。正是李一平教授的身体力行，让他知道原来专业方面的底气和谦逊的态度并不冲突。正是基于这些在中国的求学感受，他在面对学生时，才会有意识地思考作为教师的态度与行为。如今廖朝骥也在指导硕博研究生，每学期的第一节课他总会说明，自己是学生的第一名读者，会以一名读者的心态提出建议，希望学生在平等的讨论中迈向成长。

最近几年，廖朝骥受《学霸》节目邀请担任评委，去评价小学生三语（华语、马来语及英语）演讲能力。如果选手多才多艺且知识面丰富，那就可以被称为"学霸"。但他说，其实自己对"学霸"这个词的定义与之不同。他目前在新纪元大学学院任教，特别渴望见到有学习动机的学生。如果要他给"学霸"下个定义，那就是主动而抱有期待的学习者。

廖朝骥说自己很相信教学相长这一教育理念。作为一名高校教师，他始终都在努力创建思想交流的通道，渴望看到学生们由此激发出的思想火花。他认为，很多知识都会被遗忘，反而是思想的火花迸溅时所获得的参与感，才会让学生终生铭记。假如课堂可

2019 年于马来西亚八度空间电视台小学生益智竞赛节目《学霸》担任评委

以使学生获得与生命经历有关的触动，那这门课才是有价值的。这也是他学生时代最深刻的体验——上课时导师只做引论，随后就进入原典阅读的环节，同学们一边读一边与老师对话，在对话时老师对学生的观点做出阐释。在这样一种学习氛围里，学习过程是动态的，这与读书这种静态的学习过程不同。教师授课的目的并不在于帮助学生借由文字想象老师高深的学问与深刻的学术洞见，而是引导学生进入"知识殿堂"的领域，或者说完全进入教师所勾画的场景，让学生聚精会神地跟着老师推演概念，这也就是所谓的"沉浸式学习"。廖朝骥在教学时一直努力营造这种沉浸式的学习氛围，他回想起来，自己有时会故意把话说得极端，然后停在那里，这样学生一开口，自己就能引出一些新的观点。

### 2. 推陈出新，探索教学改革

与此同时，廖朝骥在担任行政职务时，一直在探索如何利用先前在中国的求学经验推动学院的发展。先前他在国际交流处任职，一直在努力推进中国高校与新纪元大学学院的学术合作。如今廖朝骥作为媒体传播与影视演艺学院院长，在思索学院整体规划的同时，也在反思院校的课程设置。马来西亚的通识课中，许多科目是教育部提供的，是学生毕业前的必修科目。由于选课人数众多，许多科目由兼职老师任教，导致许多学生反映"大多数讲师无非就是把原本有趣的题材搞得乏味不堪，上课只是为了通过考试"。然而在中国，通识课大多由每所大学自行拟定科目及题材。他在中国念书时称这些通识课的学分为"营养学分"，因为所谓"通识"就是不讲究专研，只要求博雅。课程目的是拓展视野，考试压力小，偶尔还有一些有趣的课程，例如他在香港中文大学就当过"爱情哲学"及"死亡哲学"的助教，这两门课都是热门通识课。在香港的求学经历使他感受到通识课对培养学生独立思考能力及多元化发展的积极作用。廖朝骥说，院校应如何合理安排课程，如何协调与教育部的关系，马来西亚高校在这些方面还需要经历漫长的调整与改革①。

此外，为了备课，廖朝骥常和国内外同行讨论如何为本科生及基础班的同学准备教材和教学内容。有一阵子同行竞相建议推荐适合的书单，然而大学的人文学科及基础班教学到底是为了专业做准备，栽培专才，还是更应该让学生具备宽广

---

① 廖朝骥. 酸民是如何养成的？. （2019-08-23）. http://joeliaw.com/?p=423.

廖朝骥——将学问植根于现实

的视野，栽培通才，各学者之间意见分歧很大。比较是教师常用的教学方法，本尼迪克特·安德森（Benedict Anderson）在自传《椰壳碗外的人生》（*A Life Beyond Boundaries: A Memoir*）中描绘的经历一再被多位同行提起，成为廖朝骥与诸多同事跨学科、跨领域培养学子的示范。廖朝骥说，结合在中国的求学经验，安德森的理论使他开始反思，永远需要警惕语言、出身、教育、阶级等身份对于比较研究的影响。当学者具备跨国的田野经验或跨语言的能力时，将更容易辨明差异[①]。

2022 年于新纪元大学学院新闻中心线上讲授本科生时事分析课程

总而言之，教学不应该只把传递知识当作目标，而应该具备更多的功能。廖朝骥强调，教师在教学中应拥有前辈学者的气魄，担任学生的引导者这一角色。

# 五、社会交流

廖朝骥近年来一直在呼吁高校教师关注教师角色这一问题：教师是否应满足于教书育人这一角色？对于这一提问，他似乎已经有了答案。近年来，廖朝骥身体力行地展现了对教师这一角色的理解：高校教师并不可以满足于以教师的身份向学生讲授知识，更需要将目光投向如何推倒学术壁垒这一难题，主动与社会各界交流思想。

## 1. 开创栏目，坚守初心

自 2018 年来到新纪元大学学院任教，廖朝骥一直兼任教学和行政两方面的工

---

① 廖朝骥. 椰壳碗外的人生.（2019-01-11）. http://joeliaw.com/?p=566.

作。学校需要自主招生，身为媒体传播与影视演艺学院院长的他不仅需要规划全年度的招生活动，还需要对学院整体的学科发展做规划，这就是他的工作主轴。但在繁忙的工作之余，他不断思考自己还能做些什么。

廖朝骥之前一直活跃于新闻媒体平台，主要做时事分析、时事清谈一类的节目，这是他的强项。后来机缘巧合，需要更换节目，他便提议开辟《博士来聊》这一访谈栏目，深入浅出地讲解各个领域的专业知识。这一节目类型和廖朝骥之前的经历截然不同，对他来说甚至具有"从零开始"的意味，部门负责人最初也建议替换为知识竞赛类节目来吸引观众，但他认为，这档节目对马来西亚或将起到重要作用，在与相关部门耐心沟通后，正式决定开播。

廖朝骥回想，他的出发点其实很简单。在马来西亚，很多人对学术研究的了解并不多，甚至认为"象牙塔"里的学者在做一些不切实际的、和社会毫不相干的题目，所以他就想做一个科普学术著作或研究内容的知识类节目。除此以外，很多马来亚大学或马来西亚国立大学的研究生缺少分享学术研究的平台。这一档节目既普及专业知识，又提供展示研究成果的平台，深入浅出还不乏幽默风趣，可以充分满足社会各个群体的需求。

自然，将理念落实于实践是不易的，节目初创期势必会经历一些挫折。为保证节目质量，《博士来聊》的每一期节目都需要持续较长时间，以便详细阐述某一领域的专业知识，这对于已经习惯了短视频轰炸的民众而言是难以接受的。然而廖朝骥并没有迫于压力而忘记开辟这档节目的初衷，他认真听取听众意见，不断调整表现形式，增加内容中实例的占比，凭借扎实的专业知识和高质量的节目内容，吸引了大批来自社会各界的粉丝，《博士来聊》也慢慢成为拥有广泛影响力的国民性栏目。如今的《博士来聊》，已经成为马来西亚的思想交流渠道，作为马来西亚唯一一档论学类节目，它对国家媒体教育具有不可替代的意义。廖朝骥说，之前刚得到年轻听众的回复，《博士来聊》已经成了他们学校的必听有声书系列，也成了听众全家一同讨论的话题，这让廖朝骥深感欣慰，这档栏目的开辟，已经初见成效了。

### 2. 联系中马，影响广泛

在马来西亚，人们常常觉得华人社会里的知识社群不多，高级知识分子也很少。然而廖朝骥并不认可这种刻板印象，他认为华人社会里有很多博士，只是不为民众熟知罢了，所以他在节目初创期便立下宏愿，希望这档节目通过源源不断地邀请各行各业的华人专家学者，来改变社会对马来西亚华人的看法。节目开播至今，《博士来聊》不仅受到了学界的关注，在马来西亚的华人群体内也造成了一定的社会影响，甚至在促使社会扭转对华人社群的刻板印象这一方面开始产生积极的作用。这些变化深深鼓舞了廖朝骥，也激励他继续邀请更多有影响力、有才华的华人加入节目中，共同为大马华人群体提供高质量的学术交流机会。

不仅如此，如今的《博士来聊》，已经成为促进中马关系的又一道桥梁，让双方的文化和思想紧密联系起来。在"新汉学计划"中同廖朝骥相熟的博士生与老师，如来自厦门大学的阮光安博士和曾玲教授，也相继被邀请来分享自己的感悟与经验。听众时常可以在这档节目中聆听曾在台湾、北京等地学习或执教的华人学者分享的求学经历，也可以体会中国学者站在不同角度提出的独到见解。曾留学北京语言大学的叶佩诗博士分享了自己对汉语发音的学习体会，中国人民大学杨念群教授分享了儒学地域化的近代形式……与此同时，廖朝骥也将这档节目带到了中国的网络媒体，吸引了许多中国粉丝。中马双方思想激荡回响，文化求同存异，使得中马听众相互产生了更多的好奇与向往。

2020 年于《博士来聊》节目录制现场，与潘舜怡老师对谈《20 世纪的南洋风土文化》

"路漫漫其修远兮，吾将上下而求索。"无论是做国际关系领域的学术研究，深入分析马来西亚的发展脉络，还是承担起传道授业的职责，在教书育人的同时通过媒体与社会各界进行思想交流，对廖朝骥而言，关注社会发展，使研究成果惠及民众，始终是他的治学理想。如何可以更好地回馈于社会、经世致用，廖朝骥仍在探索新的发展方向。

## 后 记

  自马来西亚时任副总理阿都拉·巴达维（Abdullah Badawi）于2003年访问中国，倡议在马来亚大学成立中国研究所，并以此作为现当代中国研究中心后，中国也在各大高校陆续设立了相应机构。廖朝骥的母校厦门大学，在2005年成立了首个以马来西亚为研究中心的学术机构。2019年廖朝骥出席了马来亚大学中国研究所、马来亚大学孔子学院及厦门大学马来西亚研究所在马来西亚首都吉隆坡共同举办的学术论坛，这一论坛为庆祝马中建交45周年而举办，名为"珍惜过去，展望未来"。廖朝骥在采访中强调，中马双方在学术研究上保持着密切的合作，这与众学者的努力是分不开的。

  如今廖朝骥等马来西亚学者仍与中国的师友保持着密切的联系。2021年厦门大学迎来百年诞辰，然而新冠肺炎疫情的蔓延延缓了廖朝骥重返母校的脚步，这令他深感遗憾。廖朝骥感慨，中国的抗疫成果如此出色，让自己也不禁时常回忆起在中国求学的美好时光。我们衷心希望国际抗疫形势逐渐转好，廖朝骥可以尽快回到中国探访师友，一切回归往日美好！

**导师寄语**

# 我的学生廖朝骥

◎李一平

前不久，我收到教育部中外语言交流合作中心汉学研究工作处王昕生先生发来的邮件，知道语合中心正对已实施十年的"新汉学计划"进行回顾和总结，计划之一是逐步开展博士访谈项目，首次共访谈了18名优秀的毕业生，探求和展示这些青年学者的成长，将以《问道中国：我的新汉学之路》为题结集出版。

令人高兴的是，我指导的两位学生——来自马来西亚的2014级的廖朝骥博士和来自布隆迪的2015级的卡斯博士双双入选其中。语合中心希望每位博士生的指导教师能为其撰写一篇寄语，这自然不容推脱，也是乐意为之的。

花开两朵，各表一枝。先说朝骥。

朝骥有两个特点，给我留下了深刻的印象：

一个是活力十足。或许和他的名字有关，朝骥，"早晨的千里马"，自然永不知疲倦。那些在课堂 seminar 中娓娓道来、时有神来之语的发言人里，一定有他；同门师兄弟姐妹谈天说地或大快朵颐的聚会场所，一定也少不了他的风趣幽默、插科打诨。

一个是行动力超强。读书时是这样，2018年从厦门大学获得国际关系方向的法学博士学位后，再回马来西亚，横跨大学、电台与电视台，担任院长、主持人和时事评论人，把所学专业与国家、区域和国际的时政结合在一起，答疑解惑。

相信这匹"催人奋进的千里马"会在传播知识、促进中马人民友好交流的新时代大展宏图、前程似锦。

**导师简介**

　　李一平，厦门大学教授，现任厦门大学国际关系学院/南洋研究院院长、博士生导师。研究领域：亚太国际关系与华侨华人研究。主要著作：《东南亚研究论稿》、《印度尼西亚》（合著）、《新加坡研究》（合著）、《新加坡华人思想史》（合著）、《冷战以来的东南亚国际关系》（合著）等。

廖朝骥　将学问植根于现实

## 卡斯

# 学在中国——记忆、现实与思考

**访谈人**：陈睿琪，中国人民大学艺术学院艺术管理与传播专业 2020 级硕士研究生

**访谈时间**：2021 年 1 月 22 日、2021 年 3 月 4 日、2021 年 5 月 21 日、2021 年 7 月 11 日

**访谈方式**：文字采访

## 被访人简介

　　卡斯（Kaze Armel），布隆迪人。主要从事中国的国际角色、东非共同体个案研究以及中国与非洲国家的外交关系等研究。代表作包括：《中国与欧盟对非援助政策比较：基于非洲视角的研究》（中国社会科学出版社，2022 年即将出版）；《中国企业"走出去"下一站：东部非洲》（《中非经贸》，2019 年总第 3 期）；"A Comparative Study of China and the EU Aid Policies to Africa in the 21st Century: Will Trilateral Cooperation Increase Aid Effectiveness?"（*World Journal of Social Sciences and Humanities*, 2019, Vol. 5, No. 2, pp. 76-83）；"Understanding the African Continental Free Trade Area: Beyond 'Single Market' to 'Africa's Rejuvenation' Analysis"（*Education, Society and Human Studies*, 2020, Vol. 1, No. 2, pp. 84-104）。

在留学中国的十四年中，卡斯从天津出发，到北京、厦门，如今在云南生活工作，熟练掌握了汉语，并被中国各地的风俗文化与传统精神所吸引。他从最初学汉语逐渐走上专业研究，寻找到了"中非援助"这一学术命题。硕士毕业之后，"新汉学计划"支持卡斯来到厦门继续他对中非援助的探索，秉承"新汉学"精神解读中国对人类命运共同体的意义。本次访谈主要循着卡斯在中国十四年游学的脚印，展现了他在学术上的成长历程，同时也分享了他对中国文化及中非关系的理解。

# 一、与中国结缘：四地游学的深刻记忆

2007 年 9 月，22 岁的卡斯获得了中国政府全额奖学金来华留学，开启了接下来十四年的中文学习和学术科研之路。

## 1. 在天津的日子：天津大学预科班

如今回想 2007—2008 年天津大学预科班的日子，卡斯眼前仍能浮现出安排得满满当当的课表与冬日教室外纷纷扬扬的雪花。每天早上八点他都顶着寒风准时赶到教室上课，课间还要争分夺秒地学习汉字、提高听力，目的是为之后全中文授课的课程打下基础。好在不久，他便适应了这紧张忙碌又富有挑战的生活。在晚上九点回宿舍的路上，卡斯偶尔会停下脚步，望一望这非洲大陆罕见的漫天飞雪。此刻天津的雪不再是寒冷，而是从天而降的新奇和慰藉。

因为弹得一手好吉他，卡斯很快就和天津大学同样爱好音乐的中国学生们成了好朋友。每周五晚，他们都相聚在天津大学的足球场弹吉他，分享演奏技巧，远远便能听见他们一同弹唱着动听的中文歌曲。不知不觉，卡斯的中文口语便在与朋友们相处的温馨时光中逐渐提高了。他对中国文化了解的加深主要得益于一位来自河北的挚友。他们相遇于学校组织的体育比赛中。在 2008 年春节的时候，卡斯跟随这位挚友回到河北老家，体验了一回中国年。在这位挚友家里，他第一次包饺子、第一次喝白酒、第一次下中国象棋。当卡斯从河北回到学校时，汉语老师们都惊讶于他汉语口语的进步。

提及汉语老师，卡斯不禁感叹在天津大学时就早已感受到了中国教育的优势。除了备课充分、态度友好，最重要的是中国老师们从不嘲笑或批评学不好的学生。在学习汉语那一年，所有老师都跟卡斯关系融洽，卡斯有什么问题或想法都

可以畅所欲言。而在布隆迪，尤其是法语或者英语老师，当他们提问时，如果学生回答错误，老师则会严词厉色地批评学生。因此在布隆迪，学生基本上都怕老师，甚至不敢向老师提问。更让卡斯难忘的是，天津大学的汉语老师不仅会体贴入微地带着大家一起去购买生活必需品，还常常带留学生们出去游览天津著名的景点。于是卡斯对中国的好感在与老师同学们的亲切交流中愈加深厚。

### 2. 来到北京：中国人民大学（本科与硕士研究生）

2008年从天津大学预科班毕业后，卡斯来到位于北京市海淀区的中国人民大学。该校是一所以人文社科为主的综合性研究型全国重点大学，被誉为中国"人文社会科学领域独树一帜"的好大学。刚下火车，幸运的卡斯便发现有两位非洲同胞作为人大的前辈在车站热情迎接自己了。可后来到了教室，卡斯却发现人大的一个本科专业班里只有八个留学生，而且其他的几个留学生都来自东南亚国家，只有自己一张非洲面孔。这令卡斯觉得很"特别"、很孤单。再加上汉语水平不如来自日本、马来西亚和印尼的同学，卡斯十分不自信。身边的中国同学高考成绩极高，学习节奏很快，在宏观与微观经济学、博弈论以及微积分、概率论等较难的课程上优势尤其明显。这些都营造了压力极大的学习氛围。但卡斯迅速将压力化作了进步的动力，他意识到只有孜孜不倦地好好学习才能跟上其他同学，于是大一第一学期就修了十几门课。回想艰难的考试周，卡斯一脸苦笑。对资本论、高级宏观经济学、高级微观经济学、博弈论等专深的课程，只会基础汉语的卡斯不仅上手慢，考试成绩也大多只能刚刚及格，其中还有一门博弈论挂科了。在老师的鼓励与同学们的交流帮助下，卡斯经过再次复习，终于补考通过了。

那时正在与期末大考斗争的卡斯，尚且不理解什么是学术。直到写完本科毕业论文的一刻，他才真正开始对中非经贸往来有了自己的认知，也开始对学术界充满了期待和热情。接下来在于中国人民大学读研究生的过程之中，卡斯逐渐对学术产生了更加强烈的兴趣，经济学院组织的学术会议、论坛卡斯几乎都旁听过，每次活动卡斯也会积极提出自己的见解和疑问。硕士毕业论文开题时，他听取导师的建议——非洲大陆范围太大，于是缩小视角，针对非洲某一个地区的对中经贸进行了更加精准的学术研究。来自东非地区的卡斯就选择东非共同体作为研究对象，从选题到初稿、终稿，最终顺利完成了硕士研究生的毕业论文。卡斯认为整个硕士期间自己最大的突破，就是硕士毕业论文总结完善后形成的论文在中国核心期刊《国际展望》发表。这是他发表的第一篇 C 刊。在整篇论文的研究过程里，他也领悟了"学术"一词的内涵。

硕士阶段，卡斯之所以选择国际商务专业，是因为考虑到自己硕士毕业后可能要回布隆迪做生意。在人大学习的六年也给了卡斯加入中国企业实习的机会，在实践中学习行业相关的知识、技能以及经验。实习期间，卡斯认识了中国公司的高管，通过他们的帮助卡斯获得了在安信伟光北京分公司实习的机会——当时安信伟光北京分公司主要进口来自非洲的木地板，刚好需要会说汉语也懂如何卖出木地板的非洲学生。卡斯主要负责筹备展览和会议，并参加过公司组织的各项活动。整个实习经历引导卡斯不断反思探索自己未来究竟是否适合商务领域的工作。

硕士毕业后卡斯回国，在布隆迪大学（University of Burundi）孔子学院开始了自己的第一份正式工作。工作期间，通过中方院长张俊秀老师的推荐，卡斯获得了加入"新汉学计划"的机会。"新汉学计划"提供的读博机会和丰富的学术资源令卡斯既激动又感动，卡斯禁不住感叹："申请到这个项目，我觉得自己太幸运了。"有了"新汉学计划"的支持，卡斯便再次踏上中华大地，开启他对学术领域的探索。

### 3. 厦门的生活：厦门大学国际关系学院／南洋研究院博士研究生

申请"新汉学计划"时，卡斯一共选择了三所大学，中国人民大学、北京大学以及厦门大学。问及最想去的学校，卡斯坦言，因为去中国南方体验生活一直是他的向往，他觉得自己似乎是被幸运之神眷顾而被厦门大学录取，得以继续深造。

2015 年 9 月卡斯入学厦门大学（思明校区）国际关系学院／南洋研究院国际关

系系，继续博士研究生的学习。厦门大学国际关系学院／南洋研究院的前身——厦门大学南洋研究所创办于1956年，是中国最早设立的东南亚研究机构，也是中国最早设立的国际问题研究机构之一。1996年，研究所升格为研究院。学院设国际关系系、侨务与外交系共两个系，近年来吸引了大批留学生，在读国际研究生的规模超过国内研究生。在这里卡斯还结识了许多著名的非洲研究专家，如北京大学的李安山教授、刘海方教授，上海师范大学非洲研究中心的张忠祥教授，浙江师范大学非洲研究院的刘鸿武教授，云南大学非洲研究中心的张春老师、贺鉴老师、张永宏教授，等等。这些专家学者深耕该领域多年，课堂氛围妙趣横生，教学方法严慈相济，治学态度一丝不苟，资料分析纲举目张，给予了卡斯很多鼓励和高屋建瓴的指导。

如今中国也已经成为卡斯的第二故乡。"我在厦门大学时像在人民大学或者天津大学一样受到了老师和同学们的热情帮助，"卡斯说，"而且我在厦门大学读博期间还遇到我的女朋友——现在已经是我妻子了。"

在厦门久住，卡斯也慢慢爱上了闽南语这门听不懂的方言，每当坐公交或者地铁听到闽南语，就会觉得既陌生又亲切。

卡斯与他的妻子

通过不懈努力，卡斯在读博期间发表了不少文章，不仅在中文期刊上发表，也在一些具有国际影响力的英文期刊上发表，他也按时完成了自己的博士学位论文，拿到了博士学位。与此同时，通过教授推荐，卡斯顺利申请到云南大学博士后职位，继续从事国际问题研究的工作。

### 4. 新的征程：云南大学国际关系研究院非洲研究中心博士后

反复斟酌后，卡斯在2019年11月选择了云南大学国际关系研究院非洲研究中心博士后站点，并顺利当上了外籍研究员。卡斯坦言，他在云南昆明生活时间并不长，还没有什么有趣的故事与我们分享，不过身边中国同学、同事的热情帮助已经成了伴随他成长的常态，让他怀着一颗感恩的心度过每一天，激励他面对新的挑战。

　　卡斯还在昆明完成了一件美满的人生大事——他不久之后就要当爸爸了！2021年11月卡斯即将博士后期满出站，虽然有留校当研究员的计划和心愿，但是卡斯始终秉持着一种豁达的心态，若是不能留校，也将有未知路程等待他去发现。

# 二、在中国科研：建设祖国的迫切现实

　　2007年留华对卡斯是一场生命的新旅程，布隆迪在同年6月加入东非共同体（East Africa Community），对国家和人民也意味着一个崭新的开始。共同体所构建的广阔的市场，激励了布隆迪青年出发前往其他成员国寻找就业机会。这为卡斯未来的研究提供了不少帮助：一是给了他收集东非共同体任何成员国信息更加便捷的数据平台；二是让他可以免签证随时在任何东非共同

卡斯在收集研究所需要的文献资料

体成员国实地调研，即便身处中国，他也可以随时去任何东非共同体成员国驻华大使馆拜访，收集研究所需的文献资料。

　　在中国研究非洲发展的过程中，卡斯获得了珍贵的机遇与中国著名的对非研究员和教授建立学术交流。华东师范大学世界历史研究院特聘教授、北京大学非洲研究中心前主任李安山，中国社会科学院西亚非洲研究所国际关系研究室研究员贺文萍和北京大学非洲研究中心主任刘海方等许多中国知名学者都给予了他不少启发。中国老师帮助他更便利地全面深入理解和学习了中国的对非政策。与此同时，在科学研究中，孤立的研究者注定要重复前辈们所犯的错误，而中国的老师与研究者帮助卡斯将以往研究中主要领域所做的分析更系统地沉淀下来，从错误中学习，积累经验。这无疑为其研究增添了一大学术利器，夯实了其科研

基础。

在十余年的科研生活中，卡斯深切体会到中国对非的友好关系，而这为其研究中国对非政策开拓了更广阔的视野和平等的视角。他再也不会被部分西方国家研究员，特别是批评抹黑中国对非政策的文章误导了。

当然，卡斯依然面临着棘手的挑战。他在中国研究非洲发展最大的难题，是如何将中国脱贫攻坚重要理论和实践经验加以总结、学好学透并分享到布隆迪。中国作为世界上最大的发展中国家，完成了一代又一代中国人"全面建成小康社会"的夙愿。中国共产党第十八次全国代表大会以来，中国全面打响了脱贫攻坚战，产业扶贫、易地扶贫搬迁、生态扶贫，各类结合实际的精准扶贫方式，让无数家庭改变了命运，扶贫工作取得了举世瞩目的成绩。卡斯如今的理想是将中国脱贫攻坚的决心和意志推广到非洲的减贫事业发展之中。这成为卡斯最大的治学目标和艰巨挑战。除此之外，卡斯还面对着将中国对非政策相关文章写好并发表到国外期刊的压力。目前卡斯所投入研究的一切努力都是为了能留在中国学术界继续耕耘。作为留学生，不管是本科、硕士、博士还是博士后都有学习期限，这给了卡斯深化研究中国对非政策较为紧迫的时间限制。因此卡斯忧心忡忡：尽管现在已开始对中非政策研究产生了浓厚兴趣并努力付诸行动，但是到学期结束，自己恐怕还是得转移去企业工作，那时自己就将与学术道路渐行渐远。

攻读博士学位时期，由于个人的研究议题，卡斯一直密切关注着国际援助。近年来，卡斯观察到中国对非援助政策不断变化，已从单一援助政策发展到双边援助政策，进而发展到多边援助政策。也就是说，中国对非援助主体、援助方式、援助内容均发生了变化：从政府这一单一主体援助向政府、企业、非政府组织合力互动转变；从注重物质援助向提供经济、理政经验等方面转型；从医疗、农业等传统领域向综合施策升级。卡斯的留学经历让他对中国产生了深深的共情，也让他对中国的援助政策有了新的认知，体会到中国对非帮助的努力和真切的情感。在非洲他经常能看到一些西方媒体批判抹黑中国的报道，但只有在中国他才能清楚分辨哪些报道是污蔑中国的谎言。"在中国，常跟中国人打交道，常关注中国政府如此支持所有非洲国家，就不会被西方部分媒体对中非关系所报道的一些谎言而影响。"卡斯说。他也意识到关于中国的谣言对中非关系的发展造成了严重的负面影响，没有去过中国的非洲青年由于常年的以讹传讹，难免会对中国产生不良的刻板印象，误认为中国的对非援助就是西方媒体所报道的那种"新殖民主义者"的侵犯。目前卡斯深感一份执着坚定的责任，去尽个人最大的努力把中国的故事讲好，把自己亲身了解的中国文化分享给同胞们。他也建议中方加强对非援助政策的宣传力度，构建维护好一个友好、善良、大方应援的国际形象。

卡斯在论文中强调，回顾历史，西方发达国家对非提供援助已经有上百年，但这些援助至今仍远远不够。到目前为止，非洲大部分国家还是需要依赖于援助来维持自身的生存。这表示，不是援助方就是受援方出了问题。中国曾经也受到了西方发达国家的援助，但是中国充分利用援助，发挥了其最佳效果，因此现在的中国不仅没有依赖西方发达国家提供的援助，反而变成了援助提供者。这一点十分值得非洲国家学习。卡斯想在文章中说明，世界上没有任何国家仅靠他方援助就能实现可持续发展，非洲国家唯有提前规划好自己的发展战略，并对中国或者欧盟等援助提供者明确需求，才可以使援助发挥更巨大更长期高效的作用。如同"授人以鱼不如授人以渔"，一条鱼能解一时之饥，却不能解长久之饥，光靠每年中国和欧盟提供的援助，非洲的困境只能在短期内暂时缓解，并且没有人能保证中国和欧盟会永远对非提供援助，这一点卡斯在自己的文章中也明确指出："中国和欧盟都不会成为非洲根本问题和现实的救世主。"（Neither China nor the EU will ever be saviors of Africa's fundamental problems and realities.）当被问及他对"saviors"，以及中国外交部部长王毅谈中国防控疫情对外援助时所提到的"中国不是救世主，但愿做及时雨"的观点如何理解时，卡斯认为，中国本身是一个本着"人溺己溺，人饥己饥"命运共同体精神的国家。在疫情蔓延的严峻局势下，中国不断倡导着人类命运共同体的意义，如今全世界都能体会到，只有人类互相扶持、齐心合力应对新冠肺炎、埃博拉、艾滋病等共同敌人，才能克服困难，实现真正长远稳定的发展。从疫情防控最吃紧的状态下疏解出来后，中国依旧愿意尽其所能帮助其他国家抗击疫情，这就体现出中国愿意担负大国责任，愿意与发达国家和发展中国家共同抗疫，也愿意与世界其他国家一起营造光明的美好愿景。

除此之外，值得一提的是近几年来非洲国家也在不断发展。联合国公布的数据证明，在2020年世界发展最快的国家中，六个是非洲国家。卡斯认为，这并非出于偶然，背后的重要推动力是非洲国家开始促进中国、非洲国家和欧盟"三方合作"的理念，其中布隆迪通过提供可再生能源在减贫进程中做出了贡献。将来，只有通过加强"三方合作"，世界各国才能真正实现共同发展。

# 三、"新汉学计划"：留学中国的沉淀思考

2016 年卡斯曾在采访中提及"可能父母那一代多会在欧洲留学，而我们这一代选择在中国留学"。再谈及这个问题的时候，卡斯讲到，他的父母虽然没有留学的经历，但是有去欧洲深造医学知识的经验，如卡斯的父亲，过去十年一直在法国"无国界医生"组织工作。因此对他来说，能从一个较贫穷的国家出去留学，是一件十分幸运的事。而且卡斯的父亲也一直鼓励卡斯寻找出国留学的机会，能够来中国学习，也是完成了父亲的愿望。

不可否认，确实有些因素导致一些非洲父母鼓励自己的孩子选择前往欧洲国家留学。主要原因大致有三点：第一，留欧学生毕业回国后能获得更优越的就业机会。例如，从法国归来的留学生回到布隆迪，会因为语言优势得到更多就业机会，因为布隆迪官方语言是法语，当地的政府部门或者企业招聘时会优先考虑以法语教育或者英语教育为背景的学生。而像卡斯一样的在华留学生，就业机会将局限于与中国合作的部门、企业。但是得益于中国与非洲国家关系越来越好、在非的中国企业逐年增加以及在华布隆迪留学生规模增大，就业情况也逐渐发生了不小的变化，政府开始鼓励当地企业多考虑招聘以中文教育为背景的学生。未来像卡斯这样的在华留学生，回到布隆迪也将获得更多不错的就业机会。第二，非洲父母有西方前殖民宗主国时期的学习经历，主要接触了西方发达国家的教育，因此更熟悉、欣赏西方的教育理念，也希望自己的孩子能在欧洲国家接受更良好的教育，过上更幸福的生活。反观对于中国教育的态度，至少到目前为止很少有非洲父母鼓励自己的孩子留在中国发展，他们反而更加鼓励自己的孩子在中国求学

卡斯的父母

后回国与当地中国企业合作。第三，是国家理念不同造成的，非洲很多父母推崇以个人主义为本，而中国是主张集体主义的国家。很多非洲父母担心自己的孩子在中国留学后回国，很难再适应非洲国家的社会价值观念。不过这些观念也正随着中国与非洲近年来的交流往来，渐渐在非洲年轻父母的认知中改变。

谈及对于中国文化的理解时，卡斯说，他的父母对他造成了许多潜移默化的影响，家庭成员们对中国文化的欣赏和热爱使他从小就对中国心怀好感。因为中国在布隆迪援建了很多家医院，作为"双医家庭"，他的父母很早就跟中国医生有了日常接触，彼此在工作中渐渐结下了深厚的友谊，至今他的父母还在跟中国医疗队伍合作。于是卡斯早年生活在布隆迪时便感受到了中国的魅力。而在中国的十余年里，卡斯亲身见证了中华美德对世界各国人民的独特吸引力。他一直被中国以孝为本、以忠为本、以和为本的美德深深感动，他认为，相比起以个人为中心的西方国家文化，中国的这些美德对其他国家更具有重要的借鉴意义。

卡斯表示："'新汉学计划'给了我攻读博士的机会，提供难得的机会让我在中国高校读书，我的最大收获是激发了对搞科研的兴趣。"卡斯希望"新汉学计划"能不断推广并惠及更多国家的优秀留学生，也希望"新汉学计划"能越办越好。

**后 记**

说来惭愧，在访谈之前我对中国援助非洲、"新汉学计划"都仅仅停留在耳闻的程度，未曾深入了解过其中的细节经过。通过对卡斯的采访，我见证了一位来自遥远非洲国家留学生的求学奋斗史，也了解了更多关于中非援助对话以及"新汉学计划"的真实情况。卡斯从高中毕业后一直留学于中国，在中国努力学习的日子里，中国的美德精神和集体主义文化深深影响了他的世界观。他结识了中国朋友，建立了家庭，找到了自己的人生方向，彻底爱上了这个国家。在整个访谈过程中，卡斯的热情与真诚深深感染着初次担任访谈志愿者的我。"新汉学计划"致力于通过学术展示与交流，打造让世界关注中国、走进中国、了解中国的学习平台。对于我们而言，同样也可以从卡斯的经历中探索中非援助合作更有效的方式，了解非洲的文化与诉求，解决中非合作中存在的问题，最终更好更快地实现共赢局面。

导师寄语

# 我与卡斯

◎李一平

　　卡斯入选教育部中外语言交流合作中心实施十年来的"新汉学计划"首次博士访谈项目，既出人意料，也在情理之中。这是对一个与中国没有任何渊源关系的非洲青年学人近十五年艰辛付出的最好褒奖。

　　卡斯与朝骥同学个性截然不同。朝骥好动，人未到，声先至。卡斯好静，温文尔雅，弹得一手好吉他。师友相聚，他永远是最安静的那位。似乎深得中国文化的精髓，毕竟他来中国也快十五年了。

　　卡斯给我印象最深的是：一个汉语非母语的布隆迪籍的博士研究生，在厦门大学国际关系学院／南洋研究院求学的四年中，凭一己之力，就用中文完成了一篇高质量的学位论文《21世纪以来中国与欧盟对非援助政策的比较研究》，从而顺利地通过了"新汉学计划"博士学位论文的答辩。当然，个中冷暖，如鱼饮水，只有卡斯本人知道。

　　卡斯从厦门大学博士班毕业后，选择去云南大学非洲研究中心从事博士后研究工作。如他自己所说，"新汉学计划"给了他攻读博士学位的机会，他的最大收获是激发了搞科研的兴趣。有非洲人参与中国的非洲研究，这意味着中国的区域国别学研究中的一个新时代正在开启。

　　卡斯博士在厦门大学的求学经历表明，"新汉学计划"博士项目对帮助世界各国优秀青年深入了解中国和中华文化、繁荣汉学与中国问题的研究，是有助益的。

　　相信卡斯博士将继续为促进中国人民与非洲地区人民之间的交流和友谊不懈努力。

　　有生如此，是为师者人生一大快事。

## 导师简介

　　李一平，厦门大学教授，现任厦门大学国际关系学院/南洋研究院院长、博士生导师。研究领域：亚太国际关系与华侨华人研究。主要著作：《东南亚研究论稿》、《印度尼西亚》(合著)、《新加坡研究》(合著)、《新加坡华人思想史》(合著)、《冷战以来的东南亚国际关系》(合著)等。

**图书在版编目（CIP）数据**

问道中国：我的新汉学之路 / 教育部中外语言交流合作中心，中国人民大学编. -- 北京：中国人民大学出版社，2022.11

ISBN 978-7-300-30891-3

Ⅰ.①问… Ⅱ.①教… ②中… Ⅲ.①汉学—研究生教育—留学教育—研究—中国 Ⅳ.①K207.8

中国版本图书馆 CIP 数据核字（2022）第 139220 号

**问道中国**

我的新汉学之路

教育部中外语言交流合作中心

中国人民大学 编

Wendao Zhongguo

| | | | | |
|---|---|---|---|---|
| **出版发行** | 中国人民大学出版社 | | | |
| **社　　址** | 北京中关村大街 31 号 | | **邮政编码** | 100080 |
| **电　　话** | 010-62511242（总编室） | | | 010-62511770（质管部） |
| | 010-82501766（邮购部） | | | 010-62514148（门市部） |
| | 010-62515195（发行公司） | | | 010-62515275（盗版举报） |
| **网　　址** | http://www.crup.com.cn | | | |
| **经　　销** | 新华书店 | | | |
| **印　　刷** | 北京瑞禾彩色印刷有限公司 | | | |
| **规　　格** | 185 mm×260 mm　16 开本 | | **版　　次** | 2022 年 11 月第 1 版 |
| **印　　张** | 19 插页 4 | | **印　　次** | 2022 年 11 月第 1 次印刷 |
| **字　　数** | 312 000 | | **定　　价** | 98.00 元 |